高等教育城市与房地产管理系列教材

高层住区物业管理与服务

薛 立 刘亚臣 主编

中国建筑工业出版社

图书在版编目(CIP)数据

高层住区物业管理与服务/薛立,刘亚臣主编. —北京:中国
建筑工业出版社,2015.7
高等教育城市与房地产管理系列教材
ISBN 978-7-112-18164-3

Ⅰ.①高⋯ Ⅱ.①薛⋯ ②刘⋯ Ⅲ.①高层建筑-物业管理-
高等学校-教材 Ⅳ.①F293.33

中国版本图书馆 CIP 数据核字(2015)第 117341 号

本书包括两篇。第一篇基础篇包括:导论;物业管理机构;高层住区
物业管理的程序;高层住区的综合管理;高层住区消防管理;高层住区电
梯的管理;高层住区其他设备的管理。第二篇实务篇包括:入住及装修常
用表格;物业管理方案实例;住宅专项维修资金的缴纳和管理;物业费的
收缴及管理;停车位(库)的权属问题;物业服务企业人员培训及管理实
训;物业管理人员的职业礼仪;物业合同的内容;中国香港地区及国外的
消防管理介绍;中国香港地区及国外的电梯管理介绍等内容。本书力求对
我国高层住区的物业管理提供较强的实用性和较高的可读性。

本书可供城市与房地产管理专业的师生使用,也可供从事相关专业的
人员参考使用。

责任编辑:胡明安 姚荣华
责任设计:董建平
责任校对:李美娜 党 蕾

高等教育城市与房地产管理系列教材
高层住区物业管理与服务
薛 立 刘亚臣 主编

*

中国建筑工业出版社出版、发行(北京西郊百万庄)
各地新华书店、建筑书店经销
北京科地亚盟排版公司制版
北京建筑工业印刷厂印刷

*

开本:787×1092毫米 1/16 印张:16½ 字数:407千字
2015 年 8 月第一版 2015 年 8 月第一次印刷
定价:**39.00**元
ISBN 978-7-112-18164-3
(27370)

高等教育城市与房地产管理系列教材

编写委员会

主任委员：刘亚臣

委　　员（按姓氏笔画为序）：

于　瑾　王　军　王　静　包红霏　毕天平

刘亚臣　汤铭潭　李丽红　战　松　薛　立

编审委员会

主任委员：王　军

副主任委员：韩　毅（辽宁大学）

汤铭潭

李忠富（大连理工大学）

委　　员（按姓氏笔画为序）：

于　瑾　马延玉　王　军　王立国（东北财经大学）

刘亚臣　刘志虹　汤铭潭　李忠富（大连理工大学）

陈起俊（山东建筑大学）　周静海　韩　毅

系列教材序

沈阳建筑大学是我国最早独立设置房地产开发与管理（房地产经营与管理、房地产经营管理）本科专业的高等院校之一。早在 1993 年沈阳建筑大学管理学院就与大连理工大学出版社共同策划出版了《房地产开发与管理系列教材》。

随着我国房地产业发展，以及学校相关教学理论研究与实践的不断深入，至 2013 年这套精品教材已经 6 版，已成为我国高校中颇具影响力的房地产经营管理系列经典教材，并于 2013 年整体列入辽宁省"十二五"首批规划教材。

教材与时俱进和不断创新是学校学科发展的重要基础。这次沈阳建筑大学又与中国建筑工业出版社共同策划了本套《高等教育房地产与城市管理系列教材》，使这一领域教材进一步创新与完善。

教材，是高等教育的重要资源，在高等专业教育、人才培养等各个方面都有着举足轻重的地位和作用。目前，在教材建设中同质化、空洞化和陈旧化现象非常严重，对于有些直接面向社会生产实际的应用人才培养的高等学校和专业来说更缺乏合适的教材，为不同层次的专业和不同类型的高校提供适合优质的教材一直是我们多年追求的目标，正是基于以上的思考和认识，本着面向应用、把握核心、力求优质、适度创新的思想原则，本套教材力求体现以下特点：

1. 突出基础性。系列教材以城镇化为大背景，以城市管理和城市房地产开发与管理专业基础知识为基础，精选专业基础课和专业课，既着眼于关键知识点、基本方法和基本技能，又照顾知识结构体系的系统。

2. 突出实用性。系列教材的每本书除介绍大量案例外，并在每章的课后都安排了现实性很强的思考题和实训题，旨在让读者学习理论知识的同时，启发读者对房地产以及城市管理的若干热点问题和未来发展方向加以分析，提高学生认识现实问题、解决实际问题的能力。

3. 突出普适性。系列教材很多知识点及其阐述方式都源于实践或实际需要。并以基础性和核心性为出发点，尽力增加教材在应用上的普遍性和广泛适用性。教材编者在多年从事房地产和城市管理类专业教学和专业实践指导的基础上，力求内容深入浅出、图文并茂，适合作为普通高等院校管理类本科生教材及其他专业选修教材；还可作为基层房地产开发及管理人员研修学习用书。

本套系列教材一共有 13 本，它们是《住宅与房地产概论》、《房地产配套设施工程》、《城市管理概论》、《工程项目咨询》、《城市信息化管理》、《高层住区物业管理与服务》、《社区发展与管理》、《市政工程统筹规划与管理》、《生态地产》、《城市公共管理概论》、《城市公共经济管理》、《城市给水排水基础与实务》、《地籍管理与地籍测量简介》。

本套系列教材在编写过程中参考了大量的文献资料，借鉴和吸收了国内外众多学者的研究成果，对他们的辛勤工作深表谢意。由于编写时间仓促，编者水平有限，错漏之处在所难免，恳请广大读者批评指正。

前　言

高层建筑是现代城市发展的产物，也是人类社会需求多样化、聚居环境高密度化的必然结果。随着工业社会向信息社会的转变，社会的一体化发展、产业结构的改变，使得高层建筑更加频繁、高效地介入到当代社会的动态循环系统中去。建筑规模越来越大，功能也渐趋复杂，同时，由于价值观、思维方式、社会心态等深层机制随社会发展而变化，人们对高层建筑的功能提出了更进一步的要求，从而推动其发展演变。

作为高层建筑的住宅小区，也伴随着新世纪我国相继涌现的高层建筑，无论是创作观念，还是建筑本体都呈现出新的特点和趋势。

近年来，随着我国经济的迅速发展，为人民改善住宅环境、提高生活水平提供了条件。人们不仅对商品住宅小区的需求越来越大，对住房本身的美观、质量要求越来越高，而且对与之相关的小区物业管理的服务和管理水平要求也越来越高，社会的需求推动着物业管理及房地产业的不断发展。

物业管理具有提高房地产经营效益、繁荣和完善房地产市场的功能。当前，商品房售后管理是房地产经营活动中的一个热点和难点。周到、良好的物业管理能吸引和提升客户对物业投入的兴趣，提高物业的使用价值和经济价值。现在，开发商终于明白，优良、方便的物业管理是树立企业形象，招揽用户，推销物业的重要手段和策略。周到的物业管理所提供的称心的居住和工作环境，能免除后顾之忧。由于物业管理在建设现代家园中的特殊地位，其在房地产行业中的地位越来越重要。而高层住宅本身的特点不同于多层住宅，设备多、消防要求高、居住更为密集，对物业管理要求更高，因此搞好高层住区的物业管理，尤为重要。为此，笔者特撰写本书。

本书根据我国现阶段高层住区物业管理的实际，结合《物业管理条例》、《物权法》、《建筑设计防火规范》（GB 50016—2014）、《特种设备安全监察条例》等相关法律法规，从理论和实际结合上，全面系统地阐述了高层住区物业管理的理论与实务。全书共分两个篇章，第一篇：基础篇；第二篇：实务篇。本书在编写上，力求对我国高层住区的物业管理提供较强的实用性和较高的可读性。

本书由薛立、刘亚臣主编，金益民（第6章、第7章）、王星（第8章）副主编，李学锋（第13章）、刘璐（第14章）刘育（第15章）参与编写。刘飞、李析函参与了资料的搜集。

本书在编写过程中，学习、借鉴和吸收了国内外已公开发表的文献和研究成果，由于篇幅所限不能一一列举，在此表示衷心感谢并致歉。由于我国高层住区物业管理理论还在不断完善之中，物业管理的实践也在迅速发展，加之作者水平有限，书中会有诸多不足之处，敬请业界同仁、专家和读者批评指正。

编者

2015 年 4 月于沈阳建筑大学

目　　录

第一篇　基　础　篇

第二篇 实 务 篇

第一篇　基　础　篇

第1章 导　　论

本章关键词：

物业管理　高层住区　高层住区物业管理内容

1.1　物业管理概述

1.1.1　物业与物业管理的基本概念

物业管理是人类社会经济发展到一定阶段的必然产物，它最早起源于19世纪60年代的英国。欧洲工业革命，加速了城市和工业中心的急剧增长，第一次世界大战之后，资本主义各国出现了城市化现象，城市人口剧增，土地资源紧张，住宅楼宇、商业大厦逐步向高层延伸，形成了高楼林立的城市景观，房地产业迅速发展，物业管理模式被各国政府所重视并普遍推行，100多年来，积累了许多成功经验。我国的物业管理起步于20世纪80年代初的沿海开放城市，如深圳、广州等地。30多年来，随着住房制度深化改革的推进，房地产业的飞速发展，我国的物业管理在借鉴国外先进经验的基础上，结合本国实际，在实施社会化、专业化、企业化、经营型的管理过程中获得了空前发展。

1. 物业

（1）物业的概念

"物业"一词是由英语"Estate"或"Property"翻译而来，含义为"财产、资产、拥有物、房地产"等，这是一个广义的范畴。从物业管理的角度来说，物业是指各类房屋及其附属的设备、设施和相关场地。各类房屋可以是建筑群，如住宅小区、工业区等；也可以是单体建筑，如一幢高层或多层住宅楼、写字楼、商业大厦等；同时，物业也是单元房地产的称谓，如一个住宅单元。同一宗物业，往往分属一个或多个产权所有者。附属设备、设施和相关场地是指为实现建筑物使用功能，与建筑物相配套的各种设备、设施和与之相邻的场地、庭院、道路等。

关于物业的内涵，在国内各类著述中的提法至少有几十种，概括起来，主要包括以下内容：

其一，已建成并具有使用功能的各类可供居住和非居住的房屋；

其二，与这些房屋相配套的设备和市政公用设施；

其三，与房屋建筑（包括内部的多项设施）相邻的场地、庭院、停车场和小区内非主干交通道路。

因而，可以说单体建筑物、一座孤零零的不具备任何设施的楼宇，不能称为完整意义上的物业。物业应是房产和地产的统一。这里的地产，是指与该房产配套的地产。

（2）物业的类别

物业根据使用功能的不同，可以将物业分为：1）居住物业，包括住宅小区、别墅、公寓、度假村等；2）商业物业，包括写字楼、综合楼、酒店、商场等；3）工业物业，包括工业厂房、仓库等；4）其他物业，包括车站、机场、医院、码头、学校、政府大楼等。

（3）物业的特点

有别于其他商品，物业是一种特殊的商品。其特点，主要包括以下几个方面：

1）位置的固定性。房屋等建筑物是建造在一定的土地上的。土地的空间、位置是不可移动的，由此决定了物业在空间上的固定，因而物业具有"不动产"的性质。土地是不可移动的，那么依赖于土地之上的各类建筑物，无论其形状如何、性能如何、用途是什么，也是不能随便移动的。因此，在建造物业之前，一定要有长远观念，不仅保证质量，还要创造良好的自然环境。

2）寿命的耐久性。不同于一般的商品，物业的建造一般需要较长的时间，使用的时间就更长了，可达几十年乃至上百年，特别是具有纪念意义和文物保护价值的建筑物，更应当长久地保留下去。

3）形式的多样性。由于物业的规模各不相同、形状各有差异、类型多种多样，构成了不同的风格。特别是大型的建筑物，往往还力求表现或追求某种理念或艺术风格，这使得建筑物的形式更加丰富多彩，如中国的紫禁城、法国的卢浮宫等。

4）物业的高价值性。各种建筑物及其配套设施、设备以及场地的综合价值很高，尤其在人口密集、土地较少的大中城市，价值更高。物业不仅具有使用价值，而且还有较高的观赏价值。

2. 物业管理

关于物业管理有广义和狭义两种定义。广义上讲，物业管理指一切有关房地产开发、租赁、销售及售后的服务；而狭义上讲，物业管理是以维修养护楼宇以及管理所使用的机械电气设备和公共设施，治安保卫、环境绿化、分发信报、传呼电话、清洁卫生等项目为主要任务的服务行业。基于各种各样的英语翻译，还可以将物业管理概括为"房地产管理"或"不动产管理"。为显示与传统概念中的房地产管理的区别，还有人将"物业管理"用"物业经营"取代。

我国《物业管理条例》中明确规定，"物业管理是指业主通过选聘物业服务企业，由业主和物业服务企业按照物业服务合同约定，对房屋及配套的设施、设备和相关场地进行维修、养护、管理，维护物业管理区域内的环境卫生和相关秩序的活动。"从这个定义可以看出，物业管理强调了以下几个方面的内容：

（1）物业管理的主体必须是专门的机构和人员。换句话说，物业管理必须由具有一定资质条件的机构（物业服务企业）和具备一定专业资质的人员来进行，不是任何个人和组织想管就可以管，想管好就能管好的。按照住房和城乡建设部相关规章规定：物业服务机构，即物业服务企业必须具备一定的条件并经过有关部门的资质审查和批准方可提供服务，物业管理人员必须通过资格考试，领取上岗证才能上岗。

（2）物业管理的权限必须受限于物业所有者的委托，并根据国家的法律，按照一定的合同或契约进行。换句话说，物业服务者的权限是物业所有者给予的，从属于物业的所有权，受国家相关法律保护，按照合同和契约来进行。物业服务者行使的只是对特定物业的服务管理权。

（3）物业管理的对象是已经竣工验收并投入使用的各类建筑物及附属的设备、设施和相关场地，是对物业区域内环境卫生、绿化、保安、交通等方面的管理。

（4）物业管理是以经营的方式进行的统一的专业化的管理。其物业管理本身是一种市场化的经济行为。因此，它的实际运作过程、运作机制，都必须按照市场规律来办事，一切活动都要纳入经营的轨道上来。同时，物业管理又是一种现代化的管理行为，对房屋及附属设备、设施的管理都要遵循专业化的原则。

（5）物业管理的目的是为业主服务，是为业主和使用者提供高效、优质、便捷、经济的综合服务，提高广大业主和使用者的生活质量，提升物业的使用价值，为业主和使用者创造一个整洁、文明、安全、舒适的生活和工作环境，最终实现社会、经济和环境效益的协调统一。

1.1.2　物业管理的性质、作用和原则

1. 性质

物业管理的服务对象是业主和使用人，物业管理活动集服务、管理、经营为一体。按照社会产业部门划分的标准，集高度统一的管理、全方位多层次的服务、市场化经营为一体，寓管理于服务之中的物业管理是一种服务性行业，属于第三产业。

2. 作用

物业管理是顺应房地产开发而产生的，在现代房屋管理中具有非常重要的地位和作用：

（1）为业主和使用人创造一个安全、舒适、优美、文明的工作和生活环境。随着生活水平的不断提高，人们更需要优质、规范的物业服务。人们不仅需要常规的服务和技术的保证，更重要的是在物质基础上的精神上的现代风貌。

（2）延长物业的使用寿命，使物业保值和增值。由于自然环境和人为因素的影响，会使物业受到不同程度的损坏。而社会化、专业化的物业服务可延长物业的使用寿命，达到使物业保值和增值的目的，避免传统房屋管理的一年新、二年旧、三年破了无人修的局面。

（3）拓宽劳动就业领域，增加就业机会。物业管理行业虽然在我国起步较晚，但随着市场经济的日趋活跃，房地产管理体制改革的加快，全国物业管理从业人员目前已经达到230多万人。物业管理作为劳动密集型的服务行业，创造了很多的就业机会，促进了第三产业的发展。

（4）有利于提高城市现代化、专业化、社会化管理的水平。物业管理是城市建设的窗口，是城市管理现代化的重要标志。物业服务涉及方方面面，有各种各样的关系和矛盾需要处理和协调，将分散的社会分工汇集起来，统一进行专业化的服务（清洁、绿化、保安、维修等），避免出现分散多头的管理，促进了城市管理现代化、专业化、社会化的发展，提高了城市的管理水平。

3. 物业管理应遵循以下几项基本原则：

（1）社会化管理、企业化经营及有偿服务的原则

物业服务企业是自主经营、自负盈亏、自我约束、自我发展的经济实体。因此，物业服务企业在实施管理和提供服务的同时，必须依照市场经济规律的要求。按照谁享用、谁受益、谁负担的原则，由受益人、享用人分担物业管理费用。作为经济实体的物业服务企业，其是否能实现目标利润是衡量物业服务企业市场经济成效的重要标志之一，所以物业管理必须最终获取利润。要实现利润，需依靠各方面的条件以及企业自身的经营理念，还需要积极地参与市场竞争。通过实行物业招投标制，由物业服务企业依靠自身的经营能力、优质的服务和合理的收费，在物业管理市场上争得位置、拓展业务。

（2）业主自治管理与专业管理相结合的原则

业主在物业管理中应处于主导地位，即在物业辖区内成立业主管理委员会，以业主管理委员会为核心，由业主管理委员会聘请专业物业服务企业实施管理。业主自治既体现在对重大问题进行决策和对物业管理进行监督上，也体现在签订和遵守管理规约上。物业服务企业在接受了业主的委托后，应按照业主的意志和要求，通过专职的管理服务人员，对物业实施专业化的管理。由于物业管理的服务面很广，所涉及的内容多且复杂，在物业管理中需要业主与管理人员互相配合。物业服务企业可以通过多种形式，诸如宣传和介绍正确使用物业和维护物业的理念和加强组织业主参与各种公益活动、举办联谊活动等，促使业主积极参与物业管理，配合物业服务企业共同管理物业。

（3）由物业服务企业实行统一、全方位、多层次管理服务的原则

随着房地产市场的发展，住房制度改革的深化以及物业产权私有化，一方面，一项物业往往有多个产权单位或产权人；另一方面，一项物业的整体结构相连，其设备也互相贯通，具有整体性和系统性。这就决定了对物业的管理只能通过统一、综合的管理，才能使物业与环境相协调，充分发挥物业的功能作用，而不能继续沿用传统的房产各自为政、分散管理的办法。同时，随着居住条件的改善，生活水平的提高，人们对物业管理的要求也逐步增加。因此，除了物业管理的基本业务和专项业务，即物业的日常维护保养和治安、环境、消防、绿化、日常修理及车辆外，人们还会要求增加一些特约服务和便民服务，诸如车辆保管、房屋代管、代购商品、家庭护理、接送小孩以及教育、卫生、娱乐、商业网点等。因此，物业管理应实行统一、全方位、多层次的管理服务，以满足业主的不同需要。

（4）物业服务企业实行合同制聘用的原则

物业服务企业通过合同或契约的签订，在明确业主和物业服务企业的权利、责任和义务的同时，接受业主的委托，按照业主的意志与要求对物业实施管理，从而明确了"主人"与"管家"的关系。业主是"主人"，管理人员只是"管家"。这种变行政管理的终身制为企业化经营的聘用制，有利于逐步形成富有活力的竞争市场。业主有权选择物业服务企业，物业服务企业只有靠良好的经营和服务，才能获得业主的信任，才能进入和占领物业管理市场，从根本上促进服务态度的改变、服务质量的提高和管理水平的提高。

（5）依法管理与服务的原则

物业管理活动必须依法进行。首先，要依法确立法律关系主体，这一根本的问题不解决，其他问题无从谈起，权利义务也无法界定。必须明确业主或业主委员会为委托方，物

业服务企业为受托方，代理业主对物业进行管理和维护，并提供其他服务。其次，要依法签订合同，合同的内容要符合相关法律，物业服务企业提供的管理与服务要在合同要求的基础上进行。每项经营、服务项目的确定和操作，都必须以相应的合同内容为指导。合同的签订要遵循民主、公开的原则。物业服务企业的一切经营管理活动都应当接受业主或业主委员会的监督。

（6）服务第一、为业主着想的原则

物业管理不是一时一事为一人，而是几年、几十年为一群人提供内容众多的服务，具有长期性的特点。由于业主职业不同、年龄不同、文化层次不同，希望获得的服务也存在差异。物业服务企业首先要把应该管理的业主财产全部管起来，不漏管；其次要在日常的管理中保护好公共财产，使之不受人为的损害，并做好维修养护工作；再次，要面向业主和使用人，向他们负责，一切为他们着想，以高质量的服务和科学的管理营造一个优美、安全、舒适、方便的工作和生活环境；最后，物业服务企业应向业主和使用人宣传爱护房屋及设备的知识，把专业管理同业主和使用人的爱护活动结合起来。

1.1.3　物业管理的特点

物业管理是住房商品化、社会化的产物，是随着住房制度改革的推进而出现的与产权多元化格局相衔接的统一管理模式。物业管理具有以下四个基本特性：

1. 社会化

物业所有权、使用权与物业经营管理权相分离是物业管理社会化的前提。在市场经济条件下，业主可以通过招投标等方式在社会上选择具有资质的物业服务企业；而物业服务企业为了扩大物业管理规模，同样需要到社会上去通过招投标的方式接管物业项目，在委托范围内集中实施社会化的管理。

2. 专业化

首先，物业服务企业应当提供专业化的服务。这就需要专业的人员、专业的工具、专业的技术和先进的管理方法，同时也可按约定将专业化的服务内容委托给社会上专业服务公司，如绿化公司、保安公司、清洁公司等。这些专业公司的建立，表明这一行业已从分散型的劳动转向了专业型。其次，物业服务企业、管理人员必须符合专业化的要求。物业服务企业要通过资质审核，物业管理人员也必须持证上岗。第三，物业管理的内容应符合专业化标准，如 ISO9000 国际质量体系认证、《全国物业管理示范项目标准》等。

3. 企业化

企业化是指通过组建物业服务企业对物业实施企业化的经营管理过程。其运作方式、机制与传统房地产管理不同。物业服务企业要有独立法人资格，自主经营、自负盈亏、自我发展，在物业管理市场中积极参与市场竞争，努力提高企业的管理水平，创建物业管理品牌。

4. 经营型

物业管理是一种社会化、专业化、企业化的管理，而贯穿其中的一条主线是经营。物业管理提供的是劳务与服务，推行有偿服务，合理收费，减少政府、单位的负担。通过经营型的企业化管理，使其走上以业养业、自我发展的轨道，实行经营的良性循环。经营型的物业管理必然将企业推向市场，在市场激烈的竞争机制作用下，优胜劣汰。

1.1.4 物业管理的起源与我国物业管理的发展

1. 物业管理的起源

现代意义上的"物业管理"起源于19世纪60年代的英国。以英、法、德为首的欧洲大陆国家先后开始了以棉纺织业的机械化、蒸汽机的发明和使用,以及铁路建设为内容的工业革命。工业革命的发展一方面使大机器生产代替了工场手工劳动,极大地解放和促进了生产力的发展;另一方面,又加速了城市和工业中心的急剧增长,造成城市人口激增、地价暴涨、住宅缺乏的局面。大量农村人口迅速涌入工业城市,引发了人们对城市房屋需求的增加。一些精明的开发商修建了一批简易的住宅以供出租,然而其配套设施设备相当简陋,同时又缺乏良好的管理,导致承租人拖欠租金,甚至人为破坏房屋和设施设备的现象,严重影响了业主的经济利益。

当时,英国有一位名叫奥克维娅·希尔(Octavia Hill)的女士为其名下出租的物业制定了一套规范租户行为的管理办法,同时,还对房屋和设施设备进行了修缮,改善了居住的环境,出乎意料地收到了良好效果,不仅受到了租户的欢迎,当地人士还纷纷效仿,这可以说是最早的"物业管理"了。

多年来,英国在普遍推行物业管理工作的同时,还成立了英国皇家物业管理学会,其会员遍布世界各国。如今,英国物业管理的整体水平仍是世界一流的。

随着现代化城市的建设和发展,物业管理这种管理模式日益被各国政府所重视,被普遍推行在世界各地,物业管理行业已开始走向一个欣欣向荣发展的新时期。除了传统意义上的楼宇维修、养护、清洁、保安外,物业管理的内容已延伸到工程咨询和监理、物业功能布局和划分、市场行情调研和预测、目标客户群认定、物业租售推广代理、智能系统化服务、客户服务等全方位的服务领域。

2. 我国物业管理的发展

我国的物业管理产生于20世纪80年代初期,改革开放政策使商品经济得以复苏,特别是沿海开放城市率先打破了传统土地管理和使用制度,并实施一系列优惠政策,从而吸引了大量的外资涌入,房地产业异军突起,涉外商品房产生。其业主、住户大多为港、澳同胞和海外侨胞,他们按海外生活的水准对商品房产提出售后服务要求,即所购房产保值、增值的要求和居屋环境安全、舒适、文明的要求。传统的福利性房管制度无法适应这一新形势,物业管理在涉外商品房住区最先被配套引入。

1980年深圳市房地产公司(深房集团前身,1980年1月8日成立)与港商合资开发的深圳第一个涉外商品房工程——东湖丽苑小区开工兴建。深圳市房地产公司借鉴香港的物业管理模式,于1981年3月10日成立了深圳市物业服务企业。

1993年6月30日,深圳成立了国内首个物业管理协会;1994年深圳市颁布了《深圳经济特区住宅区物业管理条例》,为深圳物业管理行业的规范化、法制化奠定了基础;之后的四年时间里,特区内正式注册的物业服务企业发展到430家,其他物业管理机构700多家,从业人员10万人,特区内物业管理覆盖率住宅区达到90%以上,高层楼宇80%以上,工业区50%以上。

在十几年的实践与探索过程中,深圳诞生了国内第一家物业服务企业;成立了国内第一个物业管理协会;颁布了国内第一部物业管理地方性法规;开办了国内第一个物业管理进修学院；举行了国内第一次物业管理权的招投标；造就了万科、天安、中海、金地、长城等一批全国知名的物业管理专业公司；产生了莲花二村、莲花北村、天安工业区、鹏基工业区、国贸大厦、电子大厦等一批全国优秀示范小区、工业区和大厦。

为了规范行业管理，2000 年 10 月 15 日，中国物业管理协会在北京正式成立。

从 1981 年深圳市成立国内第一家物业服务企业，至 2003 年《物业管理条例》（下称《条例》）的出台，中国物业管理行业在历经 20 多年的实践之后正式走上了法制化的管理轨道。到如今，物业管理作为我国新兴行业，正经历着从传统行政福利性的房管模式向社会化、专业化的现代经营管理模式的转变。

2007 年《物权法》颁布实施，其中对建筑物区分所有的权利关系作了规定，并且阐述了与物业管理相关的业主权利、相邻关系等内容。《物权法》的颁布也带来了物业管理立法的重大发展，《物权法》中对建筑物区分所有权、相邻关系、业主、业主大会权利的规定为物业管理立法提供了法律支持，使物业管理立法更加具有说服力和法律依据。

2007 年，国务院对《条例》进行修订，使得《条例》的实践可操作性有所增强。《物权法》的颁布实施和《条例》的修订都为物业管理注入了新的活力，对现实中众多的物业管理纠纷起到了规范和良好指引的作用。

2009 年，最高人民法院先后通过两个司法解释，分别是《关于审理建筑物区分所有权纠纷案件具体应用法律若干问题的解释》和《关于审理物业服务纠纷案件具体应用法律若干问题的解释》，这两部司法解释篇幅不长，但是每一条都涉及建筑物区分所有和物业管理的具体问题，具有时代特征。这两个解释的最大特点就是可操作性强，可以直接适用到具体的司法实践中，例《物业服务纠纷解释》第十条规定："物业服务合同的权利义务终止后，业主委员会请求物业服务企业退出物业服务区域、移交物业服务用房和相关设施，以及物业服务所必需的相关资料和由其代管的专项维修资金的，人民法院应予支持。物业服务企业拒绝退出、移交，并以存在事实上的物业服务关系为由，请求业主支付物业服务合同权利义务终止后的物业费的，人民法院不予支持。"这一条规定明确物业服务企业在解聘之后必须做好退出移交手续，及时交接必要的档案资料和设施设备，不得以"赖"的态度要挟业主继续支付物业费。即使在此期间物业服务企业继续为业主提供物业服务，法院也不会支持物业服务企业请求业主支付权利义务关系终止之后的费用。这就从法律层面上强制性地迫使物业服务企业必须及时移交所有手续，避免了互相扯皮以至于武力对抗的现象。这两部司法解释体现着我国物业管理立法的重大进步，对我国物业管理制度的发展起到了促进作用。

2007 年底，人事部和原建设部联合下发了《关于公布物业管理师资格认定考试结果的通知》，全国共有 1119 名从业人员取得了物业管理师资格。物业管理师制度的实施，有利于推进物业管理专业化、社会化、市场化和国际化的进程，是物业管理科学发展的必然选择。对提升行业竞争能力、强化企业风险意识、完善现代企业制度、优化人才激励机制、改变经济增长方式、改善行业社会形象等诸多方面产生了深远影响。2010 年注册物业管理师考试在全国范围内展开。随着物业管理师队伍建设步伐的加快，越来越多的企业认识到企业的核心竞争力在于人才，尤其是需要大批高素质的项目经理和各类项目主管，从而更好地落实企业发展战略和服务宗旨，推动物业管理的精细化，推进管理和服务的创新，保障企业在大浪淘沙的变革时期立于不败之地。因此，很多企业采取措施鼓励各类经理人员报考物业管理师，一些企业下大力气抓职工培训，有的企业着手建立有利于管理人才脱颖而出的成长激励机制。一些大专院校也纷纷开设物业管理专业课程，向行业输送专门人才。这些都对提升物业管理从业人员素质，提高行业核心竞争力起到了积极的推动作用。

1.2 高层住区物业管理概述

1.2.1 高层住宅

1. 高层建筑的定义

高层建筑，建筑高度大于 27m 的住宅和建筑高度大于 24m 的非单层厂房、仓库和其他民用建筑。高层建筑的划分，不同国家有不同的规划。联合国 1972 年国际高层建筑会议将高层建筑按高度分为四类：（1）9～16 层（最高为 50m）；（2）17～25 层（最高到 75m）；（3）26～40 层（最高到 100m）；40 层以上（即超高层建筑）。在美国，24.6m 或 7 层以上视为高层建筑；在日本，31m 或 8 层及以上视为高层建筑；在英国，把等于或大于 24.3m 的建筑视为高层建筑。日本建筑大辞典将 5～6 层至 14～15 层的建筑定为高层建筑，15 层以上为超高层建筑。我国《民用建筑设计通则》GB 50352—2005 将住宅建筑依层数划分为：1～3 层为低层住宅，4～6 层为多层住宅，7～9 层为中高层住宅，10 层及以上为高层住宅。除住宅建筑之外的民用建筑高度不大于 24m 者为单层和多层建筑，大于 24m 者为高层建筑（不包括建筑高度大于 24m 的单层公共建筑）；建筑高度大于 100m 的民用建筑为超高层建筑。

2. 高层住宅的定义与分类

高层住宅是高层建筑中的一个主要类型，在国标《住宅设计规范》GB 50096—1999（2003 年版）中对住宅类型做出明确定义。根据定义可知，高层住宅是指 10 层以上、以电梯为主要交通方式的住宅建筑。房地产开发中常用的"小高层"概念是一种约定俗成的称谓，是中高层住宅（7～9 层）和 10～12 层的高层住宅相加在一起的概念，虽设有电梯，但其平面布局类似于多层住宅，防火要求弱于高层住宅。超过 30 层的住宅称为超高层住宅。

建造过程中，高层住宅受采光、日照、通风、安全、美观等多种因素的影响，其形态也具有多种类型，主要分为塔式高层、板式高层两种。

塔式高层：形态特征为塔状，平面宽度和长度大致相同，塔楼一般为 1 梯或 2 梯 3～8 户（最多可做到 12～18 户），平面造型多为蝶形、T 形、Y 形、X 形、星形等形态。高层塔楼具有节省土地、布局灵活、容积率高等优势，但大多数套型朝向较差，尤其是北向套型主要房间朝北，不利于日照通风。

板式高层平面长度明显大于宽度，可分为走廊式与单元拼接式两种类型。与塔楼相比，日照通风性较优越，但存在面宽大、占地多等缺点，也容易形成大面积阴影区，影响周边建筑采光日照，也不利于视觉通透。

3. 发展高层住宅的优势

高层住宅是城市人多地少和高地价的产物，其兴衰受市场经济的影响。我国从 20 世纪 70 年代开始出现高层住宅，到了 21 世纪，高层住宅已在各地大量兴建。因其与多层住宅比，既适应现代居住生活要求，又可在一定程度上提高土地利用率，节约土地资源，成为当前和未来住宅中一道亮丽的风景线，其优势体现在：

（1）土地资源有限的情况下，将地面留给草地、树木，有利于营造好的居住环境。高层住宅小区的园林景观设计，绿化率可达 35%。巧妙的规划建筑位置，灵活地获取不可多得的美丽景致，产生高楼揽胜的特殊效果。极大地满足人们居家景观的需求，充分体现了现代住宅的人性化理念。腾出更多的空间来布置设计园内的景观效果。而房子则向高空发展，为城市居民寻求更多的生存空间与更好的生存环境，这也是近年来高层逐渐被市民接受的根本原因。

（2）单体设计高层的独特性。高层的采光、通风、朝向皆佳，户型个性强，立面上多种建筑风格的引用，使市民彻底改变了高层就是筒子楼的印象，漂亮挺拔的立面令人回味无穷，设计的不断优化、房型不断的改进使高层的出房率提高不少，使市民购买高层住宅经济性大大提高。一梯两户、三户或两梯三户的高层住宅，增加了私密性，减少了住户之间的相互干扰。

（3）高层弥补了多层住宅上下楼不便、视野狭窄的缺陷。高层住宅由于层数比较多，住在高层的居民能够享受到比多层住户更多的新鲜空气和开阔的视野。而且，由于高层住宅上下通过电梯，改变了多层住宅上下楼不便的现象。

（4）提高土地开发价值。建设高层住宅可以有效增加建设用地的容积率，提高土地开发强度，从而实现更大的土地开发收益。特别是在土地价格高昂的城市中心区，只有采取高层高密度的开发方式，开发商才能平抑获取土地的成本。

（5）降低市政工程的投资。由于提高了住宅的容积率，市政公用设施管线集中且缩短，地面开挖量减少，从而相应降低市政设施工程造价和维护费用。据测算，12 层住宅比 5 层住宅可节约 30% 以上的市政设施费用。

（6）适于拆迁安置。目前许多城市老城区面临更新改造的难题，城中村问题也亟待解决。如果以多层住宅安置拆迁居民，不仅土地成本巨大而且原地还建难度较高。通过建设高层住宅，原地还建拆迁居民，不但可以改变城市形象，还可以减少拆迁安置的经济压力和社会压力。

4. 高层住宅的发展历程

（1）国外及中国香港高层住宅发展历程

19 世纪末～20 世纪初，西欧工业革命蓬勃兴起，科学技术日新月异。在此大背景下，建筑技术和建筑材料发展迅速，为高层建筑的出现奠定了基础。1857 年第一部自控客用电梯出现，为解决高层建筑的垂直运输创造了条件，1867 年钢筋混凝土技术的出现使建筑基础能够承受更大的自重，促进了高层建筑的发展。当时，建设高层建筑更多是显示先进的建筑技术水平，例如，建于 1884 年的第一座现代高层建筑——美国芝加哥保险公司大楼运用了当时全新的建筑技术。高层住宅作为高层建筑的一种使用类型，也同步发展起来。

西方的工业革命不仅促进了科学技术的发展，更推动了近现代社会城市化的进程，乡村人口向城市的迁移，对城市的经济社会发展起到了巨大的推动作用，同时城市人口的大量聚集又加剧了城市住房紧张，并带来一系列城市问题，诸如用地紧张、卫生条件恶化、城市绿地缺乏等。城市居民住房需求日益增大，城市用地日渐匮乏，城市面貌要求改善更新，必然导致城市住宅向高空发展或向郊外扩展。20世纪初，欧美国家正处于城市化初期，由于交通不便，大量的产业工人居住在工厂附近以及市区低层高密度的住宅区内，通风较差、卫生条件恶劣、绿化空间稀少，损害了城市的公共安全和城市形象。为了应对这种情况，高层住宅，成为西方国家解决城市发展矛盾的一种普遍选择。建筑大师勒·柯布西耶在"光明城市"的设计方案中，通过在城市中心区设置大量高层住宅，来达到降低建筑密度，提高城市绿地率，增加人口容量的目的。1933年发布的《雅典宪章》也选择建设高层住宅来解决城市发展和居住问题，宪章中建议"在人口密度较高的地区，我们应利用现代建筑技术建造距离较远的高层集体住宅。这样才能留出必需的空地，作公共设施娱乐运动及停车场所之用，而且使得住宅可以得到阳光空气和景色。"

20世纪中叶，特别是二战以后，随着世界经济的复苏和发展，《雅典宪章》的这一选择得到广泛的传播和实践，现代建筑技术的进步也为高层住宅的发展提供了可靠的物质手段，因此西方各国在战后重建过程中，大量兴建高层住宅，解决城市居民的居住问题，并提升城市形象。勒·柯布西耶设计的马赛公寓是二战后初期高层住宅的一个典型代表，可容纳1500～1700人居住，并对公共活动空间做出了细致安排。

20世纪后期，随着西方国家城市化进入成熟期，农村人口向城市迁移减少，城市人口规模逐渐稳定，并不同程度地出现逆城市化现象，许多高收入家庭向郊区扩散，他们更愿意选择花园别墅作为居所。特别是近年来，西方发达国家人口发展长期处于稳定状态，甚至出现负人口增长率，加上居住观念的改变，城市高层住宅的市场需求降低，开发建设逐渐减少。目前西方高层住宅主要需求群体是居住在城市中心区的核心家庭或者单身市民，因此开发商更为关注住宅的地理区位和户型设计。

时至今日，由于国情不同，世界各国的高层住宅发展现状不尽相同。从全球地域条件与人口情况来看，大洋洲、非洲、拉丁美洲的一些主要国家，如澳大利亚、新西兰、巴西、墨西哥、埃及等国，由于人口稀少、土地资源充足，开发高层住宅缺乏足够的市场需求，因此高层住宅不是城市住宅的主要类型。在亚洲地区，更多的人口聚居在城市中，城市土地资源相对匮乏，发展高层住宅成为政府解决市民居住问题的一个首要选择。在东京、首尔、中国香港等城市中，众多居民安居乐业于高层住宅之中。例如，中国香港人口稠密，人口密度达到6000人/km^2，为了解决中国香港市民的住房问题，又保障中国香港的可持续发展，提高土地容积率、建设高层住宅成为中国香港政府采用的主要手段。

（2）中国高层住宅发展历程

我国高层住宅的发展同样也遵循城市发展的规律，经历了一个渐进式发展的过程，并与我国社会、经济、科技的发展密切相关。早在20世纪30年代，上海作为远东最繁华的城市之一，率先接触到西方建筑思潮，并在城市建设中有所反映。当时一些外国资本家和民族资本家在黄埔江畔和苏州河畔兴建了中国最早的一批高层住宅。

新中国成立后的30年里，由于经济实力有限，社会需求不足，我国高层住宅整体处于一种缓慢发展的状态。60年代之前的住宅多数是低层，60～70年代以多层住宅为主，到了80年代，出现了不设电梯的7、8层住宅。这个时期内的高层建筑多为公共建筑，也出现了少量的高层住宅，主要是为了体现国家的技术水平，展示城市的美好形象，例如兴建于70年代的北京建国门外的外交公寓。

改革开放初期，随着经济实力的不断增强，沿海一些发达城市在城市中心区通过建设高层住宅拆迁安置居住条件较差的市民，并体现城市日新月异的发展形象，例如上海的漕北大楼就是当时的典型代表。那时的高层住宅，层数虽然有所提高，但许多设计理念与手法多是沿袭多层住宅的设计，户型不佳、建设标准较低。进入 20 世纪 90 年代，高层住宅开始在全国范围内大规模推广和普及，主要是由于对土地开发的经济利益诉求和提升城市形象的发展需求。随着福利分房制度逐步取消和土地使用权有偿出让制度的确立，城市住宅建设量不断增大，高层住宅主要作为提高容积率的手段，提高单位土地的开发价值。最初，城市地价较低，高层住宅的造价约是多层住宅造价的 2 倍，因此多层住宅成为住房商品化初期的主要产品类型。近年来，随着城市土地资源的紧张，地价迅速上升，为了在有限的土地上降低单位住宅面积的综合开发成本，建设高层住宅成为开发商的首选。因此，在经济较为发达的城市，开发高层住宅已经成为一种普遍现象，各种类型的高层住宅层出不穷。

1.2.2　高层住宅物业管理的特点和难点

1. 高层住宅建筑高度大、层数多、居住人口稠密，要管理好高层住宅，确保各部分正常运作，保证高层住宅和楼内居民的生命、财产安全，物业管理任务较为艰巨。

2. 高层住宅设备多、结构复杂、管理起点高，对物业管理队伍的素质要求较高。在实际物业管理中，必须要运用先进的管理手段、方法，对高层住宅各系统进行维护、保养和管理，保证这些系统的正常运转。高层住宅能源、动力消耗大，管理服务人员多，管理成本高，收取的物业管理费也高。

3. 消防设施问题较多，管理不到位。高层建筑消防设施损坏严重，一些高层建筑小区内部消防停车道设置不合理，如果发生火灾，消防车很难及时到达火灾地点，有些小区自动报警探头以及公共消火栓都会被拆除或者是封闭使用，如果发生火灾，将会造成人群伤亡和财产损失。还有一些高层住宅管理人员缺乏消防常识，平时不注重消防意识的培养，更不懂得应急问题的处理知识。

4. 电梯是主要的垂直运行的交通工具，使用频率高，维护保养不够及时。一些房地产开发商为节约成本、选用低价、质量差的电梯；电梯安装队伍水平高低不齐，导致电梯运行存在安全隐患，电梯日常维护保养不到位，一些高层电梯经常出现运行问题，影响居民的正常出行甚至安全。

1.2.3　高层住宅物业管理的原则

高层住宅小区的物业管理应该遵循如下原则：

1. 早期介入原则

早期介入的作用有两方面：一是有利于物业服务企业熟悉高层住宅基本情况；二是可提出便于日后物业管理的整改意见。

2. 统一管理原则

首先，整个高层住宅是一个整体，各系统都是为整体服务的，多头管理势必影响整体的正常运行；其次，多头管理易造成职责不清，使出现的问题和故障无法及时解决；第三，多头管理会造成管理死角。因此，高层住宅应坚持统一的管理。

3. 收费合理原则

物业管理的收费要与所提供的服务相符。物业管理都应采取公平、合理、协调一致的收费原则。

4. 依法管理原则

物业管理须坚持依法办事、信守合同、协议、按规章制度办事的原则。

5. 经济效益、社会效益和环境效益兼顾的原则

物业服务企业要通过科学的物业管理、良好的服务、优美的环境、合理的收费，树立自身的良好形象，增强知名度，赢得住户的信任。

6. 公共服务、专项服务和特约服务并重的原则

针对高层住宅的实际情况，物业管理不仅要做好供电、供水等服务项目，也可以开展住户专项服务与特约服务，为住户提供最大的方便。

1.2.4 高层住宅物业管理的内容

"服务"是物业管理的生命线。从服务的性质和提供的方式来看，高层住宅小区的物业管理服务的内容通常可分为常规性的公共服务和非公共性的延伸服务。

1. 常规性的公共服务

常规性的公共服务是指为全体业主和使用人提供的经常性服务，一般在物业服务合同中明确规定其具体的服务内容和要求。常规性的公共服务主要包括：

（1）房屋建筑主体管理。房屋建筑主体管理是物业服务中的一项基础性工作，为了保持良好的房屋完好率，以确保房屋正常的使用功能而进行的服务工作。具体来说，就是房屋的修缮服务（包括房屋的日常保养、维修等工作）、房屋装修服务、房屋基本情况的掌握等。它是高层房屋建筑主体应有的维修管理。

（2）高层住宅各系统设备设施的管理。房屋设施、设备的管理是为了保持房屋附属的各类设备、设施的完好及正常使用而进行的服务工作。具体来说，就是对各类设备、设施的基本运行情况的掌握，各类设备、设施的日常运行保养、维修与更新的服务工作。

（3）清洁卫生管理。清洁卫生管理是为了净化物业环境而进行的服务工作。具体来说，就是物业环境的日常清扫、维护及垃圾的处理等服务工作。

（4）绿化养护管理。绿化养护管理是为了物业环境的美化而进行的服务工作。主要包括物业整体环境的美化、草地和花木的养护服务等工作。

（5）安保管理。物业管理的一个重要内容就是物业区域内的安全保卫工作，包括日常的护卫、突发事件的预防与处理、监控系统的监控服务等。

（6）消防管理。消防管理是为了维护业主和使用人正常的工作、生活秩序而进行的一项专业性服务工作，包括火灾的预防与发生火灾时的救护处理等。

（7）车辆道路管理。车辆道路管理是物业服务中一件十分琐碎而又不可避免的工作。在物业区域内，车辆、道路管理的目的是为了建立良好的交通秩序、车辆停放秩序，以确保业主和使用人的车辆不受损坏和失盗。

（8）收费管理。物业服务企业严格按照协议或合同当地物价部门核定的物业管理服务收费标准，及时、定期收取租金及管理费用，并接受住户监督。

（9）客户服务管理。客户服务管理主要提供业主和使用人的入住服务，处理客户的投

诉，负责接待、咨询、来访等工作，有效地与客户进行沟通。

2. 非公共性的延伸服务

非公共性的延伸服务是物业服务公共性服务范围的延伸，是物业服务企业为满足物业区域内业主和使用人更多、更高的需求，利用物业辅助设施或物业管理的有利条件而提供的公共性服务以外的服务，一般包括针对性的专项服务和委托性的特约服务。

（1）针对性的专项服务。这是为了满足物业区域内其中一些人的需求而提供的各项服务。其特点是物业服务企业事先设立服务项目，并将服务的内容、质量、收费予以公布，供有需要的业主和使用人自行选择。一般来讲，物业服务企业应根据物业区域的基本情况和住户的需求以及自身的能力，开展全方位多层次的专项服务，并可根据需求进行调整。表 1-1 中的示例仅供参考，物业服务企业可以根据实际情况和需要选择若干项目，也可创新服务项目。

（2）委托性的特约服务。这是为了满足物业区域内业主和使用人的个别需求而提供的特别服务，是专项服务的补充和完善，通常在物业服务合同中未要求，在专项服务中也未设立。在国家法律法规的范畴内，物业服务企业在可能的情况下应尽量满足业主和使用人的需求。这种服务具有临时性、不固定性和选择性的特点，其收费标准由双方协商解决。

物业服务企业在实施物业服务时，第一大类是最经常、最持久、最基本的工作，也是物业服务水平的集中体现。同时，物业服务企业应根据自身的能力和业主的需求确定第二类、第三类中的具体服务项目和内容，采取灵活多样的服务方式，以人为核心，做好物业服务的各项服务工作，并不断拓展其广度和深度。

服务项目示例　　　　　　　　　　　　　　　　　　　　　　表 1-1

类别	具体项目
餐饮类	快餐店、茶楼、酒吧、餐馆、饮食店
商业类	超市、药店、菜市场、便利店、美容美发店、干洗店
娱乐类	音像店、书店、报刊亭、儿童活动室
教育类	托儿所、小学、中学、老年大学
维修类	家用电器、自行车、汽车和各类生活用品的维修服务
体育类	游泳池、健身房、网球场、台球房、小型体育活动、比赛
家政类	代请保姆、钟点工，订送报刊，预约上门清洁，购物
商务类	商务中心、代购机（车、船）票
金融类	与有关部门合作、开办保险、储蓄、邮政等业务
房产类	中介类房产评估、公证、买卖、物业租赁等

1.3　我国高层住区物业管理的现状与未来发展

1.3.1　我国高层住区物业管理发展现状及存在的问题

1. 我国高层住区物业管理发展现状

（1）物业服务企业迅速壮大

近几年，我国的高层住宅发展速度非常快，尤其是沿海经济较发达地区，由于土地的稀缺，容积率的提高，高层住宅已经是房地产开发的主要产品。因此，从事高层住宅物业管理的企业数量剧增。在一些经济发达的大城市，例如深圳、上海、北京等地的住区均已达到住宅物业服务企业90%以上的覆盖率，其服务的范围已经覆盖到高层住宅的所有领域，包括从商品房到经济适用房、房改房、回迁房、廉租房以及公租房。

（2）内资型的物业服务企业依然占重要地位

依据第二次全国经济普查数据，物业服务企业资金来源为：内资的物业服务企业数占全国物业服务企业总数的95%，其中，内资物业服务企业占东部物业服务企业总数的95.10%，中部内资物业服务企业占中部物业服务企业总数的97.67%，而西部内资物业服务企业占西部物业服务企业总数的98.61%。内资比重较低的地区表现为外资或港澳台投资的企业比重相对较高。而从事高层住区物业管理的企业中，内资企业同样占重要地位。

（3）物业管理区域发展不平衡

1）数量上的差异

我国物业服务企业单位在东部地区的比重最高。截至2013年，全国物业服务企业共有58406家，东部有38675家，占据全国物业服务企业总数的66.21%，西部有7614家，占13.03%，中部有12117家，占20.76%。

2）企业资质上的差异

按资质等级来分，从各地区物业服务企业数所占总物业服务企业数的比重来看，一级物业服务企业占比为1.13%。东部一级物业服务企业占东部物业服务企业总量的1.35%，中部为0.59%，西部则为0.87%。从全国一级物业服务企业的总量来看，东部占76.47%，中部占9.24%，西部占14.29%，东部物业服务企业资质高的占比重较大。

3）从业人员的差异

国内物业服务企业从业人数是265.12万人，东部就业人数占全国总就业人数的68.17%，中部为16.01%，西部为15.82%，物业管理从业人员主要集中在我国东部地区。

2. 发展高层住宅面临的问题

高层住宅是多层住宅建筑向上层空间的变化延伸，其中最主要的特点就是高，并由此对居民生活、城市环境产生了深刻的影响，在发展过程中也面临一系列的问题，有些属于住宅建设的共有问题，有些属于高层住宅面临的特殊问题。

（1）建筑设计难度大

高层住宅标准层的公共交通和设备管井占用较大空间，每户公摊面积较多，得房率低于多层住宅。

高层住宅（尤其是塔楼）户型设计难度较大，无法保证每个套型朝向的均好性，北边住宅的朝向、采光、通风较差。此外在高层住宅设计中还需要着重考虑竖向交通、消防疏散等问题，并要考虑设置防止高空坠物的措施。

（2）建设成本高

高层住宅投资大，建筑的钢材和混凝土消耗量都高于多层住宅，需要配置电梯、高压水泵、增加公共走道、疏散楼梯等，因此高层住宅的技术难度和建设投资要远高于多层住宅，建设费用高、建设周期长，也是高层建筑层数多、面积大、结构复杂等原因造成的。

（3）公共交往空间不足

通常居民习惯于在地面上进行互动交流，随着高层建筑在城市中普及，人们远离大地，独居在自家的小空间内，缺乏户外活动的激情，减少了彼此交往的机会。

（4）设计雷同，缺乏创新

由于设计和建筑工艺定型，高层住宅在结构、建材选择、空间布局等方面难以创新，形成"千楼一面"的弊端，绝大部分高层住宅的平面形式基本雷同，外观显得单调呆板，缺乏标识性和地域特色。特别是塔式高层住宅，多为 T 形、X 形、蝶形，没有充分考虑不同的城市的地理特点及气候特征。

（5）影响居住环境

高层住宅由于体量高大，会给居住环境和局部小气候带来了一定负面影响，如高层住宅北侧形成大片阴影区等。

（6）与传统城市景观不协调

高层住宅大量建设会改变城市的传统建筑肌理，对城市的景观和风貌形成较大的影响，特别是历史街区附近的高层住宅，会破坏历史街区的整体空间环境。

3. 高层住区物业管理存在的主要问题

（1）规章制度依然存在着局限

在高层住区物业管理过程中，我国法律法规不健全的影响逐步显现出来。

1）高层住宅物业服务企业的消防管理职责在法律条文上定义不明确。不论是《物业管理条例》、《物权法》还是《消防法》，都没有明确规定对住宅小区的消防设施维护、修缮不及时以及人为破坏的具体处罚措施。

2）业主大会和业主委员会法律地位的局限性，使得诸如谈判过程艰难、协调成本高等问题在业主大会实际运作中暴露出来。另外业主委员会缺乏有效的监督机制，没有充分体现"民主、公开、公平"的原则。

（2）观念意识上仍具有显著差距

国外一些市场经济相对发达的国家，物业管理已经发展的相当成熟。与之相比，我国在物业管理观念方面仍然存在较大的差距。业主缺乏主动参与和守约的意识，容易造成物业管理服务主体的错位和缺位。例如，住户消防安全意识欠缺，消防安全素质参差不齐。许多业主不了解高层住宅内设置的各类消防设施、器材的性能，不熟悉建筑内消防设施如消火栓的使用方法，不了解疏散楼梯间和前室的防火门需要保持常闭状态，知道疏散楼梯间内不得堆放杂物但又随手乱放杂物，不了解高层建筑一旦发生火灾应当如何自救，在高层住宅内自觉配备逃生绳、缓降器等自救器材的几乎没有。

（3）责任界定尚待明晰

在职能和责任尚未得到明确界定的情况下，过多不应该承担的风险和责任施加在了物业服务企业身上。为了提高房屋销售业绩或取得项目管理权，有的房地产开发商、物业服务企业甚至把物业管理说成了"包治百病"，从而造成广大业主错误地把一些应由社区承担的社会保障职能、应由政府行政部门承担的社会治安职能、应由开发商承担的建设质量与保修责任、应由水、电、气以及公交等公用事业企业承担的经营管理职能都误以为是物业管理的事情。一旦发生问题，业主都会找到物业服务企业追究责任。物业管理服务活动涉及多个相关主体，其中包括业主、物业服务企业、房地产开发企业、公用事业单位以及政府行政管理部门等，相互之间关系错综复杂，各方认识也存在差异，责任界定也不明确，使得一些涉及相关主体利益方面的问题层出不穷，特别是在缺乏及时调解和充分沟通的情况下，现实管理过程中就不断暴露出一些问题和矛盾，甚至在少数住宅小区发生比较尖锐的冲突，引起社会上较大的反响。

此外，物业管理还存在"先天不足"现象，由于建管衔接不好，一些在规划设计、建设阶段遗留下的问题仍给物业服务企业造成困扰，比如电梯的质量问题。有的建设开发单位在商品房促销时，向购房者作出了不合实际的承诺，给后来的物业管理带来不少纠纷和矛盾；有的相应配套设施不完善，有的工程质量低劣，矛盾一般在业主入住后集中反映出来，造成业主意见强烈，而物业服务企业也多被指责；有的项目在开发阶段，开发商聘请了物业服务企业来提供物业管理服务，但在合同期内，业主委员会成立后又另行选聘了新的物业服务企业，从而引发了合同纠纷等。从矛盾处理的结果来看，这些遗留问题不仅损害了广大业主的权益，也使物业服务企业承担了很多额外的不相关的责任。

（4）服务观念有待加强

部分物业服务企业依然存在以管理者自居的现象，没有明确自己服务业主的定位，从而逐步淡化了其服务特征。同时也有少数物业服务企业，由于过分追逐利润，不充分考虑业主的支付意愿和消费能力，就强压给业主过高的收费标准，为日后埋下了隐患。有些物业服务企业违背合同，不给业主提供相应服务甚至偷工减料、虚增成本，收费与服务不符引起业主强烈不满。

（5）法律实施及行业自律有待加强

《物业管理条例》及其相关配套政策在执行过程中遇到诸多阻力，例如部分垄断企业依靠其强势地位，使得一些地方供水、供电等部门不能有效按照《条例》规定向用户收取相关费用，而是将风险转移给当地的物业服务企业。此外，针对业主非法建筑、违规装修及擅自改变房屋使用属性等违法行为的执法，也需要有关行政主管部门，但是其效率较低，使得业主的违规行为得不到有效遏制。此外，物业服务企业的公共服务特征，导致其不宜多用法律诉讼方式，使得收费难问题依然困扰着物业服务企业。

（6）建设和管理过程中遗留的问题

很多高层建筑物，在设计、施工、竣工验收过程中存在很多问题，给以后的物业管理带来了难度。比如消防问题，2009年9月1日修订实施的《中华人民共和国消防法》规定了建设工程消防设计审核、验收和备案制度。公安部第119号令《建设工程消防监督管理规定》，对不同规模建筑的审核、验收和备案进行了明确规定，高层住宅建筑工程由原来的必审必验转为了备案抽查，只有网络随机抽中的建设工程才列入公安消防机构的审核、检查和验收范畴，未抽中的建设工程消防机构不予审验。经过近三年的实践应用，备案制度暴露出一系列问题：一是由于备案制度自身的漏洞，建设方为了逃避抽查，对建设工程出现反复备案以增加不被抽中的比率；二是高层住宅消防设计的源头关出现"破堤"。由于我国目前行业、公民自觉遵法守法意识的差异性，建设、设计方把关不严的现象屡屡发生，一旦建筑特别是高层住宅建筑消防设计方面存在违反强制条例的问题而没有及时予以纠正，将会带来无可更改的后果；三是建设单位放松了对消防工程质量的要求。如果工程项目没抽中，建设、施工、监理等各方直接放宽消防工程要求，甚至在工程完工后不进行消防设施检测。消防设施是否符合规范、标准要求，是否能正常运行，三方之间由于利益的关系，存在"睁一只眼闭一只眼"的现象。

（7）市场机制尚待健全

现代服务业中物业管理已经成为其重要组成部分，但物业管理作为一个成长于市场经济时期的新兴行业，不成熟市场运作机制使交易双方出现各种矛盾和纠纷，引来众多社会关注和争议，整个行业发展会受到市场化运作不规范的严重影响。物业管理市场缺乏活力，需要必要的监督和竞争，健全的竞争环境还没有完全形成，招投标的标准化和透明度还不够，违法违规现象依然存在。因为缺少合理的市场竞争机制，必然导致物业服务企业管理水平低下，运作不规范，而业主对物业管理不满意，参与自治的积极性无法调动。

（8）核心竞争力急需增强

物业服务企业竞争力不强主要表现在以下几个方面：

1）队伍素质良莠不齐。从业人员队伍建设跟不上行业发展的需要，其中表现最为突出的是缺乏称职的职业经理人。

2）欠缺专业技术能力。针对房屋及其附属设备的管理、维修以及养护等专业性强的工作，物业服务企业往往因为缺少专业人才而不得不选择外包。

3）创新意识不足。物业服务企业不能深入探索业主的潜在需求，从而提高物业管理服务水平。

4）缺乏品牌意识。一些物业服务企业，只注重企业的利润，忽视企业品牌意识的培养，使得企业不能做大做强。

5）服务理念的缺乏。物业服务企业，是以提供服务而收取报酬的，但是，一些企业缺乏服务理念。比如一些物业服务企业，平时对电梯的管理不能做到定期的检查和检测，当运行发生问题时，才进行修理，影响了住户的通行。

（9）业主维权及自治需规范

对于物业管理现状而言，许多业主感到问题很多，其中最突出的问题就是业主在自身权益受到损害时维权的困难。另外业主大会和业主委员会在成立、运行等方面暴露出的不规范、不透明、缺乏监管、效用低等现象也颇为普遍。

（10）动用房屋维修基金困难。一些设施设备出现问题，比如电梯，需要维修，想要动用房屋维修基金比较困难，业主意见不一致，很多业主只从自身的利益考虑，而不能从全局的角度考虑问题。

1.3.2　我国高层住区物业管理的未来发展

1. 现代管理理念的应用

（1）精细化管理理论

精细化作为现代工业化时代的一个管理概念，最早在 20 世纪 50 年代由日本企业提出。精细化是以常规管理为基础，将常规管理不断深入的管理思想。精细化管理其本质是一种理念，一种文化。其精髓是以最大限度的减少管理占用资源及降低成本为主要目标的管理模式。现代管理学认为，科学化管理有三个层次：第一个层次是规范化，第二层次是精细化，第三个层次是个性化。"天下大事，必做于细"，精细化管理是一种先进的管理文化和管理方式，精细化管理的理论已经被越来越多的企业管理者所接受。

1）精细管理化管理的内涵

精细管理化管理的内涵为"五精四细"："五精"是指精华、精髓、精品、精通、精密；"四细"是指细分市场和客户，细分企业组织机构中的职能和岗位，细化分解每一个战略、决策、目标、任务、计划、指令，细化企业管理制度的编制、实施、控制、检查、激励等程序、环节。精细化管理要求对于管理工作要作到制度化、格式化、程式化，强调执行力。

2）精细化管理的程序

a. 分析诊断

首先对现行的管理体系进行分析，通过自我诊断，认真查找不符合精细化管理原则的各种问题。按照"哪里不合理，就从哪里入手"的原则，找准切入点，是系统问题就从优化入手，是流程问题就从理顺流程入手，是制度问题就从完善制度入手，是操作技能问题就从提高操作技能入手，是责任问题就从明晰责任入手，是组织问题就从调整机构入手，相应制定出针对性强、操作性强的改进措施。

b. 实施整改

针对查找出的问题，立即实施整改，并逐步扩展延伸，按照由点到面、由线到面的原则，对存在的问题分项进行整改。

c. 整合提炼

实施整改完成以后，要"回头看"，认真评估实施效果，对行之有效的做法和经验用文本的形式固定下来。在此基础上，着眼于提高整个系统的运作效率，进行系统思考，加以整合提炼，最终形成一套完整的精细化的管理制度。

d. 持续改进

针对改进后执行过程中出现的新问题，进一步实施再分析、再完善、再总结、再提高，做到循环递进，螺旋上升，最终形成持续改进、不断创新的工作机制。

3）精细化管理的八大方法

一是细化—大功成于精细，二是量化—没有量化就没有精细化，三是流程化—高效来自流程的不断改进，四是标准化—有标准才能执行到位，五是协同化—衔接配合是提高系统效能的前提，六是经济化—向节约成本要利润，七是实证化—精细化管理需要求真务实，八是精益化—优势源于求精。

标准化是精细化管理的基础，标准化管理是对管理活动中的每个环节、每个部门、每个岗位制定细而又细的科学化、量化的标准，并按标准进行管理。标准化管理可以使企业从上到下有一个统一的标准，形成统一的思想和行动。通过进行复制和克隆，使企业在管理规模的扩张中不走样，树立统一的企业形象，提高管理服务质量和劳动效率。标准化是规范化管理的一种方式，是实行精细化管理的基础和保证。统一的服务规范、质量标准、操作流程，严格的执行标准，是管理精细化的必要条件。

精细化管理要求在企业管理中多用"数学"，重点是关注细节、数据、工具，少用或不用"语文"，即权力、经验、感觉、判断。首先，要实现管理的精细化，很重要的一点就是必须清楚精细化管理要掌握的"度"——数字的度、效率的度、执行的度而且必须可操作、可实现、可控制、可考核。其次是强化精细化工作的执行力。精细化管理并不是一种管理体系，而是一种强调细节、重视细节、管理细节的管理理念和管理方法。实行精细化管理，并不是要抛弃标准化管理体系，而是运用精细化管理的理念和方式对标准化体系进行检讨、修订和完善，将精细化注入标准化的体系之中。物业服务企业，面对的是众多的业主和房屋使用权人，关注细节、注重细节，才能做好各项管理、服务工作。

（2）全面质量管理理论

全面质量管理（TQM）是企业开展以质量为中心，全员参与为基础的一种管理途径，全体员工及有关部门同心协力，综合运用管理技术和科学方法，经济的开发、研制、生产和销售用户满意产品的管理活动。

1）全面质量管理的基本内容

a. 全方位质量的管理

所谓全方位质量就是指产品质量、过程质量和工作质量。全面质量管理认为应从抓好产品质量的保证入手，用优良的工作质量来保证产品质量，这样才能有效地改善影响产品质量的因素，达到事半功倍的效果。

b. 全过程的质量管理

全过程质量管理就是要求把质量管理活动贯穿于产品设计、试制和生产的全过程，全面落实预防为主的方针，逐步形成一个包括市场调研、开发设计直至销售服务全过程所有环节的质量保证体系。

c. 全员参加的质量管理

全员包括企业的各部门、各环节的全体员工都参与质量管理，要求企业的质量目标自上而下层层分解，落实到各部门、各环节、直到个人，使每一个员工都承担相应的质量责任，并且通过各项技术标准和作业标准，使所有员工都清楚各自的具体质量目标，并为之实现而努力。

d. 全面的综合运用多种质量控制方法进行管理

全面质量管理以科学的质量分析和质量控制方法作为依据，以统计过程控制法和统计质量控制法为基础，并运用组织管理和专业技术等多种方法。

2）全面质量管理的基本方法

全面质量管理的基本方法为 PDCA 循环工作方法。PDCA 循环工作法分为四个阶段：P（Plan）——计划阶段、D（Do）——执行阶段、C（Check）——检查阶段、A（Action）——处理阶段，四个阶段顺序循环，形成一个大环，周而复始的循环。每个阶段又有小循环。PDCA 循环工作法的原理见图 1-1。

全面质量管理强调持续运行、持续改进，使全面质量管理在组织工作中成为自然运营模式较为理想的状态，由初始阶段的宣传发动、实施过程的不断修改更新、过渡时期的全面推广、逐渐完成一系列的过程，并不断循环运行，以实现产品质量的提升。

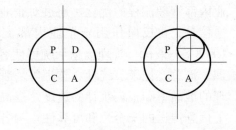

图 1-1 PDCA 循环示意图

全面质量管理的管理方法具有可行性和先进性，在工业生产中可有效的改进产品质量服务。在服务业，全面质量管理也是重要的管理方法。服务业对服务质量的判断是建立在顾客的期望是否得到了满足这一基础之上的，对服务质量的认可取决于服务作业的过程和服务作业的结果。服务质量有两个层次，一般水准和超常水准。其一是常规服务质量水准，其二是处理非寻常业务的质量水准，质量控制系统必须辨认并能够提供若干个方案处理非优化条件下出现的业务。作为典型服务业的物业管理行业要提升服务质量，采用全面质量管理的科学方法作为管理的手段十分重要，要充分运用全面质量管理的方法切实搞好企业的质量管理，树立自己的品牌，赢得业主的青睐与支持，使企业不断扩大市场份额，从而提高企业的效益。

（3）企业信息管理系统

企业信息系统是为了支持组织决策和管理，由人和信息技术共同进行信息收集、处理、储存和传递的一组相互关联的组成部分。信息系统还具有分析问题、明晰复杂事项、创造新产品的作用。信息系统包含关于组织或其环境中重要人物、地方和事情的信息。信息系统的活动有输入处理和输出，其基本活动生成组织需要的信息，这些信息帮助组织决策、管理、分析处理问题、创造产品及服务等。信息系统的功能见图1-2。

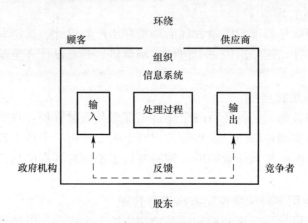

图 1-2 信息系统的功能

企业信息系统分为作业层系统、知识层系统、管理层系统及战略层系统四个主要层次，其中，管理层信息系统是为管理层的监督、管理、决策和行政事务活动服务的系统。管理信息系统带来了企业管理流程的优化、管理制度的完善，也是企业流程再造的过程。企业管理信息系统让使用者从繁杂的日常事务中解脱出来。推行企业管理信息系统，促进企业内部信息实现实时共享。管理信息系统带给企业最大的好处往往是促进企业内部管理流程的优化，通过对企业组织结构和工作流程的改进，以快速高效的通道传递信息，再反向作用于企业内部流程、增值链，达到企业时间、质量、成本和服务（TQCS）最优。管理信息系统可使客户信息多路径、多角度查询，可对生产信息多路查询、汇总、记录、统计、整理等。管理信息系统可减轻业务人员的工作量，提高业务处理的准确率和报表统计的速度，提高了信息传递的速度和效率；避免了重复劳动，加强了信息传送的安全性和可靠性；为各部门的科学管理和领导决策提供了保证，提高了数据资源的共享，提高了工作效率，降低了能耗，实现无纸办公，使企业管理服务水平得到提升。

企业信息化是一个系统工程，企业的信息化建设是一个有层次的人机合一的系统工程，其内容涉及管理层与普通员工理念、决策与管理、经营手段、服务应用等方面的信息化。企业信息化既要关注技术，又要关注管理和实施，持续性推进信息化建设。企业应高度重视对信息资源的管理，需将其纳入质量管理体系中，从而使得信息化建设得以有组织体系保证。信息化建设应重视推广应用计算机网络技术，公司决策管理层应当身体力行，对网络管理员进行系统培训，网络管理员是实施的关键，没有这个角色，企业信息化建设无从谈起。可以说管理信息系统是采用科学化、规范化和标准化理论设计并建立起来的信息系统，它是现代企业管理工作中不可缺少的重要组成部分，一个高效、实用的信息系统能显著提高物业企业服务质量、工作效率和管理水平，为企业带来明显的经济效益和社会效益。

2. 我国物业管理的未来发展方向

（1）建立健全物业管理行业的法律法规

结合我国物业管理行业的特点及面向未来的发展要求，物业管理的法律体系应具备以下几个方面特征：

首先根据物业管理的服务内容制定相应的物业管理法律法规，一是房屋及本体建筑的维护方面；二是建筑物内设备设施维护管理方面；三是物业管理范围的环境卫生维护管理方面；四是安保及消防方面等。此外，物业管理的活动还涉及其他领域的内容，也需要制定完善的配套法律法规，从而使物业管理的各项服务活动均能找到法律依据。例如住宅物业，按照多层、高层、别墅、度假村及特别类型住宅进行分类，在物业管理条例的精神下，分别制订出上述类型物业的管理办法，组成物业管理法律体系的子系统。从市场主体来看，还应建立物业管理行业管理办法、物业服务企业管理办法、业主委员会管理办法等。建立完善的规范物业管理市场化运作的法律法规，鼓励业主、物业服务企业和专业公司等多个主体共同参与物业管理，充分发挥市场的作用，弱化政府对市场的干预力度，使政府在"公共服务"职能范围内，发挥对物业管理市场的监督和引导作用。

通过完善法律法规、规章及办法的制定与施行，使物业管理的管理、服务、经营、收费等各方面各环节做到依法管理和运作。系统完善的法律法规应当充分体现契约自由和市场经济规律的原则，推动和保障行业的良性发展，减少资源消耗，降低企业风险，使企业能够获得更好的生存和发展的环境，使行业能够不断的提升服务质量和水平，使顾客和业主最终受益。

（2）政府部门发挥协调监督职能

我国物业管理行业政府主管部门在新形势下需要积极转变职能，参照世贸组织的规则，结合我国国情，制定与国际接轨的物业管理行业管理运行机制。政府主管部门既要发挥宏观调控的作用，又要维护竞争秩序，推动物业行业管理水平与国际看齐。政府主管部门应当持续不断提升其能力，营造一个公平和自由竞争的物业管理行业环境。

政府要加强服务意识，为广大企业营造良好的发展环境，提供宏观的政策支持与引导。例如实行物业管理服务价格由市场自行决定。

政府各职能部门间需要有效地沟通，加强物业管理相关各部门之间的协调运作，减少管理部门和管理层次，实施科学管理。政府职能部门必须有效实施质量监督，对市场良性发展起到推动作用，鼓励通过招投标等方式公开选聘物业服务企业，引进竞争机制，促使物业管理行业朝高度市场化方向发展。加强物业管理市场的培育，鼓励房地产开发、房地产管理分业经营。

（3）规范物业管理行业市场行为，树立良好的行业风气

1）政府对物业管理市场的管理层面。政府通过法律法规对物业管理市场进行宏观管理，为物业管理市场发挥应有功能创造一个有法可依、有纪可守、有章可循的良好市场环境，同时对违反法规规则的物业企业依法实行惩处，如降低等级。

2）行业协会对市场管理层面。宣传政府法规政策，协助制定本行业的道德规范自律准则和管理标准，协助政府对物业企业进行等级评定，质量评优，并开展行业调查等。搜集整理提供市场信息，组织技术交流，对物业管理人员从业进行培训。物业管理协会应积极有效的发挥作用。物业管理协会负责制定并监督执行行业公约，建立行业自律机制，组织制定并实施行业标准，维护公平竞争。

3）社会舆论对市场监督层面。充分利用社会舆论对物业管理市场进行有效的运行监督。社会舆论主要包括新闻媒介与业主客户意见等，宣传表扬先进，客观反映物业管理市场中值得引起重视的问题，批评和揭露丑恶现象，净化市场风气，共同维护市场秩序，使物业管理市场健康发展。

4）物业服务企业的自我管理层面。物业服务企业应当良好自律，做到依法经营，明确公司的市场定位，制定完善的经营制度，培养员工的职业道德，规范运作方式。

政府、舆论、协会需要密切合作，形成对业委会的有效制约和监督机制，业委会的监管和规范操作方面也要找出有效的措施和方法，避免招投标过程不公开，不公正，暗箱操作。令每一位消费者及社会各方面都积极地参与物业管理，以消费者的眼光审视物业服务企业的经营行为、服务行为，规范物业行业市场行为，逐步消除行业发展中不规范现象而造成的负面影响，树立良好的行业风气也有重要的意义。

（4）建立合理的物业管理市场需求机制

政府需要完善相关法律法规，体现物业管理竞争机制，规范招投标行为，实施"社会化"招投标，培育物业管理市场。

加强市场介体的建设，成立为物业管理交易服务的中介组织，如经纪公司、交易所等，从而形成有形的物业管理市场。注重物业管理市场主体介体的建设，不仅能促进物业服务企业从房地产开发环节中脱离出来，有利于市场行为的规范，还有利于发展大中型物业服务企业。

物业管理市场需要不断规范和深化改革，物业管理行业应当不断努力，推动未来的市场竞争由浅层次的价格竞争向深层次的品牌竞争、规模竞争到人才竞争的转化，使市场竞争公平、有序，形成一个规范和成熟的行业市场，使行业和企业都能共同受益。

（5）提高从业人员素质

1）优化从业人员各项管理制度

企业的管理制度设定，应当考虑能发挥员工的创造力，让员工感受工作乐趣，享受荣誉，体会人生价值和生命的意义。物业服务企业的管理制度包括人力资源规划、工作岗位设定、员工招聘、员工培训体系、薪酬激励、员工关系、企业文化等。在制度体系设定上，均应本着提高员工的执行力、提升团队的凝聚力、强化团队意识、保持高效运作等宗旨。规范物业服务企业的岗位设置，鼓励竞争上岗，促进从业人员的合理流动，有效提高对从业人员的管理水平、从业人员的技术素质、技术水平和职业道德水平。有效吸纳优秀人才，留住优秀人才，使人才能够为企业创造最大价值。

2）树立以人为本的企业文化

企业文化，或称组织文化，是一个组织由其价值观、信念、仪式、符号、处事方式等组成的其特有的文化形象。对一个企业而言，文化就是企业及其关系利益人共同接受的核心价值观。以人为本的企业文化，就是以实现人的全面发展为目标。企业的经营着要重视员工的需要，鼓励、培养员工。同时，企业更应该突出强调"以客户为本"、"客户第一"的经营理念。

3）建立完善人才竞争机制

解决人才问题，竞争机制相当关键。建立公平、开放、充分的人才竞争机制，是市场经济规则的必然要求。优秀企业家、职业经理，不经过大浪淘沙式的竞争，是无法成长起来的。

（6）创新物业服务企业的商业模式

以往物业服务企业常见的商业模式有管理面积的规模驱动模式、优质物业类型模式、业务项目的专业化驱动模式、多元化经营模式、差异化营销模式等，而一些规模较大的物业服务企业则走向横向资源整合模式—快速占有物业项目，铺设一定规模的消费渠道，建立迅速、及时反映的物流配送体系，以及颇具规模的供应商体系。

在商业模式创新方面，已有一些知名品牌公司先行先试，尝试创新模式发展经营，如上海陆家嘴物业服务企业创新建立了"96916"信息服务平台，24h接听受理业主的各种需求，已成为物业管理行业的一种重要模式。这种模式不但可以提高服务等级，还可以节约人力，实现管理与服务分离，实行市场化运作且服务的成本低、附加值高。又如深圳中海物业服务产品不断创新，成为企业发展的润滑剂；成功研制出多种专用清洗剂，在实现高质量保洁服务的同时也获得了可观的经济效益；在社区文化的创建上更是独辟蹊径，组建了自己的艺术团，专门为社区住户演出，对企业的服务与宣传起到重要的作用，带给企业的效益也是多方面的。

在创新商业模式中应重点关注外部服务与内部管理两个方面的创新。很多优秀的物业服务企业都是通过完善和优化自身的管理与服务来提高企业的核心竞争力的。近年出现的一些创新商业模式：

强强联合—联合体：各种联合体服务方式出现。加入金钥匙物业联盟，经过系统的培训和服务体系认证，可以使企业学到更多国际先进的酒店式服务；与专业公司联盟，将自己的弱项外包给优秀的专业公司，同时利用自己的强项与其他公司联盟，实现强强联合。

企业拆分法：旧的公司原有的组织结构、老的企业文化、老员工的旧思维和行为习惯难于改变，而拆分脱壳的新企业则充满生机活力。

加盟法：类似于连锁加盟的方式。这种方式比较适合一个企业在拓展外地市场或独立运作项目时运用。此种方式在风险评估时要考虑清楚如何进行品质控制和经营风险控制。

中国物业管理行业已经进入了新的发展时期，物业服务企业需要不断创新商业模式，才能在竞争中生存和发展。打破物业服务企业向业主提供一体化的综合服务的管理模式，向社会多元主体在平等竞争的条件下共同参与物业管理的模式转变。企业应该采取何种商业模式，需要结合企业的实际情况而定。

第 2 章　物业管理机构

本章关键词

物业服务企业　业主　业主大会　政府行政管理部门　行业协会

2.1　物业服务企业

2.1.1　物业服务企业含义及类型

1. 企业的基本概念

公司是企业的组织形式，是指依照《中华人民共和国公司法》（以下简称《公司法》）在中国境内设立的有限责任公司和股份有限公司，是以盈利为目的的具有企业法人资格的经济组织。

企业是从事生产、流通和服务等活动，为满足社会需求和获取盈利，实行独立核算、自主经营、自负盈亏、自我约束、自我发展，具有独立企业法人资格的经济实体。这说明：

（1）公司具有独立企业法人资格。公司首先要具备《民法通则》规定的法人条件；同时作为企业法人还要具备企业法人应具备的各项条件，即依照国家法律规定，经工商行政管理机关核准登记，取得企业法人资格，进行民事活动，享有民事权利，履行民事义务，能够独立承担民事和法律责任。

（2）公司是经济实体。公司必须拥有一定的资金数量、专业技术人员、物质技术设备，具有经营管理权。

（3）公司经营的目的是赢利。任何公司从事经营活动，其经营的目的都是为了获取经济效益，并保持经营的连续性，独立核算、自负盈亏，对自己的经营行为负完全的经济责任。

2. 物业服务企业的含义

物业服务企业是指具有法人资格，根据合同接受建设单位、业主大会或者业主管理委员会的委托，依照有关法律、法规的规定，对物业实行专业化管理，并收取相应报酬的经济实体。物业服务企业应按合法程序成立，并具备相应资质条件。

物业服务企业应当具有独立的法人资格，意味着物业服务企业应当具备下列条件：

（1）依法成立。物业服务企业是按社会化、专业化、企业化、经营型的要求，并按照国家规定的法定程序建立起来的企业。物业服务企业的组建要符合法定的条件和程序，要在工商行政主管部门注册登记，同时还必须在物业管理行业资质管理主管部门取得一定的资质以后，才能从事物业管理服务的活动。

（2）有必要的财产或者经费。物业服务企业属于营利性法人。必要的财产和经费是其生存和发展的前提，也是其承担民事责任的物质基础。按照《公司法》规定，物业服务企业为有限责任公司的，注册资本不得低于 10 万元；为股份有限公司的，注册资本不得低于 1000 万元。

（3）有自己的名称、组织机构和场所。名称是企业对外进行活动的标记，其确定应当符合《企业名称登记管理规定》等法律法规的规定；组织机构是健全内部管理的需要，如公司应当设立董事会、股东大会、监事会等；场所是物业服务企业进行经营活动的固定地点，不仅表示企业的存在具有长期性、且可确立与之相关的其他一些问题，如合同的履行、诉讼管辖问题等。

（4）能够独立承担民事责任。如果企业不能就自己行为承担相应责任，难谓其具独立的主体资格。独立承担民事责任是建立在独立财产基础之上的。如果企业没有独立的财产，是不可能独立承担民事责任的。

3. 物业服务企业的类型

物业服务企业的分类方法有很多，依照不同的划分标准，可分为不同的类型。目前，我国存在各种类型的物业服务企业。

（1）按投资主体分类。可分为全民所有制物业服务企业、集体所有制物业服务企业、有限责任物业服务企业、股份制物业服务企业、外商投资物业服务企业等。

（2）按内部运行机制分类。可分为管理责任型物业服务企业、顾问型物业服务企业、综合型物业服务企业。

（3）按物业权属关系分类。可分为委托服务型物业服务企业和自主经营型物业服务企业。

委托服务型物业服务企业接受业主、业主大会的选聘，按照物业服务合同的约定提供物业服务，其物业所有权和经营管理服务权是分离的。

自主经营型物业服务企业是接受上级公司指派管理自主开发的物业，其物业所有权和经营管理服务权是一体的，常见于商业大厦、写字楼等。

2.1.2 物业服务企业的设立

根据《公司法》和《物业服务企业资质管理办法》，设立程序分为工商注册登记和资质审批两个阶段。

1. 物业服务企业的工商注册登记

根据《公司法》规定，企业设立须向工商行政管理部门进行注册登记，在领取营业执照后，方可开业。因此，物业服务企业在营业前必须到工商行政管理部门注册登记。

（1）企业名称的预先审核

物业服务企业可结合行业特点，根据所管理物业的名称、地域、公司发起人等取名，而且必须符合《公司法》的有关规定。根据公司登记管理的有关规定，物业服务企业应当由全体股东或发起人指定的代表或委托的代理人申请企业名称的预先核准，经工商行政管理部门批准后，获得《企业名称预先核准通知书》。

（2）公司地址

物业服务企业应以其主要的办事机构所在地作为公司的地址。

（3）注册资本

《公司法》规定，科技开发、咨询、服务性有限责任公司最低限额的注册资本为 10 万元，物业服务企业作为服务性企业应符合此规定。同时，考虑到企业注册后即应办理物业服务企业资质证书，因此，注册资本还应符合各资质等级注册资本的规定要求。

（4）股东人数和法定代表人

在设立物业服务企业时，股东人数必须符合法定条件。

（5）公司人员

物业服务企业的人数和从业资格应该符合相关法规要求。

（6）公司章程

物业服务企业章程是明确企业宗旨、性质、资金、业务、经营规模、组织机构以及利益分配、债权债务、内部管理等内容的书面文件，是设立企业的最重要的基础条件之一。企业章程的内容因企业性质和业务的实际情况不同而有所不同。

物业服务企业在办理企业注册登记时，应提交由会计师事务所的中国注册会计师出具的验资证明，以及必要的审批文件。物业服务企业如果符合规定的条件，在工商行政机关发给营业执照后，公司即告成立。

2. 物业服务企业的资质审批及管理

（1）物业服务企业的资质等级与授权

《建设部关于修改〈物业服务企业资质管理办法〉的决定》已于 2007 年 10 月 30 日经原建设部第 142 次常务会议讨论通过，该办法中规定：物业服务企业资质等级分为一、二、三级。国务院建设主管部门负责一级物业服务企业资质证书的颁发和管理；省、自治区人民政府建设主管部门负责二级物业服务企业资质证书的颁发和管理，直辖市人民政府房地产主管部门负责二级和三级物业服务企业资质证书的颁发和管理，并接受国务院建设主管部门的指导和监督；设区的市的人民政府房地产主管部门负责三级物业服务企业资质证书的颁发和管理，并接受省、自治区人民政府建设主管部门的指导和监督。

（2）物业服务企业的资质申请

新设立的物业服务企业应当自领取营业执照之日起 30 日内，持下列文件向工商注册所在地直辖市、设区的市的人民政府房地产主管部门申请资质：

1）营业执照；

2）企业章程；

3）验资证明；

4）企业法定代表人的身份证明；

5）物业管理专业人员的职业资格证书和劳动合同，管理和技术人员的职称证书和劳动合同。

（3）各资质等级物业服务企业的条件

一级资质：

1）注册资本人民币 500 万元以上；

2）物业管理专业人员以及工程、管理、经济等相关专业类的专职管理和技术人员不少于 30 人。其中，具有中级以上职称的人员不少于 20 人，工程、财务等业务负责人具有相应专业中级以上职称；

3）物业管理专业人员按照国家有关规定取得职业资格证书；

4）管理两种类型以上物业，并且管理各类物业的房屋建筑面积分别占下列相应计算基数的百分比之和不低于 100%：

多层住宅 200 万 m^2；

高层住宅 100 万 m^2；

独立式住宅（别墅）15 万 m^2；

办公楼、工业厂房及其他物业 50 万 m^2。

5）建立并严格执行服务质量、服务收费等企业管理制度和标准，建立企业信用档案系统，有优良的经营管理业绩。

一级资质物业服务企业可以承接各种物业管理项目。

二级资质：

1）注册资本人民币 300 万元以上；

2）物业管理专业人员以及工程、管理、经济等相关专业类的专职管理和技术人员不少于 20 人。其中，具有中级以上职称的人员不少于 10 人，工程、财务等业务负责人具有相应专业中级以上职称；

3）物业管理专业人员按照国家有关规定取得职业资格证书；

4）管理两种类型以上物业，并且管理各类物业的房屋建筑面积分别占下列相应计算基数的百分比之和不低于 100%：

多层住宅 100 万 m^2；

高层住宅 50 万 m^2；

独立式住宅（别墅）8 万 m^2；

办公楼、工业厂房及其他物业 20 万 m^2。

5）建立并严格执行服务质量、服务收费等企业管理制度和标准，建立企业信用档案系统，有良好的经营管理业绩。

二级资质物业服务企业可以承接 30 万 m^2 以下的住宅项目和 8 万 m^2 以下的非住宅项目的物业管理业务。

三级资质：

1）注册资本人民币 50 万元以上；

2）物业管理专业人员以及工程、管理、经济等相关专业类的专职管理和技术人员不少于 10 人。其中，具有中级以上职称的人员不少于 5 人，工程、财务等业务负责人具有相应专业中级以上职称；

3）物业管理专业人员按照国家有关规定取得职业资格证书；

4）有委托的物业管理项目；

5）建立并严格执行服务质量、服务收费等企业管理制度和标准，建立企业信用档案系统。

三级资质物业服务企业可以承接 20 万 m^2 以下住宅项目和 5 万 m^2 以下的非住宅项目的物业管理业务。

新设立的物业服务企业，其资质等级按照最低等级核定，并设一年的暂定期。

2.1.3 物业服务企业的自我管理

物业服务企业是物业管理市场最基本的管理和执行机构。物业服务企业的自我管理首先应从物业管理规章制度开始。规章制度是物业管理工作的依据和准绳，对业主和物业服务企业均能起到保护和制约的作用。鉴于目前政府立法具有滞后性，在法律、法规、政策、条例尚不健全的情况下，物业服务企业更要通过建立完备、严密、科学、合理的规章制度来参与市场竞争，加强自我保护和自我制约。物业管理规章制度的建立，应以政府的有关法规、条例和物业服务企业确定的企业宗旨、经营范围和承担的义务为依据，在借鉴国内外物业管理成功经验的基础上制定，并在物业管理的实践中逐步完善和提高。物业管理的规章制度可以包括：管理规约、业主管理委员会章程、住户手册、物业服务企业岗位责任制等。

1. 管理规约

管理规约是一份由业主承诺，并对全体业主均有约束力的有关物业管理、使用、维修、保养等方面的权利与义务的行为准则。

管理规约一般在业主管理委员会成立之前，由开发建设单位（第一业主）会同物业服务企业一起制定并经购房业主承诺。业主委员会成立以后应当予以认可，并可按规定程序修改补充。管理规约应向房地产管理部门登记备案。

管理规约应当符合法律、法规、政府有关规定和土地使用权出让合同的规定。

2. 业主管理委员会章程

业主管理委员会章程是关于业主（代表）大会与业主管理委员会选举、产生、活动和行使权利、义务，保证业主权益的准则。制定业主管理委员会章程以支持、监督、配合物业服务企业的物业管理工作和维护业主合法权益为宗旨。业主管理委员会章程起草工作应由筹委会负责，经业主（代表）大会讨论通过后执行，以后可以根据实际情况按规定程序修改完善。业主管理委员会章程的内容不得与国家宪法、法律、法规和政策相抵触。

3. 住户手册

住户手册是物业服务企业制定发给业主保存的文件汇编。住户手册为业主介绍物业辖区内概况、物业服务企业情况和各种管理、服务、设备、守则及安全措施等。其目的是为了使业主明确自己应有的权利与义务及注意事项。

4. 物业服务企业岗位责任制

物业服务企业岗位责任制是物业服务企业自律性的规章制度。它规定了物业服务企业内部各职能部门和各类人员的职责范围，包括领导制度（董事会制度、总经理制度）；职能制度（办公室职责、开发部职责、财务部职责、业务管理部职责、工程部职责、经营服务部职责等）；岗位制度（管理人员岗位责任、工人岗位责任等）。

（1）总经理岗位责任。总经理在董事会领导下，负责董事会决定的贯彻落实，负责企业的全面领导和管理工作。

（2）办公室的职责范围。办公室是经理领导下的综合管理部门，负责行政、人事、文件管理等工作。

（3）开发部的职责范围。开发部是在经理领导下专职于物业管理业务开发的部门，负责企业经营业务的选择、可行性分析、投标竞争等工作。

（4）财务部的职责范围。财务部是企业经理领导下的经济管理部门，应积极参与企业的经营管理，搞好会计核算工作。

（5）业务管理部的职责范围。业务管理部要落实企业关于物业辖区的有关决定，有计划、有步骤地完善物业辖区内的各种配套设施，负责环境卫生、园林绿化、治安消防、车辆交通、水、电、煤气及业主投诉的管理和处理。

（6）工程部的职责范围。工程部是经理领导下的技术部门，负责房屋公共设施使用、管理、维修、保养，负责参加物业的前期管理和接管、验收、装修等工作。

（7）经营服务部的职责范围。经营服务部是为业主提供各种综合服务和代办业务的部门，物业服务企业通过经营服务部，开展多种经营业务，既方便业主，又增加了企业的经营效益，增强了企业实力。

（8）员工岗位制度。员工岗位制度包括管理人员和工人的责任制，这里列举某物业管理处主任岗位责任和维修工岗位责任。

（9）管理处主任岗位责任。在物业服务企业和物业辖区业主委员会的领导下，主持物业辖区日常管理工作，根据物业辖区各时期的实际情况，提供改进和提高管理工作水准和物业辖区建设的意见措施。

（10）维修工岗位责任。负责水电系统的日常保养和维修，确保小区上下水道畅通和供电照明运作正常，并及时完成主管领导临时布置的任务。

2.1.4　物业服务企业组织架构

1. 物业服务企业的组织形式

物业服务企业的组织形式应根据所管理物业的类型、范围、数量和企业自身的人力、物力、财力等实际情况，选择与之相适宜的组织形式，一般采用直线制、职能制、直线职能制、事业部制。

（1）直线制

直线制是最早的一种企业管理组织形式。其主要特点是不设专业职能部门，机构按垂直系统领导，企业领导者亲自执行全部管理职能，只设职能人员协助主管人工作，实行单向逐级负责制。这种组织形式适用于小型物业管理项目，如图 2-1 所示。

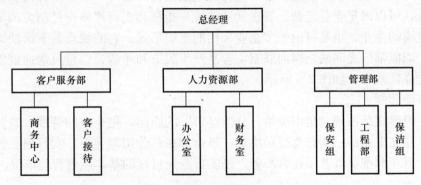

图 2-1　直线制物业管理组织形式

直线制的优点是机构简洁、指挥统一、权责分明、效率较高、决策迅速,利润来源明确,管理层直接对成本和利润负责;缺点是各种管理职能归集于一人负责,难以适应较复杂的管理,人力资源分散,不适应大范围的管理。

(2)职能制

职能制在直线制组织形式基础上为各级领导者相应地设置了职能机构或专职人员,以使他们能在各自职权范围内有权直接指挥下属部门,又能协助领导工作。这种组织形式适合规模不是很大,但管理难度较高的物业服务项目的企业,如图2-2所示。

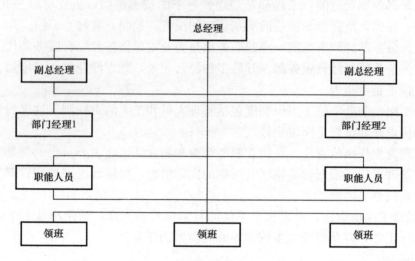

图 2-2　职能制物业管理组织形式

职能制的优点是能适应物业管理复杂的特点,减轻领导者的工作负担;其缺点是容易造成多头指挥,不利于健全责任制。

(3)直线职能制

直线职能制又称直线参谋式,它是在直线制的基础上吸收了职能制的长处,把垂直指挥职能与职能部门的专业管理职能相结合的一种组织形式。直线职能制既保持了直线制的统一领导和指挥,又具有职能分工的长处,对于减轻主管领导的负担、弥补主管领导专业上的不足起到了重要作用。其优点是各级领导人员都有相应的职能人员做参谋或助手,因而能对本部门的管理、技术、经济活动进行有效的指挥,而每一个部门都由领导人员统一领导和指挥,可以满足企业经营、管理活动的统一指挥和实行严格责任制度的要求。它适合于中等规模的企业,也是目前较多企业采用的组织形式。它的缺点是下级缺乏必要的自主权,各个职能部门之间缺乏横向联系,容易产生脱节和矛盾,信息反馈速度缓慢,组织不力,可能降低效率,如图2-3所示。

(4)事业部制

这种组织形式是按照"集中决策、分散经营"的原则,把企业的管理、经营活动,按大类或地区建立事业部;实行总公司决策,事业部在总公司领导下,实行独立核算、独立经营,每个事业部都负责若干经营事务,是实行企业目标的基本经营管理单位。

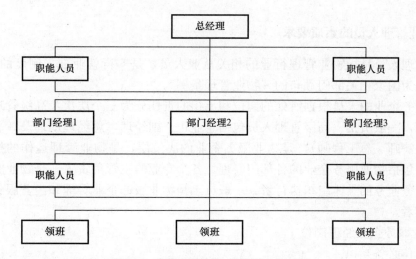

图 2-3　直线职能制物业管理组织形式

事业部制的优点包括：1）有利于企业最高领导层摆脱日常行政事务，强化决策机制；有利于调动各事业部的积极性、责任心与主动性，增强企业经营的适应性与灵活性，消除由于企业规模大、层次多所造成的各种弊端。2）由于各事业部实行独立核算、自负盈亏，有利于分清各事业部的经营效果，调整经营业务结构，促进内部竞争。3）有利于将社会化与专业化有效结合起来，加强多元化经营。4）有利于考核干部，培养复合型人才，提高领导素质。其主要缺点是事业部之间的协调困难，机构重复，用人过多。这种组织形式适合于规模大、物业种类多、经营业务复杂的物业服务企业，如图 2-4 所示。

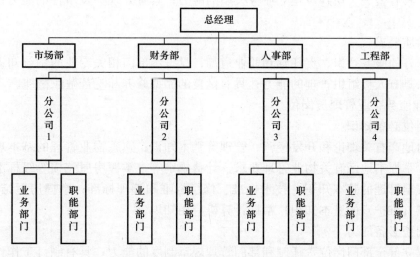

图 2-4　事业部制物业管理组织形式

以上介绍的四种组织机构形式只是较为典型的组织形式，实践中所设置的组织机构并不完全是上述的典型类型。换句话说，典型的组织机构并不完全适用于每个物业服务企业的实际情况，实践中要针对各公司的具体情况做适当调整。另外，不存在最优的组织机构类型，每一种类型的组织机构都各有长处和短处。

2.1.5 物业管理人员的素质要求

物业管理人员是指物业管理行业的相关从业人员，是实行就业准入制度的职业之一。其行业规范为国家相关部门颁布的《物业管理条例》。

物业服务企业的人员根据所处的岗位和承担的责任分为三个层次：高级管理人员，中级管理人员，一般员工。高级管理人员包括企业正、副经理，总经理助理及3总师（总会计师、总经济师、总工程师），是物业服务企业的决策层，是物业管理运作的指挥者。中级管理人员包括物业服务企业的各部门经理、各个专业的主管负责人，是物业服务企业管理和经营服务业务的具体组织执行者。一般员工是物业服务企业管理和经营服务业务的具体组织操作者。

1. 物业服务企业经理岗位

（1）岗位必备知识

了解房屋结构、设备、设施、园林、绿化等修缮的基本知识；了解房地产有关理论和开发、经营、管理、估价等基本知识；了解《公司法》、《经济合同法》、《税法》、《民事诉讼法》等法律知识；熟悉计算机应用的知识；熟悉房屋完损等级标准和安全管理基本知识；熟悉国家和本地区的物业管理法律、法规、政策，掌握物业管理的基本理论与实务；掌握企业经营管理知识。

（2）岗位必备能力

具有制订企业发展规划、建立健全企业管理制度的能力；掌握本企业各部门业务及运作状况，熟悉企业财务、税收状况和市场变化情况，具有经营决策能力；具有综合组织及协调能力，具有公关、谈判及建立业务关系的能力；具有处理突发事件的能力；具有计算机应用能力。

（3）素质要求

具备良好的服务意识、责任感和职业道德；具备本部门相关专业的系统知识和丰富的实践经验；具有人员组织管理的能力；具有优良的品德修养和吃苦敬业精神。

2. 物业服务企业管理员岗位

（1）岗位必备知识

了解房地产有关理论和开发经营、管理等基本知识；熟悉物业管理的基本理论和有关政策法规，掌握本地区有关物业管理要求、计费规定等；掌握房屋完损等级标准、质量检测方法和安全管理的基本知识；技术标准、修缮标准和管理标准；掌握房屋结构、设备、设施等修缮（维护）的基本知识；掌握计算机应用知识。

（2）岗位必备能力

具有建立健全部门岗位责任制和部门管理规章制度的能力；具有制订工作计划，并组织实施的能力；具有及时处理危漏房和房屋、设备、设施的抢修排险和火警、匪警、救护等突发事件的能力；具有宣传教育、组织各类活动及处理一般矛盾的能力；具有处理专项业务并与相关机构协调的能力；具有熟练应用计算机进行管理的能力。

（3）素质要求

具有胜任本职工作的能力，具有良好的职业道德、责任心和服务意识，有吃苦耐劳的精神。

2.2　业主、业主大会和业主委员会

为了规范业主大会和业主委员会的活动，维护业主的合法权益，根据《中华人民共和国物权法》，《物业管理条例》等法律法规的规定，中华人民共和国住房和城乡建设部于2009 年 12 月 1 日颁布了《业主大会和业主委员会指导规定》。

2.2.1　业主及业主的权利与义务

1. 业主、使用人的概念

业主，顾名思义就是"物业的主人"。根据修订后的《物业管理条例》的解释，"业主是指房屋的所有权人"。在物业管理活动中，业主基于对房屋的所有权享有对物业的相关共同事务进行管理的权利。这些权利有些由单个业主享有和行使，有些只能通过业主大会来实现。

现实物业管理中，业主类型分为三种：一是房屋所有权证书持有人；二是房屋共有权证书持有人；三是待领取房屋所有权证书和房屋共有权证书的购房人。

按拥有物业所有权状况的不同，业主又可分为区分所有权人和独立所有权人。区分所有权人是指多人区分一幅地块上同一建筑物而有其专有部分，并就其共用部分按份拥有所有权者；独立所有权人是指某宗土地上的建筑物为某人或组织所独有。区分所有权人多见于居住物业，通常是一幢楼宇或一个小区有数十名乃至成百上千名业主；独立所有权人多见于非居住物业，如许多大型商厦、酒店、宾馆和纯出租的写字楼等，有时也见于独立的别墅物业。

使用人，是指不拥有房屋的所有权，但通过某种形式获得房屋的使用权，并实际使用房屋的人。目前主要的取得使用权的形式是租赁关系。使用人的基本权利和义务受到租赁合同的限制，使用人享有的权利通过合同来约定，在业主授权的范围内行使。

2. 业主的权利和义务

（1）业主的权利

业主的权利通常指业主的财产权利，业主作为物业的所有权人，其基本权利是依法享有物业所有权的各项权益，包括占有权、使用权、收益权、处分权。但这里讨论的业主权利是由物业所有权派生出的物业管理权。按照《物业管理条例》的规定，业主在物业管理活动中，享有下列权利：

1) 按照物业服务合同的约定，接受物业服务企业提供的服务

物业服务合同签订后，物业服务企业负有向业主提供合同所约定的服务内容与质量的义务，业主在支付了合同所约定的物业管理服务费后，享有接受物业服务企业提供服务的权利。

2) 提议召开业主大会会议，并就物业管理的有关事项提出建议

业主大会会议是业主大会开展工作的基本形式，主要有两种形式：集体讨论和书面征求意见。业主大会由物业管理区域内的全体业主组成。作为业主大会的成员，业主享有提议召开业主大会会议的权利。

3) 提出制定和修改管理规约、业主大会议事规则的建议

管理规约、业主大会议事规则是规范业主之间权利与义务关系和业主大会内部运作机制的基础性规约。当业主认为有必要制定管理规约、业主大会议事规则，或者认为现有管理规约、业主大会议事规则有不完善的地方，可以提出自己有关制定和修改管理规约、业主大会议事规则的建议。

4) 参加业主大会会议，行使投票权

业主对物业管理区域内重大事项的决定权，是通过参加业主大会会议，在会议上行使表决权的方式来实现的。只要具有业主身份，就具有参加业主大会会议的权利。业主大会会议可以采用集体讨论的形式，也可以采用书面征求意见的形式。但是，应当有物业管理区域内专有部分占建筑物总面积过半数的业主且占总人数过半数的业主参加。

5) 选举业主委员会委员，并享有被选举权

业主委员会是业主大会的执行机构，具体执行业主大会决定的事项，并就物业管理区域内的一般性日常事务作出决定。每一位业主都有选举符合自己意愿的业主委员会委员的权利，同时业主作为业主大会的成员也都享有被选举为业主委员会委员的权利。

6) 监督业主委员会的工作

业主委员会是业主大会的执行机构，它的工作直接关系到每一位业主的切身利益。由于业主委员会委员也具有个人利益，可能会滥用业主大会赋予的权利，有些素质不高的业主委员会委员甚至可能会做出损害业主利益的行为。为了防止这种业主委员会委员侵害业主权益情况的发生，督促业主委员会委员更好地履行职责，保护业主的合法权益，应当保证业主对业主委员会委员享有监督权。

7) 监督物业服务企业履行物业服务合同

物业服务企业是基于和业主之间的物业服务合同，为业主提供服务的经营主体，与业主处于物业管理法律关系的相对方。业主有权对物业服务企业履行物业服务合同的情况进行监督。例如，业主有权对物业服务企业履行合同的情况提出批评与建议；有权监督物业服务企业的收费情况；有权要求物业服务企业对违反合同的行为进行改正等。业主对物业服务企业的监督权有利于物业服务企业更好地履行物业管理服务。

8) 对物业共用部位、共用设施设备和相关场地使用情况享有知情权和监督权

物业共用部位、共用设施设备和相关场地，与业主所拥有的物业不可分割，业主对拥有物业进行占有、使用、收益和处分，不可避免地要牵涉到对物业共用部位、共用设施设备的管理。业主和物业服务企业可以在不损害业主共同利益的情况下，依法对物业共用部位、共用设施设备和相关场地进行使用，但这种使用不能侵害全体业主的合法权益，因此，每一个业主对物业共用部位、共用设施设备和相关场地使用的情况享有知情与监督的权利。

9) 监督物业共用部位、共用设施设备专项维修资金的管理和使用

物业共用部位、共用设施设备专项维修资金是在物业产权多元化的情况下，为了保证房屋的维修和正常使用，依照国家规定建立的专门性资金。专项维修资金属于全体业主所有，物业共用部位、共用设施设备是否完好，运行是否正常，不仅关系到相邻物业，整幢楼，甚至整个物业管理区域物业的正常使用，还关系到全体业主的共同利益。专项维修资金的使用和管理，必须受业主的严格监督，以防止专项维修资金被挪作他用。业主在专项

维修资金的收取、使用、统筹、代管等各个环节都享有监督权。

10）法律、法规规定的其他权利

除了上述权利以外，业主还享有法律、法规规定的其他方面权利。例如，在物业受到侵害时，有请求停止侵害、排除妨碍、消除危险、赔偿损失的权利；有对物业维护、使用等方面的规章制度、各项报告、提案进行审议的权利；有为维护业主的合法权益进行投诉和控告的权利等。

（2）业主的义务

按照《物业管理条例》的规定，业主在物业管理活动中应履行下列义务：

1）遵守管理规约、业主大会议事规则

管理规约是业主依法订立的一种自我管理规约，管理规约应当对有关物业的使用、维护、管理，业主的共同利益，业主应当履行的义务，违反公约应当承担的责任等事项依法作出约定。每一位业主都应当依照管理规约的规定行使权利、履行义务。业主通过缔结管理规约和业主大会议事规则来进行自我管理和自我约束，有利于形成良好的物业管理秩序。

2）遵守物业管理区域内物业共用部位和共用设施设备的使用、公共秩序和环境卫生的维护等方面的规章制度

物业共用部位和共用设施设备的使用、公共秩序和环境卫生的维护等事项，事关物业管理区域内全体业主的共同利益。为了维护这种共同利益，业主大会可能制定或授权物业服务企业制定一系列的规章制度，要求全体业主共同遵守。每一位业主都有遵守这些规章制度的义务。

3）执行业主大会的决定和业主大会授权业主委员会作出的决定

业主大会的决定是全体业主共同作出的，代表了全体业主的共同意志，符合业主的共同利益，理应得到全体业主的共同遵守。业主委员会是业主大会的执行机构，具体实施业主大会所作出的决定，同时经业主大会的授权也可以自行作出对一定物业管理事项的决定，它所作出的决定业主同样应该执行。

若业主大会或者业主委员会作出的决定侵害业主合法权益的，受侵害的业主可以请求人民法院予以撤销。

4）按照国家有关规定缴纳专项维修资金

专项维修资金是保障物业得以正常维修改造的必要条件，业主应承担缴纳专项维修资金的义务，只有全体业主履行了缴纳维修资金的义务，才能解决产权多元化情况下的维修难题。

5）按时缴纳物业服务费用

物业管理服务费是物业服务合同约定的重要内容之一。它是确保物业管理正常运行的必要前提，是物业服务企业按合同约定对房屋建筑及其设施设备、绿化、卫生、交通、治安和环境等项目开展日常维护、修缮、整治服务及提供其他与业主生活相关服务所收取的费用。业主在享受物业服务企业提供的服务的同时，必须按照合同的约定按时支付一定的费用，即缴纳物业服务费，不得无故拖延和拒交，否则物业服务企业有权依法要求其承担违约责任。

6）法律、法规规定的其他义务

除上述义务外，业主还应承担法律法规规定的其他义务。例如，业主有配合物业服务企业开展服务活动的义务；有装饰装修房屋时向物业服务企业告知的义务；有按照物业本来用途和目的使用物业的义务；有维护物业的使用安全和美观的义务；有遵守物业管理区域内公共秩序，维护物业管理区域内的环境整洁的义务等。

3. 业主对建筑物的区分所有权

建筑物区分所有权，是指多个业主共同拥有一栋建筑物时，各个业主对其在构造和使用上独立的建筑物部分所享有的所有权和对供全体或部分所有人共同使用的建筑物部分所享有的共有权以及基于建筑物的管理、维护和修缮等共同事务而产生的共同管理权的总称。《物权法》第七十条规定：业主对建筑物内的住宅、经营性用房等专有部分享有所有权，对专有部分以外的共有部分享有共有和共同管理的权利。根据上述规定，业主的建筑物区分所有权由以下 3 部分构成：

（1）业主对专有部分的所有权。即业主对建筑物内的住宅、经营性用房等专有部分享有所有权，有权对专有部分占有、使用、收益和处分。

（2）业主对建筑区划内的共有部分的共有权。即业主对专有部分以外的共有部分如电梯、过道、楼梯、水箱、外墙面、水电气的主管线等享有共有的权利。

（3）业主对建筑物区划内的共有部分的共同管理权。即业主对专有部分以外的共有部分享有共同管理的权利。

2.2.2 业主大会

业主大会由物业管理区域内全体业主组成。业主大会自首次业主大会会议召开之日起成立。一个物业管理区域只能成立一个业主大会。对于由众多业主构成的物业管理区域，只有成立业主大会才能民主地解决物业管理的公共事项；对于业主数量较少的物业管理区域，业主共同商讨物业管理问题，业主大会成立与否并不影响业主关于物业管理的民主决策的，也可以不成立业主大会。此种情况下由业主共同履行业主大会、业主委员会职责。

1. 业主大会的召开

（1）业主大会的筹备

首次业主大会会议筹备组由业主代表、建设单位代表、街道办事处、乡镇人民政府代表和居民委员会代表组成。筹备组成员人数应为单数，其中业主代表人数不低于筹备组总人数的一半，筹备组组长由街道办事处、乡镇人民政府代表担任。筹备组应当做好以下筹备工作：

1）确认并公示业主身份、业主人数以及所拥有的专有部分面积；

2）确定首次业主大会会议召开的时间、地点、形式和内容；

3）草拟管理规约、业主大会议事规则；

4）依法确定首次业主大会会议表决规则；

5）制定业主委员会委员候选人产生办法，确定业主委员会委员候选人名单；

6）制定业主委员会选举办法；

7）完成召开首次业主大会会议的其他准备工作。

　　由于物业建设单位和前期介入的物业服务企业掌握业主资料，便于召集业主，同时也有会务组织的起码条件（场所、人员等），所以建设单位和前期介入的物业服务企业有协助业主大会会议召开成立的义务。

　　（2）第一次业主大会的召开

　　第一次业主大会，在物业交付使用且入住率达到一定比例时，在物业所在地的区、县人民政府房地产行政主管部门和街道办事处、乡镇人民政府的指导下，由业主代表、建设单位（包括公有住房出售单位）组成业主大会筹备组负责业主大会筹备工作。

　　筹备组应当自组成之日起 30 日内在物业所在地的区、县人民政府房地产行政主管部门的指导下，组织业主召开首次业主大会会议，并选举产生业主委员会。

　　（3）业主大会会议

　　业主大会会议分为定期会议和临时会议。

　　1）业主大会定期会议

　　业主大会定期会议应当按照业主大会议事规则的规定召开。业主委员会成立后，负责召集此后的业主大会，每年至少召开一次。

　　2）业主大会临时会议

　　有以下情况之一的，业主委员会应当及时组织召开业主大会临时会议：a. 经专有部分占建筑物总面积 20％以上且占总人数 20％以上业主提议的；b. 发生重大事故或者紧急事件需要及时处理的；c. 业主大会议事规则或者管理规约规定的其他情况。

　　发生应当召开业主大会临时会议的情况，业主委员会不履行组织召开会议职责的，区、县人民政府房地产行政主管部门应当责令业主委员会限期召开。

　　（4）召开业主大会的法定人数

　　业主人数按照专有部分的数量计算，一个专有部分按一人计算。但建设单位尚未出售和虽已出售但尚未交付的部分，以及同一买受人拥有一个以上专有部分的，按一人计算；业主为无民事行为能力人或者限制民事行为能力人的，由其法定监护人行使投票权。

　　（5）召开业主大会的公告

　　业主委员会应当在业主大会会议召开 15 日前将会议通知及有关材料以书面形式在物业管理区域内公告全体业主。住宅小区的业主大会会议，应当同时告知相关的居民委员会。

　　2. 业主大会的决定及议事规则

　　（1）业主大会的决定

　　业主大会决定以下事项：

　　1）制定和修改业主大会议事规则；

　　2）制定和修改管理规约；

　　3）选举业主委员会或者更换业主委员会委员；

　　4）制定物业服务内容、标准以及物业服务收费方案；

　　5）选聘和解聘物业服务企业；

　　6）筹集和使用专项维修资金；

　　7）改建、重建建筑物及其附属设施；

　　8）改变共有部分的用途；

9）利用共有部分进行经营以及所得收益的分配与使用；

10）法律法规或者管理规约确定应由业主共同决定的事项。

（2）业主大会的议事规则

业主大会议事规则应当对下列主要事项作出规定：

1）业主大会名称及相应的物业管理区域；

2）业主委员会的职责；

3）业主委员会议事规则；

4）业主大会会议召开的形式、时间和议事方式；

5）业主投票权数的确定方法；

6）业主代表的产生方式；

7）业主大会会议的表决程序；

8）业主委员会委员的资格、人数和任期等；

9）业主委员会换届程序、补选办法等；

10）业主大会、业主委员会工作经费的筹集、使用和管理；

11）业主大会、业主委员会印章的使用和管理。

业主拒付物业服务费，不缴存专项维修资金以及实施其他损害业主共同权益行为的，业主大会可以在管理规约和业主大会议事规则中对其共同管理权的行使予以限制。

3. 业主大会的表决效力

按照《物业管理条例》的相关规定：业主大会作出"筹集和使用专项维修资金"以及"改建、重建建筑物及其附属设施"的决定，应当经专有部分占建筑物总面积 2/3 以上的业主且占总人数 2/3 以上的业主同意；业主大会作出的其他决定，应当经专有部分占建筑物总面积过半数的业主且占总人数过半数的业主同意。

业主大会会议内容应当由业主委员会作书面记录并存档。业主大会或者业主委员会的决定，对业主具有约束力。业主大会或者业主委员会作出的决定侵害业主合法权益的请求人民法院予以撤销。

4. 业主大会与物业服务企业的关系

物业管理实行业主自治管理与物业服务企业专业化管理相结合的原则，共同对一定范围内的物业实施管理，业主大会与物业服务企业两者之间具有一定的法律关系和经济关系。

（1）法律关系

两者在法律关系上是平等的。业主大会与物业服务企业是委托者和受托者，是聘用与受聘的关系。在法律上，业主大会有决定委托或不委托、聘用或不聘用某个物业服务企业的权利，物业服务企业也有接受或不接受委托、受聘或拒聘的权利。

（2）经济关系

物业服务企业提供的物业管理服务是有偿的，在提供一定的物业管理服务的同时，应获得相应的报酬。同样，业主在享受到这些管理服务的同时，也应付出相应的费用。物业服务企业与业主方面的这种经济关系是通过物业管理服务合同确认和保证的。合同签订后，双方分别承担不同的权利和义务。物业服务企业应按合同规定及要求提供相应的管理服务，向广大业主负责，并在日常工作中接受其监督；同时，业主委员会及广大业主应协助物业服务企业开展工作，并按时缴交物业管理委托合同写明的各项费用。双方在经济关系上也是平等的。

2.2.3　业主委员会

业主委员会是在物业管理区域内，经业主大会或业主代表大会选举产生，由业主代表组成的业主大会执行机构。业主委员会是业主大会的常设性执行机构，对业主大会负责，具体负责执行业主大会交办的各项物业管理事项。业主委员会委员必须由业主担任，以保证能完全体现业主的意愿和主张，充分维护业主的权益。物业建设单位在其开发的物业未完全售出以前或保留经营时，依然具有业主的身份，也有当选为业主委员会成员的基本权利。物业服务企业不能代表业主参加业主委员会。

1. 业主委员会委员的任职条件

业主委员会委员应当符合下列条件：

（1）本物业管理区域内具有完全民事行为能力的业主；

（2）遵守国家有关法律、法规；

（3）遵守业主大会议事规则、管理规约，模范履行业主义务；

（4）热心公益事业，责任心强，公正廉洁，具有社会公信力；

（5）具有一定组织能力；

（6）具备必要的工作时间。

根据物业规模的大小，业主委员会设委员 5～15 人（单数），经业主大会决定可以适当增加。推选产生业主委员会主任 1 人，副主任 1～2 人，主任、副主任在业主委员会成员中选举产生。

业主委员会委员有下列情形之一的，经业主大会会议通过，其业主委员会委员资格终止：

（1）因物业转让、灭失等原因不再是业主的；

（2）无故缺席业主委员会会议连续三次以上的；

（3）因疾病等原因丧失履行职责能力的；

（4）有犯罪行为的；

（5）以书面形式向业主大会提出辞呈的；

（6）拒不履行业主义务的；

（7）因其他原因不宜担任业主委员会委员的。

业主委员会委员资格终止的，应当自终止之日起 3 日内将其保管的档案资料、印章及其他属于业主大会所有的财物移交给业主委员会。

2. 业主委员会的职责

业主委员会履行以下职责：

（1）召集业主大会会议，报告物业管理的实施情况

（2）代表业主与业主大会选聘的物业服务企业签订物业服务合同

（3）及时了解业主、物业使用人的意见和建议，监督和协助物业服务企业履行物业服务合同

（4）监督管理规约的实施

（5）业主大会赋予的其他职责

除了以上法定职责外，业主委员会还应当履行业主大会赋予的其他职责。如业主委员会对各类物业管理档案资料、会议记录的保管；对管理规约、业主大会议事规则修订文本的起草；对有关印章、财产的保管；对业主之间和业主与物业服务企业之间纠纷的调解等。

2.3 政府对物业管理市场的管理

2.3.1 政府对物业管理市场的管理内容

政府通过法律、法规对物业管理市场进行宏观管理，为物业管理市场发挥出应有的功能创造一个有法可依、有纪可守、有章可循的良好的市场环境。

政府对物业管理市场的管理体现在以下几个方面：

（1）制定物业管理的政策法规

这是物业管理市场规范化运作的基本条件和环境，是物业管理市场健康有序发展的保证。物业管理政策法规的制定，使产权多元化物业的管理有据可依；对业主和物业服务企业的权利和义务明确界定，对物业的使用和管理行为进行限定，对物业管理费的定价程序、收费项目、收费标准和收费办法作出规定，从而保护当事人双方的利益。

目前，在我国物业管理法制体系中，除《物权法》中有关于建筑物区分所有权部分内容外，我国尚没有关于物业管理的独立成文法律，现行的物业管理法制体系，主要是基于《物业管理条例》建立的，其中，《物业管理条例》确立了七大制度，行业内的主要法规文件都是围绕此七大制度展开的，具体包括：

1）业主大会制度；

2）业主公约制度；

3）物业管理招投标制度；

4）物业承接验收制度；

5）物业服务企业资质管理制度；

6）物业管理专业人员职业资格制度；

7）住房专项维修资金制度。

自 2003 年《物业管理条例》颁布实施后，有关主管部门陆续出台与《物业管理条例》相配套的法规文件，形成了初步的行业法制体系。

（2）物业管理经营人的资质管理

政府对从事物业管理的组织和人员在资质方面进行管理，保证物业管理行业的服务质量。资质管理包括对物业服务企业进行资质审查和复审、登记、年检，以及物业服务企业等级评定、从业人员资格评定等。

（3）制定物业管理服务标准，开展物业管理质量评优工作。

（4）指导物业服务企业的工作，指导和帮助业主委员会工作。

（5）协调、解决物业管理市场运作中出现的各种情况和问题。

2.3.2　物业管理行政管理体系的基本构架

物业服务企业开展的各类服务都离不开政府主管部门的监督指导，也离不开各专业管理、服务企业的合作配合，因此，妥善处理与相关部门的关系非常重要。物业服务企业与政府行政主管部门等机构的关系，如图 2-5 所示。

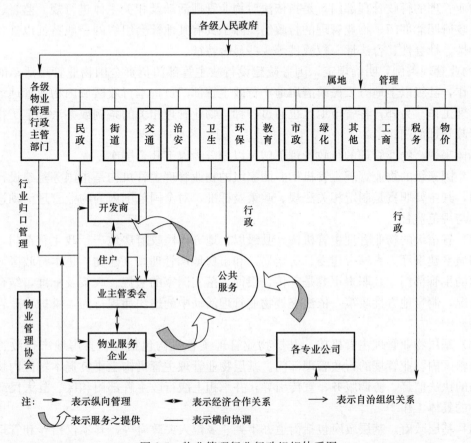

图 2-5　物业管理行业行政组织体系图

在上图中，纵向管理可分为行业归口管理、业务行政主管及社会职能部门的管理三种，涉及物业管理行政主管部门和相关行政管理部门。行业归口管理是物业管理主管部门对物业管理行业的相关管理，包括对物业服务企业的专业指导和规范、前期物业管理的监督、物业管理过程中的监督和检查、综合验收后开发商资料档案及专项维修资金的移交等。业务行政主管是对物业管理中涉及的多个相关专业的管理，各相关主管部门对相关专业职能的归口管理，如公安消防部门对消防设施的监督检查，环保部门对小区环境污染的监控等；社会职能部门的管理是诸如工商、物价、税务等部门对物业服务企业的经济活动实施社会管理，如依法对物业服务企业工商登记、税务检查、物价审核等。

物业管理行政主管部门同业务行政主管部门、社会职能部门相互协调、合作，或组织相关部门解决有关问题，贯彻落实行业政策措施。

除物业管理的行政管理关系外，还存在着市场主体的经济合作关系，包括开发商同业主的房屋交易行为，开发商向业主交付已竣工验收合格的物业、业主委员会执行业主大决议，业主委员会委托物业服务企业提供物业管理服务、物业服务企业将专项公共服务外包于专业公司的平等合同关系，双方在市场经济利益的基础上达成协议的。

2.3.3 政府物业行政管理体系构成部门

物业管理行政管理体系，是由行业行政组织构成的。物业管理的行政组织，即通常所称的物业管理的行政管理部门，是指依法对物业管理活动及相关主体进行规、监督、管理的各级政府职能部门。物业管理的行政组织除了具有其他社会组织的一般特征以外，还具有政治性、社会性、合法性、权威性等一些显著特征。

《物业管理条例》明确规定，国务院建设行政主管部门负责全国物业管理活动的监督管理工作，县级以上地方人民政府房地产行政主管部门负责本行政区域内物业管理活动的监督管理工作。另外，各省市地区也通过各种与物业管理相关的条例或办法规定了物业管理的行政管理部门。

具体来说，物业管理的行政管理部门可以划分为以下几个层次：

（1）国家级的物业管理主管机构。国家级的物业管理主管机构是指国务院建设行政主管部门，其主要职责是制定相关法规、政策及标准，对全国范围内的物业管理活动进行宏观管理与规范监督。

（2）省市级的物业管理主管机构。县级以上地方人民政府房地产行政主管部门，即省住房和城乡建设厅（直辖市建委、房地局）和市房地产管理局（建委）是本行政区域内物业管理的主管部门。其职责主要是宣传、贯彻、落实国家的法规、政策及标准，结合当地实际情况，制定地方性政策，依法查处物业管理活动中的违法违规行为，维护物业管理市场秩序。

（3）基层物业管理主管机构。基层物业管理主管机构包括区、县房地产行政管理部门，是辖区内物业管理的行政管理部门。基层物业管理主管机构主要负责本辖区内物业管理活动的执法监督、协调服务、宣传引导，并承担上级行政主管部门和区、县人民政府依法交办的具体工作。

（4）基层政府。基层政府包括街道办事处、乡镇人民政府等，其不仅指导和管理业主委员会的工作，同时也履行一些具体的行政管理职能。实践工作中，街道办事处和乡镇人民政府对物业管理活动具有十分重要的监督管理、协调支持的作用。

（5）物业管理的相关行政管理部门

第一，规划、城管、环卫、公安等有关行政管理部门

按照有关法律、法规和行政规章的规定，按职责分工，这些行政部门分别负责管理违章搭建、环境卫生以及维护社会治安等相关工作。

第二，工商行政管理部门

主要负责审核、管理物业服务企业的工商注册登记、企业经营范围的确定、企业广告宣传是否符合法律规定等内容。

第三，物价行政主管部门

政府价格主管部门会同房地产行政主管部门依法对物业服务企业的收费行为进行监督。如果物业服务企业违反价格法律、法规和规定，则政府价格主管部门依据《中华人民共和国价格法》、《价格违法行为行政处罚规定》、《反不正当竞争法》予以处罚。

第四，税务行政管理部门

依法监督和管理物业服务企业的纳税情况，涉及的税种有企业所得税、营业税、城市维护建设税和教育费附加。

2.4　行政协会对物业管理市场的管理

针对物业管理市场的管理，除政府管理外，还应有物业管理行业协会的管理。物业管理行业协会组织是物业管理市场自我管理、协调的联合会，发挥行业协会的自我管理、自我服务、自我监督功能，是保证物业管理市场良性运作必不可少的组织。

物业管理行业协会，是指由从事物业管理理论研究的专家、物业管理交易参与者以及政府物业管理者等组成的民间行业组织。行业协会自律是现代市场经济条件下的管理惯例，如深圳、上海、海南等地均已成立了物业管理行业协会以加强行业自律管理，从而形成了我国物业管理市场的三级管理体系。物业管理行业协会对物业管理市场的管理可以通过以下几个方面进行。

1. 强化职业道德规范，保护业主利益

为保护广大业主的利益，物业管理行业协会应规定严格的职业道德规范，并要求协会会员必须严格遵守。物业管理是一项服务性很强的工作，应要求物业管理的从业人员有较高的职业道德素养，其中包括树立良好的企业形象、服务形象、员工形象、管理形象，也包括建立一整套企业行业规范，实施文明管理。

2. 会员的资格审查和登记

物业管理协会应设有会员资格委员会，专门处理有分歧的资格申请，而日常的会员资格申请的初审工作由物业管理协会工作人员负责进行。

申请会员资格，一般要通过物业管理协会的资格能力测试和审查，其测试审查的内容主要包括物业管理专业知识和对政府有关法规的理解程度，以及会员公司的物业管理专业人员是否具有高水平的专业技能等内容。测试审查合格后，物业管理协会负责其会员的登记工作。

3. 监督已登记注册会员的经营、管理、服务情况

物业管理协会为保护业主的利益，对会员的经营业务情况实行严格的监管制度，以防止会员公司损害业主利益。

物业管理行业协会的监管内容比较广泛，凡是与物业管理有关的业务活动情况均列在其监管之列，包括财务状况、收费情况、服务质量、服务态度等各项内容的监管。为方便物业管理行业协会监督管理，物业管理行业协会应该设立监察办公室，负责日常具体工作。监察办公室一旦发现有会员违反协会的有关管理条例，即有权对违反条例的会员进行调查、处理。物业管理协会有权对任何违反协会规章条例的会员施以开除、责令其检查、公开赔礼道歉及罚款等处罚。

4. 调解、仲裁纠纷

当会员与业主、会员与会员发生纠纷时，协会首先对纠纷双方进行调解，希望通过调解解决双方纠纷。纠纷双方各派代表参加，协会也派出代表，各自谈出自己的观点，从长远目标考虑解决纠纷，这种方法既简单有效，也为各方节省了时间和费用。如果协会的调

解无效，则可按程序申请有关部门仲裁或直接向人民法院起诉。

5. 物业管理知识的普及、经验的介绍、相关法律的宣传

物业管理行业协会有向会员及公众普及遵纪守法教育和有关物业管理方面知识教育的责任。对协会会员教育的主要内容包括：

（1）宣传物业管理法律、法规、政策、条例，教育会员依法实施物业管理。

（2）严格行业道德规范、自律准则和管理标准，教育会员自觉约束自己的行为。

（3）采取多种形式，组织培训物业管理人才。

此外，由于物业管理处于新兴发展阶段，因此行业协会应牵头加强会员之间的交流，打破各自封闭的局面，广泛交流各自摸索的制度、流程、范本及价格等"秘方"，以推动行业实现法制化、规范化，提高物业管理全行业整体的政策、管理、业务和服务水平。行业协会还应鼓励物业服务企业创建物业规范管理的典型，做好文明管理典型的推荐，并协助政府部门开展对物业服务企业进行年检、资质复审及等级评定等工作。

第3章 高层住区物业管理的程序

本章关键词

早期介入 前期物业管理 物业管理招投标 接管验收 物业装修管理

3.1 高层住区的物业管理早期介入与前期物业管理

高层住区，是主要由高层住宅构成的居住小区。它具有较高的密度，是解决城市用地问题的主要途径。

物业管理的根本宗旨是为全体业主和物业使用人提供管理与服务，以及保持良好的生活、工作环境，并尽可能满足其合理要求。在物业管理工作实践中，物业管理企业一般是在物业竣工验收后正式介入物业管理的，但是物业服务企业也可以早期介入物业管理服务，尤其是对高层住区的物业管理，早期介入非常重要。

3.1.1 物业管理的早期介入

1. 早期介入的含义

物业管理的早期介入（也称超前介入）是指物业服务企业在接管物业之前，就参与房地产项目的投资立项、规划设计和建设的全过程，从业主（使用人）及物业管理的角度，提出一些合理化建议，并制定物业管理方案，以使开发出的物业最大限度地满足业主的需求和物业管理的需要，以便为日后物业管理工作打下良好的基础。

这里所说的物业管理早期介入，是物业服务企业从事的物业形成前的阶段性管理。物业管理早期介入工作虽然尚未形成对物业运行主体的管理，但是就其管理的内涵分析，它属于企业管理的一个管理阶段。物业管理早期介入的工作内容，主要体现在房地产综合开发过程中的以下几个阶段：

（1）投资立项阶段

房地产开发商在进行市场调查、项目经济评价时，要听取专业的物业管理人员对该物业的市场定位，潜在业主的构成与消费水平，周边物业管理概况，本物业未来的管理内容、管理标准以及成本、利润测算等建议，进而提高投资经济效益，减少投资风险。

这个阶段对于高层住宅来说，尤其要关注其设备的有关问题。如提供智能化控制系统要求（包括主要出入口管理、周界防范、监控）；提出电梯的管理、维护及检修等要求；提出水表、电表、燃气表的详细要求，包括计量方式、具体设置位置，提供管理、维护及检修等要求；提出小区水体（如水库、人工湖、泳池、水景）的运行管理方式、维护及检修要求；提出中水系统要求（如雨水收集、处理、循环再用）；提出给水排水系统中水泵、泳池/人工湖处理设备、阀门、化粪池、隔油池、检查井和管道等管理、维护及检修等要求；提出暖通系统中制冷主机、水泵、冷却塔、末端空调设备、风机、附属设备、阀门和管道等管理、维护及检修等要求；提出强电系统中高低压电柜、变压器、发电机、电表/配电箱、灯具、开关、插座和线路等管理、维护及检修等要求；提出消防系统中水泵、报警阀、水流指示器、水泵接合器、阀门、风机、自动报警设备、气体灭火设施、线路和管道等管理、维护及检修等要求；提出弱电系统中电视设备、电话设备、网络设备和线路等管理、维护及检修等要求。

（2）规划设计阶段

物业管理工作的特点，要求其从业人员对于发现和处理物业在使用与管理过程中的细节问题具有特殊的敏感性和应变能力。因此，物业管理人员对于物业的结构设计、功能配置等提出的意见与建议，更加贴近业主和物业使用人的实际需求，有利于克服物业规划设计阶段可能形成的"先天不足"，为将来顺利开展物业管理工作打下坚实的基础。具体要关注以下问题：

1）物业自身设计

审阅设计图，综合考虑当地地质、气候等自然环境条件和经济、社会、文化等各种因素，对物业总体布局、空地、绿化开发与利用、公共活动场所、道路交通系统、户型功能构想与匹配比例、内外装修标准等提出改进意见，以提升物业内在价值和环境效果。

2）配套设施的完善问题

对于住宅小区，幼儿园、学校、各类商业服务网点（如商店、饮食店、邮电所、银行等），小区内外道路交通，物业服务企业都要提醒规划设计人员注意，园区是否考虑了足够的停车棚、车库、泊位，是否考虑了商业配套用房和管理用房等。对于写字楼、商贸中心等来说，商务中心和停车场的大小与位置则很重要。

3）水电气等供应容量

在水电气等供应容量方面，要努力让规划设计人员充分考虑地域特点和发展需要，要留有余地，不能硬套有关指标。例如维修检查通道的位置及供电量的设计，避免日后维修工作中的麻烦，或因增加设备而影响其他设施的运作，导致不能正常使用或造成事故，以至于损害整个物业的外观和形象。

4）安全保卫系统

在节约成本的前提下，尽可能设计防盗报警系统，给业主创造一个安全的居家环境。用报警系统替代防盗网，不仅美观而且较防盗网安全。

5）垃圾处理方式

是否采用垃圾道，要根据各地不同情况来决定。如果采用，则应考虑如何通过管理来保持其清洁；如果不采用，则应考虑如何在各楼道设垃圾桶，分发垃圾袋，并由专人收倒垃圾。此外，还应考虑垃圾外运方式与垃圾集运站的位置等。

6）绿化布置

要根据需要搭配，如常绿与落叶、针叶与阔叶、乔木与灌木、观叶与观花、观果树木与花草之间要合理搭配。

7）消防设施

物业服务企业要着眼于各种消防死角。例如楼与楼间的通道部分、电缆井、电梯井部分在消防设计中往往存在缺陷，自动喷淋装置也不可能覆盖每个角落（当然电路部分是怕水的），因此，物业服务企业应建议在这些地方配备灭火器（电器部分应用二氧化碳灭火器）或灭火沙箱。

8）建筑材料选用

物业服务企业应根据自己在以往管理楼宇中所见建材的使用情况，向设计单位提交一份各品牌、型号的常用建材使用情况的跟踪报告，以便设计单位择优选用。

9）物业管理的问题

如果采用智能化管理，就需向规划设计单位提出有关管线的特殊要求，以便做好预留。物业管理用房也要预留，如办公室、接待室、值班室、仓库等，从而提高物业服务企业档次，奠定物业管理良性循环的基础。

10）其他方面

建议规划设计人员在规划设计时，对住宅空调统一留位，尽量使公共外观统一。

对开关组合设计要尽量细化，不宜一个开关控制一片灯，应按每组灯的功能性要求配备开关。

对厨房灶台的设计高度，冰箱、洗衣机预留位置及下水口是否适当，电路接口是否足够、位置是否合适等细节问题，物业服务企业都有义务向设计单位提出建议。

（3）施工建设阶段

物业服务企业在施工阶段主要是参与施工监理，对工程建设提出意见。

1）物业服务企业要督促开发商选择优秀的、有信誉的施工单位，认真审查施工单位的技术水平、设备水平和管理水平等。

2）按国家规定的技术标准，与设计单位、施工单位、开发商一起对工程设计认真进行技术交底和图纸会审，对其中的质量问题提出质疑，并要求有关单位及时修改。督促承建单位严格执行工程承包合同和工程技术标准。

3）对施工单位提出的施工组织设计、施工技术方案和施工进度计划，提出修改意见。

4）审查施工单位提出的材料和设备清单及其所列的规格与质量要求。

5）督促、检查施工单位严格执行工程承包合同和工程技术标准。

6）检查工程使用的材料、构件和设备的质量。

7）检测工程质量，验收分部分项工程，处理质量事故。

8）检查安全防范措施。

9）整理合同文件和技术档案资料。

10）在物业投入使用后的保修阶段，负责检查工程状况，鉴定质量问题责任，督促保修。

（4）设备安装及内装修阶段

1）提供机电安装及能源分配的有关专业管理意见。比如，某些设备在安装时就要考虑到将来检查、维修时的方便，避免遗留隐患。

2）熟悉基础隐蔽工程、机电设备安装调试、管线线路的敷设及走向。

3）检查前期工程的施工质量，并就原设计中不合理但又可以更改的部分提出建议。

4）配合设备安装，进行现场监督，确保安装质量。

5）就发现的遗漏工程项目在现场与施工方、建设方协商，及时提出并落实整改方案。

（5）竣工验收阶段

物业服务企业参与竣工验收，主要是帮助开发商和业主把握工程质量，发现问题及时纠正并为今后的物业管理打下基础。在竣工验收工作中，除了做好隐蔽工程、单体工程和全部工程的验收工作外，还要做好消防设施、环境设施、市政设施以及防雷设施的专项验收工作。

2. 早期介入的意义与作用

物业管理的早期介入，对于完善房屋设计要求，监督施工质量，了解物业信息，对将来物业的竣工验收、接管和管理服务等物业的全过程管理，具有积极的作用和意义。

（1）有利于后期工作的顺利进行

在物业管理前期工作中，就应策划管理该物业的方案，草拟和制定各项管理制度，安排好机构的设置，人员聘用，上岗培训等工作，以便物业移交后就能有序工作。同时，经过一段时间的工作，可以同环保、水电、煤气、通信、治安、绿化等各有关部门建立关系，理顺服务渠道，便于以后管理工作的顺利进行。

早期介入可以全面了解所管物业，对土建结构、管线走向、设备安装等情况可以了如指掌。提前熟悉所安装的设备设施，确保物业服务企业从物业开始投入使用即能为业主提供良好的物业管理服务。

（2）有利于设计的优化，减少物业管理的后遗症

规划设计是房地产开发的源头，物业管理应积极介入前期物业规划设计阶段，使设计功能更完善更合理。因为物业的设计人员不是专业的物业管理者，在项目规划设计阶段，规划设计人员往往只从设计技术角度考虑问题，其在制订设计方案时，不可能全面考虑后期的物业管理经营中可能出现的问题，或者很少从业主长期使用和后续物业管理正常运行的角度考虑问题，造成物业建成后管理上的漏洞和功能布局上的缺陷。

同时由于设计阶段与物业的建成存在较长间隔，建筑、设施的技术进步和业主需要的不断提高都有可能使设计方案落伍。而物业服务企业作为物业的管理经营维护者，对物业可能出现的问题有比较清楚的了解，其早期介入可以从业主和管理者的角度参与规划设计方案的讨论，对不适之处提出修改方案，以优化、完善设计中的细节，提出合理的建议，使物业的功能设计更有利于日后的使用和管理，减少物业管理的后遗症。

（3）保证楼宇的安全启用、正常运行

物业服务企业的管理人员早期介入，特别是保安工作的衔接，使得保安系统的设备、人员在楼宇未正式投入使用之前就运行起来，使楼宇安全启用、正常运行，使业主放心、定心。

（4）可以促进物业的销售

随着消费心理的日渐成熟，人们在注重商品品牌和内在质量的同时，也越来越注重商品的售后服务。消费者不但要求企业在产品销售的前后提供各种服务，而且还希望这些服务的质量能够让人满意。企业较高的服务水平，会使消费者更加满意，从而增强购买某种商品的信心和欲望，房地产商品也是如此。良好的物业管理是商品房销售的卖点之一。同时，越来越多的房地产投资者和消费者，也把物业管理水平的高低、效果的优劣，作为进行投资和消费决策的主要参考因素。这说明，良好的物业管理不仅是房地产开发商的促销手段，也是获取最大限度利润的有效措施。如果物业管理在物业开发前期就介入，就能让

消费者真切地感受到房地产开发商对物业管理的重视。

（5）有利于房地产商把握市场，减少决策的盲目性

房屋的价格贵、投资大。如果产品定型后，与消费者的需求错位，将使房地产商损失惨重，难以补救。如果在决策立项阶段物业管理早期介入，将有助于市场定位准确，有利于房屋的设计和服务的优化，更贴近于消费者的需求。从这一点而言，物业管理人是开发商和市场之间的桥梁。

（6）有利于打造物业品牌，促进房产销售

物业管理越来越被人们所认可，人们在选择物业、投资物业时十分注重物业管理这一指标，物业管理已成为人们生活质量的一个标志。房地产市场逐步走向理性和成熟，房地产企业间的价格竞争将转为多元竞争。房屋的品质、功能、地段以及物业管理的质量将是企业品牌和产品品牌的重要内涵，也是促进房屋销售、企业获取利润的一个重要举措。

3.1.2　前期物业管理

1. 前期物业管理概念

我国最早关于"前期物业管理"的提法，出现在 1994 年施行的《深圳经济特区住宅区物业管理条例》之中。该条例第 24 条规定："开发建设单位应当从住宅区开始入住前六个月开始自行或者委托物业服务企业对住宅区进行前期管理，管理费用由开发建设单位自行承担。"

前期物业管理，是指物业开始销售（预售）起，至业主委员会成立，业主、业主大会选聘物业服务企业之前，由建设单位选聘物业服务企业实施的物业管理。

之所以要界定前期物业管理，是因为物业管理不可间断性的需要，物业一旦建成或交付使用，就需要物业管理。把前期物业管理起始点界定在物业正式销售（预售）后，是因为物业一旦出售，将会涉及业主们所关心的管理内容、标准、收费等一系列问题，客观上要求物业管理应同步进行。实际上，不论业主委员会是否正式成立，业主委员会与物业服务企业的委托合同是否正式签订，对物业的管理与服务在房屋正式开始出售后已经发生。

2. 前期物业管理的工作内容

物业服务企业前期物业管理的工作内容，大致可归纳为以下几个方面：

（1）草拟物业管理方案，承揽物业管理任务。通过对拟管理物业的可行性、可营利性等分析，具体测算物业管理费用，并草拟物业管理总方案，进而通过投标竞争获得物业管理任务。

（2）与建设单位签订前期物业管理合同或协议。签订前期物业管理合同，建立与业主和使用人的联系后，选派管理人员运作前期物业管理，与未来的业主和物业使用人建立联系，并认真听取他们的意见和建议。

（3）进驻工程建设现场，提出合理化建议。参与建筑安装工程的施工、检查、验收以及设备购置等环节，并就物业的结构设计、功能配置等提出合理化建议，为以后的物业管理创造良好的条件。

（4）设计物业管理模式，草拟管理制度。设计物业服务企业的组织机构，制定物业管理的工作程序、员工培训计划，以及第一个年度的物业管理财物预算等，并草拟业主委员会章程、业主公约、住户手册等相应的物业管理文本。

（5）建立服务系统与网络，包括与社会专业服务部门就保安、保洁、绿化等洽谈、签订有关合同或协议，与街道、公安、交通、环保等部门进行联络、沟通，确定拟提供的代理租售业务、户内维修、清洁服务、送餐邮递等代办服务的项目。

（6）办理移交接管与入伙事宜，拟定移交接管的程序、要求，筹备业主委员会，协助办理接管事项，做好物业交接准备。同时，借助办理物业的入伙手续，为物业的装修与管理打好基础。

当然，前期物业管理的基本内容会因物业及业主的具体情况而有所差异。

3. 前期物业管理中权利主体的相互关系

在前期物业管理阶段，由于业主的介入，形成了开发企业、受托的物业服务企业以及业主三个权利主体共存的法律关系。开发企业与物业服务企业的行为规范由委托合同予以明确，而先期的业主因为业主委员会尚未成立，那么，他们的合法权益该如何得以有效维护和保障呢？有关主管部门对此规定了开发企业与物业服务企业达成的前期物业管理委托合同须向行业主管部门备案，其目的就在于该合同要接受主管部门的监管和业主的认可。因此，买房人如果拒绝接受拟订的前期管理合同也就意味着物业买卖无法成交，这是对开发企业和物业服务企业最有效的制约。反之，业主一旦接受了这份合同的规定内容，也必须在前期物业管理阶段服从物业服务企业依法依约进行的管理。

就物业服务企业而言，在前期物业管理中能否形成良好的管理秩序，满足业主或使用人不断增长的服务需求，通过自身努力在业主或使用人中间树立有成效的管理者的良好形象，对于能否顺利促成业主委员会与物业服务企业达成正式委托管理服务合同关系重大。实践证明，物业服务企业唯有兢兢业业地做好前期管理与服务工作，才能通过业主们的考验，取得他们的信任，得到再一次的聘任，这是每一个物业服务企业不断拓展业务范围、努力塑造企业形象的必由之路。

3.1.3　前期物业管理与物业管理早期介入的区别

（1）是否拥有对于物业的经营管理权

物业管理的早期介入，物业服务企业可能未与房地产开发商签订管理委托合同，而是以咨询顾问的角色提出意见和建议。而前期物业管理活动，则是在其与房地产开发商确立了委托关系后才进行的，此时的物业服务企业已拥有了对该物业的经营管理权。

（2）是否承担相应的民事责任

早期介入的物业服务企业，是按照与房地产开发商约定的介入时机、程度等，从有利于将来的物业服务企业与服务等具体细节上，提出辅助性的意见和建议的，真正的决策权属于开发商。而前期物业管理活动中，物业服务企业已经受开发商全权委托，行使物业管理职能，并承担相应的民事责任。

3.2　物业管理的招投标

3.2.1　物业管理招投标概述

1. 物业管理招投标的含义

物业管理的招标，是物业业主、开发商运用价值规律和市场竞争来组织物业委托管理的基本方式。投标是物业服务企业依据委托方招标文件的要求组织编制标书，参加物业管理资格竞争的一种行为，它是物业服务企业前期介入的基本前提和经常工作。物业管理中引入招标和投标，是物业管理市场化的一种表现，是在物业管理中引入竞争机制，为业主（或开发商）选择物业管理者提供了较大的空间，同时也为物业服务企业提供了公平竞争的机会。

2. 物业管理招投标的意义

（1）物业管理招投标是物业管理市场发展的需要

随着社会主义市场经济的发展，物业服务企业的管理服务作为一种劳务商品，也要进入市场进行等价交换，接受市场公平竞争的考验。物业服务企业提供的管理服务——劳务性的无形商品要通过市场实现交换，它的价值和价格就必须被物业管理市场所接受。因此，通过物业管理招标，评定其价值和价格在现行物业管理的市场价格水平下能否被接受，是保证等价交换顺利进行的前提，也是价值规律的客观要求。

（2）物业管理招投标是帮助居民树立正确消费观的需要

受几十年传统计划经济和低房租、福利制住房使用的管理体制影响，不少居民对物业管理这一新生事物还没有从思想上彻底理解和接受，在消费物业管理服务这种商品时，还存在着种种心理误区。物业管理招投标活动的开展，能够扩大物业管理的影响面，业主在活动中能够学到很多物业管理知识和新观念，从而增强对物业管理的深层次理解，改变传统的思想观念，树立正确的物业管理消费观，增强维权意识，减少物业管理纠纷，与物业服务企业共同搞好社区物业管理工作。

（3）物业管理招投标是提高物业管理水平的需要

要提高物业管理水平，促进物业管理行业的发展，就要有充满活力的市场竞争。在竞争中，一些经营管理好、服务水平高、竞争能力强的企业将会赢得信誉和更多的委托管理业务；而经营管理差、服务水平低的企业，将在竞争中被淘汰。因此，物业管理实行招标，有利于提高物业管理的质量和物业的保值、增值，有利于增强物业服务企业的活力，有利于市场经济的发展。

3. 物业管理招标的原则

物业管理招标的目的是在一场竞争性招标中，找到最理想的物业服务企业。开发商或业主要想吸引尽可能多的物业服务企业投标，并从竞争性投标中得益，物业管理招标就必须贯彻"公平、公正、公开、合理"的原则。

（1）公平原则。是指在招标文件中向所有物业服务企业提出的投标条件都是一致的，即所有参加投标者都必须在相同基础上投标。

（2）公正原则。是指投标评定的准则是衡量所有投标书的尺度。例如，若需要提交投标保证书的，那么对所有的投标物业服务企业都应有这一要求。

（3）公开原则。是指招标过程中各项程序对外公开，实行行业监督，以增加招标的透明度。

（4）合理原则。指选定投标的价格和要求必须合理，不能接受低于正常的管理服务成本的标价，也不能脱离实际市场情况，提出不切实际的管理服务要求。

为了真正贯彻公平、公正、公开、合理的原则，开发商或业主在招标中应即时计分，即时公布招标结果。在招标过程中，应设置监督员和公证员，招标领导小组和专家评审委员会必须持客观中立立场，用招标文件客观地衡量所有的投标书，达到正确计分，即时公布中标结果。

4. 物业管理招标的特点

物业管理本身要求的特点使物业管理招标与其他招标相比有所不同。

超前招标。物业管理的前期管理，决定了物业管理招标必须超前。因为只有中标的公司才能参与前期工作，才能参加物业的规划、设计、施工、验收等活动，才能确保物业质量，并及时做好后期管理的各项准备工作。

具有阶段性。物业一旦建造完成，其使用寿命具有长期性。这种长期性意味着物业管理是一项长期工作。物业管理的这种长期性特点决定了物业管理招标具有阶段性。首先，招标文件中的各种管理要求、管理价格的制定都具有阶段性，经过一段时间，由于各种变化可能需要调整。其次，物业服务企业一旦中标，并不意味着可以长期占据这一市场份额直到所管物业的寿命期结束，可能在激烈的竞争中被更好的物业服务企业所替代。

因此，物业管理招标具有阶段性和时间性的特点。一般委托管理具有一定期限，期限到期时，业主委员会根据物业服务企业的管理服务业绩，通过决议决定是否续聘原物业服务企业。当然也可能未过委托管理期限，但由于原中标的物业服务企业未能很好地履行合同中的权利、责任和义务而遭解聘，由业主委员会重新招聘物业服务企业。

3.2.2 物业管理招标的方式和程序

1. 物业管理招标方式

物业管理招标可分为"公开招标"、"邀请招标"和"协议招标"三种方式。

（1）公开招标。即由开发商或业主委员会通过报刊、广播、电视等发布招标广告，实行公开招标。

（2）邀请招标。即由招标单位向有承担能力的若干物业服务企业发出招标通知，邀请其参加投标，被邀请单位的数目是有限的，一般不超过 10 家，通常为 3～8 家。

（3）协议招标。是指不通过公开或邀请招标，而由开发商或业主委员会直接邀请某一物业服务企业进行协商，然后达成协议的招标形式。

《物业管理条例》第二十四条规定：国家提倡建设单位按照房地产开发与物业管理相分离的原则，通过招投标的方式选聘具有相应资质的物业服务企业。

住宅物业的建设单位，应当通过招投标的方式选聘具有相应资质的物业服务企业；投标人少于 3 个或者住宅规模较小的，经物业所在地的区、县人民政府房地产行政主管部门批准，可以采用协议方式选聘具有相应资质的物业服务企业。

2. 物业管理招标程序

（1）制定招标文件

何时制定招标文件是由物业开发建设程序而定的。一般在开发项目建议书报送有关部门批准、确定开发项目后，即可进行物业管理招标工作，制定招标文件，以便在项目设计阶段，物业管理能早期介入，从日后管理维护来判定设计方案是否合理。

（2）发出招标邀请或通知，出售招标文件

开发商或业主委员会采用邀请招标方式的，则需向自己挑选的若干家物业服务企业发出邀请信，出售招标文件；若采取公开招标方式的，开发商或业主委员会就要对前来投标的物业服务企业进行经营资质预审，经审查合格的方能购买招标文件。经营资质预审包括物业服务企业的名称、企业性质（全民、合资、独资、合营等）、拥有的资金数量、物业管理经验、管理人员及技术力量、主要负责人经历及企业背景情况等。

（3）召开标前会议

招标机构通常在投标人购买招标文件后安排一次投标人会议，即标前会议。召开标前会议的目的是澄清投标人提出的各类问题。

（4）收存投标书并开标和定标

开发商或业主委员会收到物业服务企业密封的投标书后，经过审查，认为各项手续均符合规定时，即可收下。在预定时间当众拆封开标，公开宣读各物业服务企业的标的，并声明不论管理服务费高低均有中标希望。一般经过一定时间后，才能定标。在定标这段时间内，开发商或业主委员会应多方面研究各投标物业服务企业的标的，选择若干家管理服务费较合理、管理服务完善、周到，并有创意的物业服务企业，对其资金、设备、人员、技术力量、管理服务水平、内部管理操作机制等企业背景进行调查、咨询，必要时还要分别召开答辩会，向投标的物业服务企业负责人当面提问一些有关企业情况、中标后的打算和采取的措施等问题，对一些有创意的新的管理服务方法，要求提供过去的经验或实施的依据等。经过多方面调查研究后，有时还要求降低管理服务费用，最后才决定中标企业。

3. 物业管理招标文件的内容

物业管理招标文件一般包括投标人须知的要求与内容、要求管理的物业说明书和物业的设计图纸等。

（1）投标人须知

投标人须知包括投标人须知的要求与内容、投标的主要要求、合同格式与合同条件等内容。

1）投标人须知的要求与内容

a. 必须出具投标保证书。投标保证书必须与投标书一起交出，用于保证投标后不中途退标，否则投标保证金将予以没收。

b. 关于保密要求。投标文件具有保密性质，投标人不得泄密，这是为避免投标的物业服务企业之间互相串通，竞相抬高投标价格而作出的规定。

c. 要有"不选择最低标价"的申明。在绝大部分投标文件中，按照国际惯例，均有一条"业主不约束自己接受最低标价"的规定。因为有些管理费标价很低甚至低于成本，势必会造成日后管理不到位，或者企业赔本破产，无法继续履行合同的局面。

d. 递送投标书的程序。投标人须知中应对投标书的递送程序加以详细说明。其主要内容有：投标书所用的语言、份数、地址、截止日期、传送方法和必要的证明文件。

e. 开标与评定投标的时间与标准。投标人须知中应说明开标时间和定标时间及评定投标标准。评定投标的标准尽可能量化，使每一个投标的物业服务企业能明白将采用何种方法量化。

2）关于投标的主要要求

a. 出具履约保证书。投标的物业服务企业中标以后签订合同以前，必须先要缴纳履约保证书，用以确保合同的履行，其手续与办理投标保证书相同。保证金额可具体规定。履约保证书的有效期为履行完合同为止。如果中标的物业服务企业中途违约，则履约保证金就被开发商或业主没收，作为赔偿损失之用。

b. 对开发商或业主不采用最低价的承认。这一条规定主要是为了免除投标的物业服务企业对选标权的争议。

c. 管理服务的具体要求和标准。

3) 关于合同格式和条件

在招标文件中要说明开发商或业主委员会与物业服务企业签约的合同格式和条件，以便投标的物业服务企业明确自己中标后将承担的责任、义务和享有的权利。

（2）要求管理的物业说明书

开发商或业主委员会在招标文件中，应具体而详尽地说明本次招标所要求管理的物业的具体情况，列出物业地址，包括物业的地理位置、占地面积、住户数和物业的各个组成部分，如建筑物的建筑结构和建筑材料的选用、设备与设施的选用与安装、物业环境及配套设施等情况。

（3）提供计算方案和设计图纸

若是新建物业，则要在招标文件中提供规划设计和设计意向方案，以便投标的物业服务企业在投标书中可提出自己对设计方案的合理性看法及改进调整设想，从而为招标工作带来方便。若是已建成的物业，则要在招标文件中提供详细的设计图纸，以便投标的物业服务企业对要接管的物业有全面详细的了解，便于在投标文件中正确合理地计算出管理费标价。

3.2.3 物业管理投标程序和方法

1. 取得招标文件

收到投标邀请信的物业服务企业，可直接到发出邀请信的招标方处购买招标文件。获得招标广告通知信息并通过经营资质预审的物业服务企业，也可按规定程序购买招标文件。

2. 熟悉招标文件并考察物业现场

取得招标文件后，首先应详细阅读全部招标文件内容，并对现场进行实地考察，有时开发商或业主委员会会组织投标者统一参观现场并进行一些必要的介绍活动。物业服务企业应对招标文件中的各项规定，如开标时间、定标时间、投标保证书、履约保证书、奖罚措施等了解清楚，并做好相应准备，尤其是对图纸、设计说明书和管理服务标准、范围和要求，应仔细阅读和了解。

3. 详细列出管理服务方法和工作量

根据招标文件中物业情况和管理服务范围、要求，详细列出完成所要求管理服务任务的方法和工作量、特约量、维修更新管理方法和工作量等。

4. 确定单价，估算管理服务费总额

主要是对市场指导价和市场价进行专题分析研究。由于每一物业情况不同，其管理服务范围、标准不同，因此不能套用一种单价，具体问题应具体分析。同时要弄清竞争对手的情况，在确定单价时要从战略、战术上去进行研究。一旦单价确定下来，与工作量相乘，即可得出管理服务费总标价。

5. 编制和投送标书

（1）编制标书。投标人在做出投标价决策之后，就应按照招标文件的要求正确编制标书，即投标人须知中规定的投标人必须提交的全部文件。

（2）封送标书。全部投标文件编好以后，投标人就可派专人或通过邮寄将所有标书投送给招标人。封送标书的一般惯例是，投标人应将所有投标文件按招标文件的要求，准备正本和副本（通常正本 1 份，副本 2 份），标书的正本及每一份副本应分别包装而且都必须用内外两层封套，封套上均应按投标须知的规定写明投送地址及收件人，并注明投标文件的编号、物业名称、在某日某时（开标日期）之前不要启封等。内层封套是用于原封退还投标文件的，因此应写明投标人的地址和名称。若是外层信封未按上述规定密封及作标记，则招标人的工作人员对于把投标文件放错地方或过早启封概不负责。由于上述原因被过早启封的标书，招标人将予以拒绝并退还投标人。

（3）编制和封送标书应注意的几个问题。

1）投标文件中的每一空白都须填写，如有空缺，则被认为放弃意见；重要数据未填写，可能被作为废标处理。

2）递交的全部文件每页应签字，若填写中有错误而不得不修改，则应在修改处签字。

3）最好用打字方式填写标书，或者用墨水笔正楷字填写。

4）不得不改变标书的格式时（如原有格式不能表达投标意图），可另附补充说明。

5）投标文件应字迹清楚、整洁，纸张统一，装帧美观大方。

6）计算数字要准确无误，无论单价、合计、分部合计、总标价及其大写数字均应仔细核对。

投标者应严格执行各项规定，不得行贿、营私舞弊；不得泄漏自己的标价或串通其他投标人哄抬标价；不得隐瞒事实真相；不得有损害他人利益的行为。

6. 物业管理中标与签约前后的工作

（1）签约前，要办妥履约保证书和各项保证手续，以便送交业主，及时签约。

（2）保存好投标文件、标书、图纸以及同业主的来往信件，以备考查。

（3）经常核对物业中的项目与内容同原标书、图纸是否相符。

总之，凡是合同中已有规定的，一切要按合同规定办事。要熟悉每一合同条款；在与业主商办一切事务时，要习惯于通过书信往来，作为凭证。

7. 期满后续约，或委托管理期限未满有一方提前终止的处理办法

到了委托管理期限，可由业主委员会根据其管理服务业绩，通过决议决定是否续聘原物业服务企业。若续聘则要重新签订合同；若不续聘，则由业主委员会重新向社会公开招标。未过委托管理期限，但由于原中标的物业服务企业未能很好地履行合同中的权利、责任和义务，经协商无效而遭解聘时，由业主委员会重新招聘物业服务企业。

8. 物业管理投标文件主要内容的编制

物业管理投标文件除了按规定的投标书格式回答招标文件中的问题外，最主要的是介绍物业管理要点和物业管理服务内容、服务形式和费用。

（1）介绍投标的物业服务企业的概况和经历。

（2）分析投标物业的管理要点，主要指出此投标物业的特点和日后管理上的特点、难点，可举例说明，还要分析租用户对此类物业及管理上的期望、要求等。

（3）介绍本公司将提供的管理服务内容及功能。

1）开发设计建设期间将提供的管理服务内容及功能。

2）物业竣工验收前的管理服务内容。

3）住户入住及装修期的管理服务内容。

4）日常管理运作服务内容。

（4）说明将提供的服务形式、费用和期限。

3.3 物业的接管验收

接管验收的主要内容包括验收的准备工作、资料的接管验收、硬件设施设备验收和验收遗留问题的处理等。

3.3.1 物业接管验收的作用

物业接管验收是指物业服务企业根据标准，对建设单位移交的物业所进行的综合检验、接受管理工作。物业的接管验收有不同类型。例如，按照接管验收主体的不同，分为政府有关部门的验收、建设单位的验收、物业服务企业的验收；按照接管验收的标的物不同，分为新建物业的接管验收和原有物业的接管验收。

物业服务企业不仅要尽早介入物业的前期管理工作，而且要充分利用其在接管验收中的地位，严把质量关。如果在接管验收中马虎从事，得过且过，物业服务企业就可能遭受严重损失。因为一旦物业托管合同生效，物业服务企业就必须承担合同中规定的义务和责任。所以物业接管验收具有十分重要的作用，具体主要表现在以下几个方面：

（1）在物业接管验收中明确交接双方的责任、权利和义务。在市场经济条件下，交接双方是两个独立的经济实体，通过接管验收，签署一系列文件，实现权利和义务的同时转移，从而在法律上界定交接双方的责任、权利和义务。

（2）确保物业的使用安全和正常的使用功能。物业的接管验收有其相应的标准，通过这一过程，促使施工企业及开发建设企业依据相应的标准组织规划设计和施工，否则，物业将作为不合格产品，不允许进入使用阶段。

（3）为实施专业化、社会化、现代化物业管理创造条件。通过对物业的接管验收，一方面可以使工程质量达到标准，减少管理过程中的维修、养护工程量；另一方面，根据接管物业的有关文件资料，可以摸清物业的性能与特点，预测管理过程中可能出现的问题，计划安排好各管理事项，建立物业管理系统，发挥专业化、社会化、现代化管理的优势。

（4）提高物业的综合效益。如住宅小区的接管验收，不是简单的房屋验收，而是组成住宅小区各部分的综合验收。通过综合验收，使住宅小区注重各配套设施的建设，使其综合效益得到不断提高。

（5）促进建设项目的及时投产，发挥投资效益，总结建设经验。物业接管验收工作既是其进行投产、发挥效益的前提，也是其正常运营的保证。同时，接管验收实际上还是一项清理总结的过程，既可以发现建设过程中存在的问题，以便及时纠正解决，也可以总结一些好的建设经验，为以后的建设提供借鉴。

（6）维护和保障业主的利益。一方面，大多数业主不懂物业的有关技术和政策；另一方面，物业具有很高的价值，这就决定了接管验收对业主的重要性。通过对物业的接管验收，可以使业主的利益得到保障。

3.3.2 接管验收的准备工作

新建物业竣工验收后、业主入住前，物业服务企业应及时组建物业接管验收小组，对所接管的物业进行综合的接管验收，以确保所接管物业基本合格，满足业主的质量要求。

在接到公司领导的接管验收指令后，公司各相关部门应立即按照领导要求抽调业务骨干组成物业接管小组。接管验收小组应当由公司以下部门人员组成：公司行政部抽调档案管理文员负责接管物业的产权、工程、设备资料的验收移交工作；管理处公共事务部抽调业务骨干负责业主资料的验收移交以及协助楼宇的验收移交工作；管理处机电维修部抽调业务骨干具体负责房屋主体、公共设施和机电设备的验收移交工作。

接管验收开始之前接管验收小组应做好以下准备工作：与开发商联系好交接事项、交接日期、进度、验收标准等；派出技术人员前往工地现场摸底，制定好接管验收计划；提前参与开发商申请的竣工验收和机电设备最终安装、调试工作，做到心里有数；准备好《房屋主体接管验收表》、《公共配套设施接管验收表》、《机电设备接管验收表》、《接管验收问题整改表》等接管验收记录表格。

3.3.3　物业接管验收的程序及应提交的资料

1. 物业接管验收的条件

（1）新建房屋接管验收的条件

新建房屋的接管验收，是在工程竣工验收合格的基础上，以主体结构安全和满足使用功能为主要内容的再检验。接管验收应具备以下条件：

1）建设工程全部施工完毕，并且经竣工验收合格。

2）供电、供暖、给水排水、卫生、道路等设备和设施能正常使用。

3）房屋幢、户编号业务，经有关部门确认。

（2）原有房屋的接管验收条件

1）房屋所有权、使用权清楚。

2）土地使用范围明确。

2. 物业接管验收的程序

（1）新建房屋的接管验收程序

1）建设单位书面提请接管单位验收。

2）接管单位按接管验收条件和应提交的资料逐项进行审核，对具备条件的，应在15日内签发验收通知并约定验收时间。

3）接管单位会同建设单位对物业的质量与使用功能进行检验。

4）对验收中发现的问题，按质量问题处理办法处理。

5）经检验符合要求的房屋，接管单位应签署验收合格证，签发接管文件。

（2）原有房屋的接管验收程序

1）移交人书面提请接管单位接管验收。

2）接管单位按接管验收条件和应提交的资料逐项进行审核，对具备条件的，应在15日内签发验收通知并约定验收时间。

3）接管单位会同移交人对原有房屋的质量与使用功能进行检验。

4）对检验中发现的危损问题，按危险和损坏问题的处理办法处理。

5）交接双方共同清点房屋、装修、设备及定、附着物，核实房屋使用状况。

6）经检验符合要求的房屋，接管单位应签署验收合格证，签发接管文件，办理房屋所有权转移登记（若无产权转移，则无需办理）。

（3）住宅小区综合验收程序

1）住宅小区建设项目全部竣工后，开发建设单位应当向政府建设行政主管部门提出住宅小区综合竣工验收申请报告；

2）政府建设行政主管部门在接到住宅小区竣工综合验收申请报告和有关资料一个月内，组成由城建（包括市政工程、公用事业、园林绿化、环境卫生）、规划、房地产、工程质量监督等有关部门及住宅小区经营管理单位参加的综合验收小组；

3）综合验收小组审阅有关验收资料，听取开发建设单位汇报情况，进行现场检查，对住宅小区建设、管理的情况进行全面鉴定评价，提出验收意见并向政府建设行政主管部门提交住宅小区竣工综合验收报告；

4）政府建设行政主管部门对综合验收报告进行审查。综合验收报告审查合格后，开发建设单位将房屋和有关设施办理交付使用手续。

验收合格并已办理交付使用手续的住宅小区，开发建设单位不再承担工程增建、改建费用。

3. 物业接管验收应提交的资料

（1）新建房屋接管验收应提交的资料

1）产权资料

a. 项目批准文件；

b. 用地批准文件；

c. 建筑执照；

d. 拆迁安置资料。

2）技术资料

a. 竣工图——包括总平面、建筑、结构、设备、附属工程及隐蔽管线的全套图纸；

b. 地质勘察报告；

c. 工程合同及开、竣工报告；

d. 工程预决算；

e. 图纸会审记录；

f. 工程设计变更通知及技术核定单（包括质量事故处理记录）；

g. 隐蔽工程验收签证；

h. 沉降观察记录；

i. 竣工验收证明书；

j. 钢材、水泥等主要材料的质量保证书；

k. 新材料、新配件的鉴定合格证书；

l. 水、电、供暖、卫生器具、电梯等设备的检验合格证书；

m. 砂浆、混凝土试块试压报告；

n. 供水、供暖的试压报告。

（2）原有房屋接管验收应提交的主要资料

1）产权资料

a. 房屋所有权证；

b. 土地使用权证；

c. 有关司法、公证文书和协议；

d. 房屋分户使用清单；

e. 房屋设备及定、附着物清单。

2）技术资料

a. 房地产平面图；

b. 房屋分间平面图；

c. 房屋及设备技术资料。

3.3.4　物业接管验收中应注意的问题

物业的接管验收是直接关系到今后物业管理工作能否正常开展的重要环节，物业服务企业要高度重视，严格把关，特别要注意以下事项：

1. 根据《房屋接管验收标准》认真逐项验收

对于在验收中发现的问题，物业服务企业要及时记录，并请移交单位签字确认，以便明确责任，督促其改正。

2. 落实物业的保修事宜

建筑工程的质量保修期，一般是从办理交接手续之日起算的。根据《建设工程质量管理条例》第 40 条的规定，在正常情况下，建设工程的最低保修期限为：

（1）基础设施工程、房屋建设的地基基础工程和主要结构工程为设计文件规定的该工程的合理使用年限。

（2）屋面防水 工程以及有防水要求的卫生间、房屋和外墙面的防渗漏工程为 5 年。

（3）供热与供冷系统为 2 个供暖期和 2 个供冷期。

（4）电气管线、给水排水管道、设备安装和装修工程为 2 年。物业服务企业应与建设单位以合同形式，明确保修项目的内容、进度、原则、责任及方式等。

3. 重视书面移交手续

物业服务企业应认真核对移交单位提交的技术资料、产权资料的完整性和真实性，尤其是发生工程设计变更后的图纸资料。

4. 写明接管日期，以便划清责任的界限

物业服务企业只对接管后的物业所产生的问题负责任，若在保质期内，非人为因素的问题仍由开发商或施工单位负责。若由于开发商在施工验收合格后，未能及时移交给物业服务企业，使物业服务企业接管后的设备保质期缩短，物业服务企业应向开发商提出，争取补回原有的保质期。

3.3.5　物业接管硬件设施设备验收标准

1. 新建房屋的接管验收标准

（1）主体结构

1）地基基础的沉降不得超过规范所允许的变形值；不得引起上部结构的开裂或相邻房屋的损坏。

2）钢筋混凝土构件产生变形、裂缝不得超过规范所规定的值。

　　3）木结构应结点牢固，支撑系统可靠，无蚁害，其构件的选材符合相应规范的有关规定。

　　4）砖石结构必须有足够的强度和刚度，不允许有明显裂缝。

　　5）凡应抗震设防的房屋，必须符合抗震规范的有关规定。

　　（2）外墙不得渗水

　　（3）屋面

　　1）各类屋面必须符合相应规范的规定，排水畅通，无积水，不渗漏。

　　2）平屋顶应有保湿隔热措施，设置屋面检修设施。

　　3）采取有排水的屋面，出水口、檐沟、落水管应安装牢固，接口严密、不渗漏。

　　（4）楼地面

　　1）面层与基层必须黏结牢固，不空鼓。面层平整，不允许有裂缝、脱皮和起砂等缺陷；块料面层应表面平整、接缝顺直、无缺棱掉角。

　　2）卫生间、阳台、盥洗间地面与相邻地面的相对标高符合设计要求，不应有积水，不允许倒污水和渗漏。

　　3）木楼地面应平整牢固，接缝密合。

　　（5）装修

　　1）门窗安装平正牢固，无扭曲变形，开关灵活，位置准确。

　　2）进户门不得使用胶合板制作，门锁应安装牢固，底层外窗、楼层公共走道窗、进户门的上亮子均应装设铁栅栏。

　　3）木装修工程应表面光洁，线条顺直，对缝严密，不露钉帽，与基层必须钉牢。

　　4）门窗玻璃应安装平整，油灰饱满，粘贴牢固。

　　5）抹灰应表面平整，不应有空鼓、裂缝和起泡等缺陷。

　　6）饰面砖应表面洁净，粘贴牢固，阴阳角与线脚顺直，无缺棱掉角。

　　7）油漆、刷浆应色泽一致，表面不应有脱皮、漏刷现象。

　　（6）电气

　　1）电气线路安装应平整、牢固、顺直，过墙应有导管。导线连接必须紧密，铅导线连接不得采用铰接或绑接。采用管子配线时，连接点必须紧实、可靠，使管路在结构上和电气上均连成整体并有可靠的接地。

　　2）应按套安装电表或预留表位，并有电器接地装置。

　　3）照明器具等低压电器安装必须牢固，部件齐全，接触良好，位置正确。

　　4）各种避雷装置的连接点必须牢固可靠，接地阻值必须符合相应规范的要求。

　　5）电梯应能准确地启动运行，曳引机的噪声和振动声不得超过规范的规定值。制动器、限速器及其他安全设备应动作灵敏可靠。安装的隐蔽工程、试运转记录、性能检测记录及全部的图纸资料均应符合要求。

　　6）对电视信号有屏蔽影响的住宅，电视信号场微弱或被高层建筑遮挡及反射波复杂的地区，应设置电视共用天线。

　　7）除上述要求外，同时应符合地区性"低压电气装置规程"的有关要求。

　　（7）水、卫、消防

　　1）管道应安装牢固、控制部件启闭灵活、无滴漏。水压试验及保温、防腐措施必须符合规范的要求。应按套安装水表或预留表位。

2）高位水箱进水管与水箱检查口的设置应便于检修。

3）卫生间、厨房内的排污管应分设，出户管长不宜超过 8m，并不应使用陶瓷管、塑料管。地漏、排污管接口、检查口不得渗漏，管道排水必须流畅。

4）洁具质量良好，接口不得渗漏，安装应平整、牢固，部件齐全，制动灵活。

5）水泵安装应平稳，运行时无较大振动。

6）消防设施必须符合有关规范的要求，并且有消防部门检验合格签证。

（8）供暖

1）供暖工程的验收时间，须在供暖期以前两个月进行。

2）锅炉、箱罐等压力容器应安装平正，配件齐全，不得有变形、裂纹、磨损、腐蚀等缺陷。安装完毕后，必须有专业部门的检验合格签证。

3）炉排必须进行 12h 以上试运转，炉排之间、炉排与炉膛之间不得互相摩擦，且无杂声，不跑偏、不受卡，运转自如。

4）各种仪器、仪表应齐全精确，安全装置必须灵敏、可靠，控制阀门应开关灵活。

5）炉门、灰门、煤斗门板、风挡板应安装平整，启闭灵活，闭合严密，风室隔墙不得透风漏气。

6）管道的管径、坡度及检查井必须符合相应规范的要求，管沟的大小及管道的排列应便于维修，管架、支架、吊架应牢固。

7）设备、管道不应有跑、冒、滴、漏现象。保温、防腐措施必须符合规范的规定。

8）锅炉辅机应运转正常，无杂声。消烟除尘、消声减振设备应齐全，水质、烟尘排放浓度应符合环保要求。

9）经过 48h 连续试运行，锅炉和附属设备的热工、机械性能及供暖区室温必须符合规定要求。

（9）附属工程及其他

1）室外排水系统的标高、检查及设置、管道坡度、管径必须符合相应规范的要求。管道应顺直且排水通畅，井盖应搁置稳妥。

2）化粪池应按排污量合理设置，池内无垃圾杂物，进出水口高差不得小于 5cm。立管与化粪池间的连接应有足够坡度，并不应超过两个弯。

3）明沟、散水、落水管头不得有断裂、积水现象。

4）房屋出入口处必须敷设室外道路，并与主干道相通，路面不应有积水、空鼓和断裂现象。

5）房屋应按单元设置信报箱，其规格、位置须符合有关规定。

6）烟道、通风道、垃圾道应畅通，无阻塞物。

7）单体工程必须做到工完料净场地清，临时设施及过夜用房拆除清理完毕。室外地面平整，室内外高差符合设计要求。

8）群体工程应检验相应的市政、公建配套工程和服务设施，达到应有的质量和使用功能要求。

2. 原有房屋的接管验收标准

（1）以危险房屋鉴定标准和国家有关规定作为检验依据。

（2）从外观检查建筑物整体的变异状态。

（3）检查房屋结构、装修和设备的完好和损坏程度。

（4）检查房屋使用状况，评估房屋现有价值，建立档案资料。

3.4 物业入住的管理

入住是物业管理前期服务中重要的基础工作，也是物业管理操作过程的难点和重点之一。与前期介入等物业管理工作不同的是，物业入住服务政策性强、涉及面广、管理难度大，容易导致物业服务企业与业主（或物业使用人）之间发生矛盾和冲突。

3.4.1 物业入住

1. 入住服务的涵义

入住是指建设单位将已具备使用条件的物业交付给业主并办理相关手续，同时物业服务企业为业主办理物业管理事务手续的过程。对业主而言，入住的内容包括两个方面：一是物业验收及其相关手续的办理；二是物业管理有关业务的办理。

入住过程涉及建设单位、物业服务企业以及业主，入住的完成意味着业主正式接收物业服务企业，物业由开发建设转入使用，物业管理服务活动全面展开。

2. 物业入住操作的模式

（1）以建设单位为主体，由物业服务企业相配合的作业模式。此模式的核心内容是，建设单位具体负责向业主移交物业并办理相关手续，如业主先到建设单位确认相关购房手续、业主身份，验收物业，提交办理房产证的资料，开具物业购买正式发票，逐项验收其名下物业的各个部分，领取钥匙等。在此基础上，物业服务企业再继续办理物业管理相关手续，如领取物业管理资料、缴纳相关费用等。

（2）建设单位将入住工作委托给物业服务企业，由物业服务企业代为办理入住手续。这种情况多出现于物业管理早期和前期介入较深，物业建设单位楼盘较多、人力资源不足，或物业建设单位与物业服务企业系上下级单位，以及其他建设单位和物业服务企业协商认为必要的情况等等。

无论采用何种入住操作模式，物业入住运作的准备、内容、程序等都是一致的，但建设单位和物业服务企业各自的职责不同。从房产移交的角度而言，入住的实质均是建设单位向业主交付物业的行为，建设单位应承担相关法律责任和义务，物业服务企业只是具体办理相关手续。

3. 入住时限

入住时限，是指《入住通知书》规定业主办理入住手续的时间期限，当新建物业符合交付使用条件，开发建设单位和物业管理单位应通过有效途径或合理方法，如根据业主提供的通信方式，以电话、电报、信函、电子邮件等方式与业主联系，或在上述联系无效的情况下通过登报、广播和电视公共传媒等方式向业主传递或传达物业入住信息，向业主适时发出入住通知，约定时间验收物业和办理相关手续。要注意在通知业主的时候，尽可能一次性告知办理相关手续时应携带的有关材料。

3.4.2　入住流程

1. 入住的准备

入住服务是物业服务企业首次直接面对业主提供相关服务，直接关系到业主对物业管理服务的第一印象。因此，物业服务企业要从各方面做好充分细致的准备，全面有效地保障业主的入住工作。入住的准备包括资料的准备和其他准备。

（1）资料的准备

办理入住前，物业服务企业需要准备的资料有：《住宅质量保证书》、《住宅使用说明书》、《入住通知书》、《物业验收须知》、《业主入住房屋验收表》、《缴款通知书》、《入住手续书》、《楼宇交接书》以及《业主（住户）手册》等。

（2）其他准备

1）入住工作计划

建设单位和物业服务企业应在入住前一个月制订入住工作计划，由项目管理负责人审查批准，并报经上级主管部门核准。

2）入住仪式策划

为了提高小区整体形象，有效加强与业主、物业使用人的沟通，通常由物业服务企业根据物业管理的特点及小区实际情况，组织举行入住仪式。参加人员有业主、物业服务企业代表、建设单位代表以及其他有关人员。

3）环境准备

在完成对物业的竣工验收和接管验收之后，物业服务企业要对物业共用部位进行全面彻底的清洁，为业主、物业使用人入住做好准备。同时，要布置好环境，保持道路通畅。遇有二期工程施工或临时施工情况，要进行必要隔离，防止安全事故发生。

4）其他准备事项

a. 准备及布置办理入住手续的场地，如布置彩旗、标语，设立业主休息等待区等；

b. 准备及布置办理相关业务的场地，如电信、邮政、有线电视、银行等相关单位业务开展的安排；

c. 准备资料及预先填写有关表格，为方便业主，缩短工作流程，应对表格资料预先作出必要处理，如预先填上姓名、房号和基本资料等；

d. 准备办公用具，如复印机、电脑和文具等；

e. 制作标识牌、导视牌、流程图，如交通导向标志、入住流程、有关文件明示等；

f. 针对入住过程中可能发生的紧急情况，如交通堵塞、矛盾纠纷等，制订必要的紧急预案。

2. 入住流程

入住流程见图 3-1。

3.4.3　入住服务应注意的问题

1. 入住服务准备工作要充分

物业入住在物业管理中是一项繁琐细致的工作，既要求快捷高效，又要求井然有序。由于业主普遍缺乏物业入住的相关知识和经验，经常会存在相关资料准备不足和对物业入住管理等缺乏认识的问题，加之业主入住又是短时间内集中办理的，工作的频密度高、劳动强度大，因此，一定要充分做好物业入住的各项准备工作。

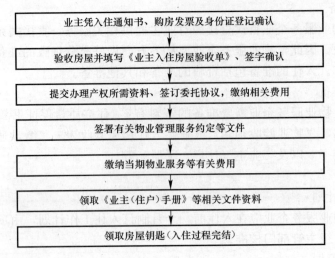

图 3-1 入住流程图

物业入住准备工作的核心是科学周密的计划。在进行周密计划和进行资料准备及其他准备工作的同时还应注意以下四个方面的工作：

（1）人力资源要充足。现场引导、办理手续、交接查验、技术指导、政策解释、综合协调等各方人员应全部到位，协同工作。如现场出现人员缺位，其他人员或机动人员应及时补位。

（2）资料准备要充足。尽管物业服务企业可通过一定管理方法有意识地疏导业主，避免业主过于集中，但业主的随意性是不可控的，因此，有必要预留一定余量的资料。

（3）分批办理入住手续，避免因过分集中办理产生的混乱。为避免入住工作的混乱，降低入住工作强度，在向业主发出《入住通知书》时，应明确告知其入住办理时间，现场亦应有明确标识和提示，以便对业主入住进行有效疏导和分流，确保入住工作的顺利进行。

（4）紧急情况要有预案。入住时由于现场人员混杂、场面较大，随时可能发生如治安、消防、医疗、纠纷等突发事件，建设单位及物业服务企业应预先设立各种处理方案，防患于未然。

2. 入住期间需要注意的问题

（1）业主入住实行一站式柜台服务，方便业主办理有关入住手续。在入住办理期间，物业建设单位、物业服务企业和相关部门应集中办公，形成一条龙式的流水作业，一次性地解决业主入住初期的所有问题，如办理入住手续，开通电话、有线电视等。

（2）因故未能按时办理入住手续的，可按照《入住通知书》中规定的办法另行办理。

（3）应合理安排业主入住服务办理时间，适当延长办理时间。为方便业主入住，应根据业主的不同情况实行预约办理或实行弹性工作方式，如在正常工作时间之外另行安排入住手续的办理，或延长工作时间，如中午或晚上延时办公。

（4）办理入住手续的工作现场应张贴入住公告及业主入住流程图，在显要位置张贴或摆放各类业主入住的标牌标识、作业流程、欢迎标语、公告提示等，方便业主了解掌握，加快入住进程。同时，现场摆放物业管理相关法规和其他资料，方便业主取阅，减轻咨询工作压力。对于重要的法规文件等，可以开辟公告栏公示。

（5）指定专人负责业主办理入住手续时的各类咨询和引导，以便入住工作有秩序地顺利进行。入住现场应设迎宾、引导、办事、财务、咨询等各类人员，以方便业主的不同需要，保障现场秩序，解决各类问题。

（6）注意安全保卫以及车辆引导。入住期间不仅有室内手续办理，还有现场验房等程序。而有些楼盘的现场施工尚未完结，现场人员混杂，故应注意业主人身安全和引导现场车辆有序摆放。

3.5　物业服务委托合同的订立

3.5.1　物业服务合同

1. 物业服务合同的定义

所谓合同是指平等的自然人、法人及其他组织之间设立、变更和终止民事权利义务关系的协议。

物业服务合同是指房地产开发企业或业主委员会委托其选聘的物业服务企业对物业管理区域进行综合管理与服务而签订的，明确双方权利义务关系的协议。广义的物业服务合同包括前期物业管理合同，狭义的物业服务合同仅仅指业主委员会成立后，其代表全体业主与物业服务企业签订的合同。物业管理合同为双务、有偿、要式合同。

2. 物业服务合同的种类

依据《物业管理条例》及其他法规的规定，物业服务合同主要包括前期物业服务合同和业主委员会与物业服务企业签订的物业服务合同。

（1）前期物业服务合同

《物业管理条例》第二十一条规定："在业主、业主大会选聘物业服务企业之前，建设单位选聘物业服务企业的，应当签订书面的前期物业服务合同。"房屋出售前物业的产权属房地产开发企业所有。因此，合同的一方主体是房地产开发企业，另一方主体是其选聘的物业服务企业。

提倡建设单位按照房地产开发与物业管理相分离的原则，通过招投标的方式选聘具有相应资质的物业服务企业。

前期物业服务合同期限可以由当事人约定。但是，期限未满、业主委员会与物业服务企业签订的物业服务合同已经生效的，前期物业服务合同终止。

（2）业主委员会与物业服务企业签订的物业服务合同

当业主入住达到一定比例时，就应按规定及时成立业主委员会。业主委员会成立，物业管理进入正常的日常运作阶段，即由业主委员会代表全体业主实施业主自治管理。业主委员会成立后，对原物业服务企业实施的前期物业管理进行全面、认真、详细的评议，听取广大业主的意见，做出是续聘还是另行选聘其他物业服务企业的决定，并与选聘的物业服务企业（原有的或另行选聘的）订立物业服务合同。合同的一方当事人是业主委员会

（代表所有业主），另一方是经业主大会选聘的物业服务企业。合同的期限由双方协商约定，以年为单位，一般为3年。合同签订后，前期物业服务合同终止。在物业服务合同规定的物业管理期限届满前，业主委员会应根据广大业主的意见和物业服务企业的业绩，决定是续聘还是另行选聘其他的物业服务企业，并与之订立新的物业服务合同。

3.5.2 物业服务合同的特征

（1）物业服务合同中的服务是有偿的，物业服务企业处理委托事务，如房屋维修、设施设备养护、治安保卫、消防安全、清洁卫生、园林绿化等所支出的必要费用，应该由业主与受益人承担。

（2）物业服务合同的订立是以当事人相互信任为前提的，任何一方不得通过利诱、诈骗、蒙骗等手段签订合同，一经查实，可以依法起诉，直至解除合同关系。

（3）物业服务合同的内容必须是合法的，应该体现当事人双方权利义务的相互平等，并不得与现行的物业管理法律、法规和政策的规定相抵触；否则，合同将不受法律保护。

（4）物业服务合同当事人的权利与义务是对等的。物业服务合同双方当事人既有权利，也有义务，不能只享受权利而不履行自己的义务。

（5）物业服务合同既是诺成性合同又是双方合同。物业服务合同自双方达成协议时成立，故称为诺成性合同；委托人和委托人双方都负有义务，故称为双方合同。

3.5.3 物业服务合同的内容

物业服务合同应当采用书面形式，对物业管理事项、服务质量、服务费用、双方的权利义务、专项维修资金的管理与使用、物业管理用房、合同期限、违约责任等内容进行约定。

根据《物业委托合同示范文本》规定，物业服务合同一般由首部、正文和尾部三部分组成。

1. 合同首部

合同名称、合同编号、订约日期、订约地点、订约当事人的名称、住所、订约理由等。

合同首部并不是物业服务合同的实施内容，但订约日期、订约地点、当事人住所地等项目对物业管理纠纷的解决有着重要的现实意义，可以作为人民法院或仲裁机构处理有关物业服务合同争议的主要依据。其中当事人的住所地，更是确定诉讼管辖的主要依据之一。

2. 合同正文

物业服务合同的正文记载了双方当事人缔结物业服务合同的意图，包含了双方当事人的权利义务、履行期限、地点、方式、服务费、违约责任及解决争议的方法等主要合同条款，是物业服务合同的实质所在。

（1）物业基本情况

包括：物业类型：商用、住宅用及其他；坐落位置；四至，东南西北的界限；占地面积；建筑面积。此外，还可以以附件形式附录委托管理的物业构成细目。

（2）委托管理事项

主要阐述管理项目性质、管理项目由哪几部分组成。例如，居住类物业与收益性物业管理方式就有区别，对于居住类物业既有旧住宅小区，又有新建住宅小区，这两者管理方式、管理内容又有区别。对于新建住宅小区，既有多层的，也有高层的；既有配套设施齐全的，也有配套设施不齐全的，这也存在着管理内容、管理收费的区别。另外有一些物业融居住与收益于一体，其管理方式、管理内容与一般物业有所不同。因此物业管理委托合同中，应详细阐述管理项目的性质、管理项目的组成以及业主对管理项目的管理及经营要求。

业主和非业主使用人房屋自用部位、自用设施及设备的维修、养护，在当事人提出委托时，乙方应接受委托并合理收费；对业主和非业主使用人违反管理规约的行为，针对具体行为并根据情节轻重，采取批评、规劝、警告、制止等措施；其他委托事项，以空白形式出现，由双方当事人约定。

（3）委托管理期限（合同期限）

在合同中，有关合同期限要注意两个问题：

1）明确物业服务企业介入的物业管理的具体时间，例如，是在物业建设立项报批、可行性研究阶段介入，还是在物业建设达到某个部位介入，还是在物业已竣工，但住户还没有进住时介入。这样便于物业服务企业开展工作，另外时限不同，物业管理费用的收取程度不同。

2）明确物业管理合同的终止时间，另外在物业管理合同终止时，物业及物业的有关资料如何交接也应明确。

（4）双方权利义务

1）甲方权利义务（适用于业主委员会）：代表和维护业主、非业主使用人的合法权益；制定管理规约并监督业主和非业主使用人遵守公约；审定乙方拟定的物业管理制度；检查监督乙方管理工作的实施及制度的执行情况；审定乙方提出的物业管理服务年度计划、财务预算及决算；提供经营性商业用房、管理用房；负责收集、整理物业管理所需全部图纸、档案、资料，并向乙方移交；当业主和非业主使用人不按规定缴纳物业服务费时，负责催交或以其他方式偿付；协调、处理遗留问题；协助乙方做好物业管理工作和宣传教育、文化活动；其他权利义务。

2）甲方权利义务（适用于房地产开发企业）：在业主委员会成立之前，负责制定业主临时公约并将其作为房屋租售合同的附件，要求业主和非业主使用人遵守；审定乙方拟定的物业管理制度；检查监督乙方管理工作的实施及制度的执行情况；审定乙方提出的物业管理服务年度计划、财务预算及决算；委托乙方管理的房屋、设施、设备应达到国家验收标准要求；向乙方提供经营性商业用房、管理用房（产权属甲方）；负责收集、整理物业管理所需全部图纸、档案、资料，并向乙方移交；当业主和非业主使用人不按规定缴纳物业服务费时，负责催交或以其他方式偿付；协调、处理遗留问题；协助乙方做好物业管理工作和宣传教育、文化活动；其他权利义务。

3）乙方权利义务：根据有关法律法规及本合同的约定，制定物业管理制度；对业主和非业主使用人违反法规、规章的行为，提请有关部门处理；按本合同约定，对业主和非业主使用人违反管理规约的行为进行处理；可选聘专营公司承担本物业的专项管理业务，但不得将本物业的管理责任转让给第三方；负责编制房屋、附属建筑物、构筑物、设施、设备、绿化等的年度维修养护计划和大、中修方案，经双方议定后由乙方组织实施；向业主和非业主使用人告知物业使用的有关规定，当业主和非业主使用人装修物业时，告知有关限制条件，订立书面约定，并负责监督；负责编制物业管理年度管理计划、资金使用计划及决算报告；向全体业主和非业主使用人公布物业服务费收支账目；对本物业的公用设施不得擅自占用和改变使用功能，如需在本物业内改、扩建或完善配套项目，须与甲方协商经甲方同意后报有关部门批准方可实施；合同终止时，乙方必须向甲方移交全部经营性商业用房、管理用房及物业管理的全部档案资料；其他权利义务。

（5）物业服务质量

乙方须按下列约定范围实现目标管理：房屋外观；设备运行；房屋及设施、设备的维修、养护；公共环境；绿化；交通秩序；保安；急修或小修；业主和非业主使用人对乙方的满意率。具体的物业服务质量要求可以以附件的形式附在合同之后。

（6）物业服务费

物业服务费收取的标准、收取的方式、特约服务费的收取及逾期缴纳物业服务费的责任。

房屋的共用部位、共用设施、设备、公共场地的维修、养护费用收取的标准和方式。

（7）违约责任

1）甲方违反合同的约定，使乙方未完成规定管理目标，乙方有权要求甲方在一定期限内解决；逾期未解决的，乙方有权终止合同；造成乙方经济损失的，甲方应给予乙方经济赔偿。

2）乙方违反合同的约定，未能达到约定的管理目标，甲方有权要求乙方限期整改，逾期未整改的，甲方有权终止合同，造成甲方经济损失的，乙方应给予甲方经济赔偿。乙方擅自提高收费标准的，甲方有权要求乙方清退；造成甲方经济损失的，乙方应给予甲方经济赔偿。

3）甲、乙任一方无正当理由提前终止合同的，应向对方支付违约金；给对方造成的经济损失超过违约金的，还应给予赔偿。

（8）争议的解决

由于合同主体的责任，致使合同履行困难，或因一方责任给另一方造成损失，或合同无法履行，对于上述情况，在合同中应明确解决的办法。

对于合同双方因合同发生争议，要调解、仲裁、起诉的，可按合同条款的约定，采用以下一种或几种方式解决：

1）向合同条款约定的单位或人员要求调解。

2）向有管辖权的经济合同仲裁机关申请仲裁。

3）向人民法院起诉。

（9）其他条款

补充协议、合同附件、不可抗力、续订合同条件、合同生效条件等。

3. 合同尾部

载明合同尾部的目的在于与合同首部前后呼应，以保持合同的完整。一般来讲，合同尾部的内容包括：订约日期、合同生效的日期、合同的份数。

3.6　高层住宅物业装修及管理

物业装修是指业主或使用人为了改善居住、办公或生产环境，对自有、购置或租赁物业产权面积范围内的地面、墙面、厨房、卫生间及洁具、天花、门窗、水、电、通信进行修饰处理的建筑活动、过程。

装修管理是物业管理人根据《住宅室内装饰装修管理办法》、政府有关法规、条例等，受开发商或全体业主委托，对物业管辖范围的业主或使用权人，在物业装修过程中，监督施工符合规范、结构安全、物业管理、消防、供水、供电、燃气、环境保护要求的行为过程。

3.6.1　高层住宅装修应注意的问题

由于目前我国房地产开发商推出的商品住宅多以清水房为主，所以高层住宅的装修管理，在物业管理中，是一件非常重要的环节。高层住宅在装修过程中应注意下列问题：

1. 最好不要使用电梯运送装修材料

水泥、沙石是常见的建材，在运输过程中容易撒落，电梯运货会使沙子水泥等漏进电梯的零件中，导致安全隐患，业主在装修时，最好不要使用电梯运送装修材料。

2. 在装修过程中，不要随手将物品放在窗口，也不要将废弃物从窗口丢下楼去。

高层住宅由于离地面高，风力较地面大，所以物品坠落的机会更多，而且坠楼物品对楼下人员财产的伤害也就越大，后果越严重。尤其在夏季，裸露的窗户或阳台都给物品坠楼造成机会。建议在装修过程中，不要随手将物品放在这些地方，也不要将废弃物从窗口丢下楼去。

3. 需注意现场施工安全，施工现场应天天打扫，清除木屑、漆垢等可燃物。

注意在室内施工时的用电安全，不能乱拉乱接电线，或电源线上无保护管；现场禁止吸烟，不能动用明火；油漆等易燃品应存放在离火源远、阴凉、通风、安全的地方；施工现场应天天打扫，清除木屑、漆垢等可燃物。

4. 在装修中采用防火材料，燃气管道不能私改。

注意在装修中采用防火材料。室内吊顶应采用阻燃材料，墙面、地面和基层应采用非燃或难燃材料，以尽量减少火灾危险性。制作厨具的木材一定要经过防火处理。家庭装修中的电路施工和电器安装，应严格执行电器安装规程。所有电器线路均应穿套管，接线盒、开关、槽灯、吸顶灯及发热器周围应用非易燃材料做防火隔热处理。尤其注意，燃气管道不能私改，燃气管道的私自改动和封包，也极易造成煤气泄漏发生爆炸。有不少用户在家装时为了美观私自将煤气表拆下，移改户内燃气管，或是用台面、装修材料将其封死，由此留下安全隐患。

5. 窗户安全隐患

造成窗户出现安全隐患的根本原因是行业不够规范，一些技术不专业、责任心不强的商家往往对窗户粗制滥造，其质量不过关。业内人士表示，消费者掌握一些辨别窗户质量的知识是很有必要的。检查窗户是否安全的一个简单方法是，抓住安装好的窗户左右、前后均摇一下，如果很稳，则说明窗户安装质量较好；如果发现有松动、推拉比较紧、窗框倾斜，则存在安全隐患。检查窗户时发现窗户一抬就可以拆卸下来的，一定是不合格产品，要么修补或彻底换掉。

3.6.2 高层住宅物业装修的程序及内容

1. 装修申报

业主或使用人在物业装修前，必须进行装修申报。申报登记应当提交下列材料：

（1）房屋所有权证（或者证明其合法权益的有效凭证），非业主需出具业主授权书；

（2）申请人身份证件；

（3）装饰装修方案及开、竣工时间；

（4）变动建筑主体或者承重结构的，需提交原设计单位或者具有相应资质等级的设计单位提出的设计方案；

（5）涉及拆改供暖管道和设施、拆改燃气管道和设施行为的，需提交有关部门的批准文件；

（6）涉及住宅室内装饰装修超过设计标准或者规范增加楼面荷载的，应当经原设计单位或者具有相应资质等级的设计单位提出设计方案；

（7）改动卫生间、厨房间防水层的，应当按照防水标准制订施工方案，并做闭水试验，并需提交设计方案或者施工方案，且必须委托具有相应资质的装饰装修企业承担；

（8）委托装饰装修企业施工的，聘请的装饰装修施工队资质证明、项目负责人身份证、营业执照等复印件；如属简单装饰装修，必须由业主出具装饰装修担保书后，可不提供资质证明等资料；

（9）非业主的住宅使用人，还需提供业主同意装饰装修的书面证明。

2. 签订装修协议

装修人，或者装修人和装饰装修企业，应当与物业管理单位签订住宅室内装饰装修管理服务协议。住宅室内装饰装修管理服务协议应当包括下列内容：

（1）装饰装修工程的实施内容；

（2）装饰装修工程的实施期限；

（3）允许施工的时间；

（4）废弃物的清运与处置；

（5）住宅外立面设施及防盗窗的安装要求；

（6）禁止行为和注意事项；

（7）管理服务费用；

（8）违约责任；

（9）其他需要约定的事项。

3. 项目审批

（1）由业主或业主授权人填写《装饰装修工程申请表》。

（2）《装饰装修工程申请表》及施工资料交由管理处工程技术人员审核通过后，由管理处主任审批同意装饰装修。管理处根据申请项目，结合房屋结构及管线分布确定项目审批意见，同时，明确施工过程可能导致的一些问题及注意事项并提出保护措施，对许可范围应明确给予业主或使用人书面知会。

（3）经审批同意后，物业管理处与业主签订《房屋装修协议书》，装饰装修施工负责人与管理处签订《装饰装修责任书》。

4. 装修施工过程管理

（1）施工期间，物业管理处需派人每日至少巡查一次装修施工情况，检查情况记录于《装修施工巡查记录表》，保安人员严格按人员进出小区有关管理规定对施工人员进行管理。

（2）如发现下列情况，物业有关人员按《违章装修的处理办法》办理处理。

1）未按规定张贴《施工许可证》。

2）未按规定的施工时间施工。

3）超出申报范围内的装修项目。

4）违反装修管理规定及国家相关的其他规定。

业主/住户就装修事项提出请求协助或帮助时，物业管理处应予积极考虑并给予协助处理。

5. 装修施工的竣工验收

（1）装修施工结束后，由业主/住户和施工单位共同向物业服务企业提出验收申请。

（2）物业管理处、工程管理部、业主/住户和施工单位共同对装修进行现场验收。

（3）竣工验收合格的，由物业管理处、工程管理部负责人在《装修完工检查验收表》内签署"初验合格"，并签署姓名和日期。如发现违章装修情况，按《违章装修的处理办法》处理。

（4）物业管理处收回施工证，如有丢失，原交押金不予退还。

（5）施工队当日清场离开。

（6）装修验收合格并使用三个月后，物业管理处应对装修施工组织复验，复验无问题，由物业管理处、工程管理部负责人在《装修完工检查验收表》内签署"复验合格"后报物业经理审批。

6. 违章装修的处理办法

（1）装修施工期间发现违章装修的，物业管理处应立即要求业主/住户停止违章装修，并视情况采取以下方式进行处理：

1）批评教育，立即整改；

2）出具《违反装修规定整改通知书》，限期整改；

3）出具《装修验收整改通知书》，对装修竣工验收中发现的问题限期整改；

4）停水停电（报物业经理批准）；

5）要求赔偿损失（报物业经理批准）。

（2）装修施工验收时，如发现业主/住户违章装修的，物业管理处、工程管理部协同对违章装修给楼宇安全、美观造成的危害程度做出评估，并视情况征得物业经理同意后，列清扣款数额，由财务内勤按以下方法进行扣款，扣款顺序为：

1）首先从装修施工单位装修押金中扣款；

2）装修施工单位装修押金不足以补偿扣款的，再从业主/住户装修押金中予以补扣；

3）业主/住户装修押金仍不能补偿扣款的，要求业主/住户给予赔偿。

（3）住宅室内装饰装修活动有下列行为之一的，由城市房地产行政主管部门责令改正，并处罚款：

1）将没有防水要求的房间或者阳台改为卫生间、厨房间的，或者拆除连接阳台的砖、混凝土墙体的，对装修人处 500 元以上 1000 元以下的罚款，对装饰装修企业处 1 千元以上 1 万元以下的罚款；

2）损坏房屋原有节能设施或者降低节能效果的，对装饰装修企业处 1 千元以上 5 千元以下的罚款；

3）擅自拆改供暖、燃气管道和设施的，对装修人处 500 元以上 1000 元以下的罚款；

4）未经原设计单位或者具有相应资质等级的设计单位提出设计方案，擅自超过设计标准或者规范增加楼面荷载的，对装修人处 500 元以上 1000 元以下的罚款，对装饰装修企业处 1 千元以上 1 万元以下的罚款。

5）装修人因住宅室内装饰装修活动侵占公共空间，对公共部位和设施造成损害的，由城市房地产行政主管部门责令改正，造成损失的，依法承担赔偿责任。

6）装修人未申报登记进行住宅室内装饰装修活动的，由城市房地产行政主管部门责令改正，处 500 元以上 1000 元以下的罚款。

（4）未经城市规划行政主管部门批准，在住宅室内装饰装修活动中搭建建筑物、构筑物的，或者擅自改变住宅外立面、在非承重外墙上开门、窗的，由城市规划行政主管部门按照《城市规划法》及相关法规的规定处罚。

7. 装修档案管理

（1）装修完工，通过验收，由物业助理收集、整理各装修单元装修资料，统一归档。

（2）对装修档案的管理应放入业主/住户档案内，保存期至业主/住户搬迁后。

3.6.3 物业装修禁止的行为及应注意的事项

1. 装饰装修禁止下列行为

根据《建筑装饰装修工程质量验收规范》GB 50210—2001，在房屋装修过程中，禁止下列行为：

（1）未经原设计单位或者具有相应资质等级的设计单位提出设计方案，变动建筑主体和承重结构；

（2）将没有防水要求的房间或者阳台改为卫生间、厨房间；

（3）扩大承重墙上原有的门窗尺寸，拆除连接阳台的砖、混凝土墙体；

（4）损坏房屋原有节能设施，降低节能效果；

（5）擅自搭建建筑物、构筑物；

（6）擅自改变住宅外立面，在非承重外墙上开门、窗；

（7）其他影响建筑结构和使用安全的行为。

2. 装修管理中应该注意的事项

（1）渗漏：由于装修过程监管不严可能导致卫生间、浴室、厨房防水层破坏，导致渗漏现象，在装修完工后使用时才发现，由于渗漏影响楼下业主正常生活，重新维修会因装修成本或其他原因、楼上不予配合等，导致管理过程中协调和处理困难，同时容易导致一些不必要的管理投诉和邻里纠纷。由于墙管凿槽、敲击天花、外墙、导致天花及外墙防水功能降低，影响防水功能，引起天花外墙渗水。

（2）堵塞：由于施工过程中保护措施不当，造成泥沙及混凝土进入管道，或施工工人将残留混凝土或杂物倒入管道中，引起管道堵塞，轻者堵塞支管，重者堵塞主管，导致首层或二层淹水，带来经济损失。

（3）短路：由于施工单位施工时，偷工减料，导致导线破损，短时间无法及时发现使用时间之久后，导致电路短路，不便更换，给日后维护留下困难，给业主造成不便。

（4）消防火灾：施工现场物品杂乱，如木板、纸屑、油漆等堆放混乱，而且用电量大，人员密集，及易导致火灾。

（5）治安安全：由于装修期间，出入小区、大厦人员较多，思想复杂，如果对装修人员监管不力，极易导致一些盗窃、打架事件的发生。

（6）结构破坏、超载：由于施工过程拆墙或穿管及装饰，损坏承重结构或钢筋保护层，或使用超出房屋荷载指标的一些建筑材料，增加楼板承重导致一些安全隐患。

第4章 高层住区的综合管理

本章关键词：

物业环境管理　物业安全管理　综合性服务管理　房屋维修管理

4.1 高层住区的物业环境管理

4.1.1 物业环境管理的基本原则和内容

1. 物业环境的含义及特点

（1）物业环境的含义

物业环境是城市环境的一部分。城市环境是城市范围内的大环境，物业环境则是某个物业区域内的环境，即与业主、使用人生活和工作密切相关的、直接影响其生存、发展和享受的各种必须条件和外部变量因素的综合。

（2）物业环境的特点

1）物业环境是内部居住环境与外部居住环境的统一体。内部居住环境和外部居住环境虽然是各自独立、自成系统的，但又是相互影响、相互作用的。内部居住环境离不开外部居住环境，外部居住环境的好坏也离不开内部居住环境。

2）物业环境是硬环境与软环境的统一体。硬环境是指与业主和使用人有关或所处的外部物质要素的总和，是生活和工作必要的物质条件，即房屋建筑、附属设备、公共设施和相关场地。软环境是指与业主和使用人有关或所处的外部精神要素的总和。它是无形的、人际的、文化的，能对人们的生活和工作施加一定的影响。这两种环境是相互影响、相互作用的。硬环境的建设离不开软环境的支持，软环境的建设也离不开硬环境的物质基础。

3）物业环境是自然环境与社会环境的统一体。物业环境不仅包括自然物质要素，如空气、水、树木花草等。同时也包括社会物质要素，如环境管理、宣传教育、执法监督等。这两种环境要素也是相辅相成的。自然环境离不开社会的经济、政治和文化的发展，离不开社会的环境管理、宣传教育、执法监督；社会环境的发展要以自然环境为基础。

2. 物业环境管理的含义及基本原则

（1）物业环境管理的含义

物业环境管理，是指物业服务企业通过执法检查、履约监督、制度建设和宣传教育工作，防止和控制可能发生的物业区域环境污染（如大气污染、水体污染、固体废物污染、噪声污染、"黑色污染"等），以及通过建立日常的环境管理机构，做好日常的物业环境管理工作（如物业区域内的卫生保洁、绿化等方面的维护和监督等），使物业区域的环境得到经常性的净化、美化和绿化，给业主和非业主使用人提供一个清洁宜人的工作和生活环境。

（2）物业环境管理的基本原则

1）以防为主，防治结合的原则。加强管理，控制污染源，防止新污染，并对已经发生的污染采取有效的措施进行治理。

2）专业管理与业主和使用人自觉维护相结合的原则。业主和使用人有享受良好环境的权利，也有保护环境的义务。因此，要力求做到管理者与业主和使用人的相互调适。

3）环境保护与资源利用相结合的原则。如：回收固体废弃物中的可用资源和能源、余热的再次利用以及水的再次利用等等。

4）污染者要承担相应责任的原则。如：治理责任、损害补偿责任、法律责任等。

5）环境管理与精神文明建设相结合的原则。

3. 物业环境管理的主要内容

一般来说，物业区域环境管理主要从以下四个方面抓起：物业环境污染的治理，物业卫生管理工作、物业绿化和美化工作，以及各种环境小品的建设管理。

（1）环境污染防治

采取各种可行和有效的措施，防治大气污染、水体污染、固体废弃物污染、噪声污染。如物业服务企业一定要加强对物业区域内车辆交通的管理，建立良好的交通秩序、车辆停放秩序，减少废气的排放、减少噪声。

（2）环境卫生管理

这是一项经常性的管理服务工作，良好的环境卫生不但可以保持物业区域容貌的整洁，而且对于减少疾病、促进身心健康十分有益，同时对社会精神文明建设也具有很重要的作用。

（3）环境绿化美化

尽量扩大绿地面积和种植树木花草，净化空气，调节物业区域小气候，保持水土、防风治沙，消声防噪，达到净化、美化环境的目的。

（4）各种环境小品的建设和管理

环境小品具有美化环境、组织空间和方便实用的功能。所以，物业服务企业应重视各种环境小品的建设，要坚持对各种环境小品的保养和维护，以保证其性能完好，发挥作用。

4.1.2　物业环境管理的措施

1. 物业环境管理的早期介入

环境管理早期介入主要是指物业服务企业在正式接管物业之前对建筑物规划设计阶段的介入，并就建筑物及其环境规划设计是否符合国家有关规定，以及物业建成后是否能够满足业主和使用人对物业环境的需求参与决策。

（1）参与物业项目的主体建筑的规划设计

物业服务企业在早期介入时，要对建筑用地规划、居住面积密度、建筑间距以及建筑材料的选用，提出自己的建议。

（2）协助搞好防治环境污染的配套设备以及设施的建设

1）绿地规划设计要满足环境保护的要求

绿地是物业环境最主要的组成部分，也是防治环境污染的最主要手段。所以，在项目规划设计中要有绿地规划设计，满足环境保护的要求。首先，要保证绿地的规模。按照我国有关部门的规定，新建居住区绿化用地占建设上用地面积比例不得低于30%，亦可按居住人均 $2m^2$ 的标准建设公共绿地，居住小区按人均 $1m^2$ 的标准建设公共绿地；其次，要有合理的绿地规划。居住区要有居住区公园、居住小区要有中心公园、组团要有组团绿地；道路应包括居住区的主干道、分支道路、宅前小路两旁都要进行绿化，做到点、线、面相结合，组成完整的绿化系统。最后，要有合理的植物配置。要根据不同的功能，包括保护环境的功能选择不同的植物种类等等。

2）垃圾处理的设备和设施要满足环境保护的要求

垃圾处理的设备和设施，包括垃圾楼、亭、池、箱、桶等是物业区域的卫生设备和设施，但同时也是防治环境污染的设备和设施。

3）停车场、库的建设要满足环境保护的要求

4）配套设施要符合防治环境污染的要求

5）防治环境污染的专项设施要符合环境保护的要求

（3）考查了解物业的周边环境

物业环境的保护工作，主要是抓好物业区域内的防治和保护工作。但是，周边的环境对物业区域的环境也是有重要影响的。因此，对周边的环境必须进行调查，并准备好相应的措施。对周边环境的调查，主要是看有无"三废"的排放和污染源。

2. 物业环境管理机构的设置

根据所管物业园区的规模，考虑设置物业服务企业环境保护工作部门，其具体具体职责是：

（1）随时提出物业环境保护意见和建议，当好领导参谋。

（2）拟订物业区域内环境保护的标准和规范。

（3）组织环境监测，掌握所管物业区域内环境状况和发展趋势。

（4）会同有关部门组织所管物业区域的环境科学研究和环境教育。

（5）负责环境保护的具体指导工作，配合有关部门共同搞好物业区域的环境保护。

3. 建立物业保洁管理制度

（1）拟订物业环境保洁部门的劳动纪律。

（2）拟订物业环境保洁管理工作考核标准和办法。

（3）拟订日常卫生保洁与保洁机具的操作规程。

4. 成立物业管理的绿化养护组

养护组的职责主要有：

（1）负责绿地树木花草的保护工作，禁止人为的破坏、践踏、改变绿地的用途。

（2）负责绿地树木花草的养护工作，要及时浇水、施肥、清除病虫害及补植、更新等。

（3）负责清除绿地的杂草、枯枝败叶、铲埋乔灌木树坑，处理草地鼠洞、扑杀革地蚂

蚁，维护园林小品、雕塑及绿地设施完好。

（4）妥善保管和使用各种工器具和材料。

（5）完成部门主管交办的其他相关工作。

（6）加强绿化宣传，培养绿化意识。

4.2　物业安全管理

物业安全管理指物业服务企业采取各种措施、手段，保证业主和业主使用人的人身、财产安全，维持正常生活和工作秩序的一种管理行为，也是物业管理工作最基础的工作之一。物业安全管理包括"防"与"保"两个方面："防"是预防灾害性、伤害性事故发生；"保"是通过各种措施对发生的事故进行妥善处理。

物业安全管理的主要内容包括公共安全防范管理服务、消防管理（见第 5 章）以及车辆道路管理。

4.2.1　公共安全防范管理服务

1. 公共安全防范管理服务的内容

公共安全防范管理服务是物业服务企业协助政府相关部门，为维护公共治安、施工安全等采取的一系列防范性管理服务活动。内容包括：出入管理，安防系统的使用、维护和管理，施工现场的管理，配合政府开展社区管理等工作。

（1）出入管理

物业项目的出入管理应根据国家法规和物业管理服务合同的约定，区分不同物业的类型和档次，制订相应方案，实现人员、物品、车辆等出入的有效管理。

（2）安防系统的使用、维护和管理

物业管理安防系统是指物业管理区域内用于治安、消防、车辆管理及紧急呼叫等安全防范的技术设备系统。常用的安防系统有闭路监控系统、红外报警系统、自动消防监控系统、门禁系统、自动呼救系统、道闸系统、煤气自动报警系统和巡更系统等。

（3）施工现场管理

施工现场各种闲杂人员比较多，危险因素也比较多。对于已经入住的园区，应该加强周边正在建设项目的施工现场的管理，保证住户的安全。

（4）配合政府开展社区管理

为了共同做好社区管理，创建安全和谐社区，物业服务企业除做好各项物业管理服务工作外，还应协助公安机关、居委会等政府部门做好社区安全防范管理工作。

2. 安全防范服务的要求

（1）安防人员的仪表和礼貌礼仪

1）执勤时整洁着装、佩戴工牌号；

2）精神饱满，站立、行走姿态规范；

3）执勤中认真履行职责，不脱岗、不做与工作无关事情；

4）举止文明大方，主动热情，耐心周到；

5）办事高效，坚持原则，礼貌待人。

（2）巡逻、门岗等执勤岗位

1）服从领导，听从指挥；

2）熟悉物业及业主（或物业使用人）基本情况，如业主（物业使用人）家庭成员、楼宇结构、消防设备、各类技防设备、各类机电设备分布情况、消防中心、应急反应等；

3）按规定路线和方式巡逻、签到，未签到或不及时签到要记录原因；

4）熟悉人员和物品出入管理流程，具备条件的，可对外来人员及外搬物品做好记录及控制；

5）观察细致，反应迅速，按照有关规定及时发现、处理各种事故隐患及突发事件；

6）相互配合，妥善处理各种问题。对于超出职权或无法处理的情况，应及时汇报。

（3）值班记录

1）记录及时、齐全、规范和真实；

2）交接班事项及物品记录清晰，未完成事项有跟进记录；

3）接班人员分别签名确认；

4）记录、分类和归档正确及时，记录本整洁完好，记录字迹清楚。

（4）安防设施设备

1）各类安防设施设备齐全完善，使用正常；

2）定期检查和维护，并有完整记录；

3）标识明显正确，相关制度应张贴在墙壁的醒目处。

3. 安全防范工作检查方法

（1）日检

检查内容包括仪表礼节、服务态度、工作纪律、工作质量、工作记录、交接班、岗位形象和安全隐患等，对存在的问题应及时指出并作相应处理。

（2）周检

除日检内容之外，其周检内容还包括各类安防设施设备的检查、业主意见收集反馈、班组长检查记录和安全隐患分析等，并填写周检记录表。

（3）月检

月检工作是指由指定人员对各项目的安防工作进行全面检查，重点检查现场管理效果及过程管理记录，确保安防工作的有效性。

（4）督查

督查工作是指由指定的督查队员不定期对安防工作进行突击检查，确保安防工作严格按标准执行，并对违规人员进行教育和处罚。

4. 治安防范注意事项

（1）遇到有人在公共区域聚众闹事，应立即向公安机关报告，并及时上报上级领导，协助公安机关迅速平息事件，防止事态扩大。

（2）遇有违法犯罪分子正在进行盗窃、抢劫、行凶和纵火等违法犯罪活动时，应立即报警，协助公安机关制止，并采取积极措施予以抢救、排险，尽量减少损失。

（3）管辖范围内公共区域有疯、傻、醉等特殊人员进入或闹事时，应将其劝离管辖区，或通知其家属、单位或公安派出所将其领走。

（4）辖区公共区域内出现可疑人员，要留心观察，必要时可礼貌查问。

（5）管辖区域内发生坠楼等意外事故，应立即通知急救单位及公安部门、家属，并围护好现场，并做好辖区客户的安抚工作，等待急救单位及公安部门前来处理。

4.2.2　车辆停放管理服务

物业管理区域内交通管理与车辆停放服务是物业公共秩序管理的一项基本内容，也是体现管理服务水平的重要环节。

1. 车辆管理的方法与要求

（1）建立健全车辆管理队伍

为做好管理区域内车辆管理，提供安全有序的车辆停放管理服务，物业服务企业应根据小区车辆管理实际情况做好人员安排，包括小区车辆交通的疏导及管理人员、停车场维护人员和车辆收费管理人员等。

（2）车辆出入管理

对物业管理区域内出入及停放的车辆，宜采用出入卡证管理。卡证根据停车场的性质采用不同的方式。一般对居住在物业区域内的业主（或物业使用人），其车辆多以办理年卡或月卡的方式管理，出入时只需出示年卡或月卡即可。外来的车辆或暂时停放的车辆应采用发临时卡的方式进行管理，即每次进入时发给一张临时卡，上面记录进入的时间、道口、车牌号、值班人等，此卡在车辆出去时收回。是否收费，应根据相关法规、物业类型、停车场性质和物业服务合同约定作相应处理。

（3）车辆停放管理

车辆进入管理区域后，管理人员应引导车辆停放。有固定车位而任意停放，或不按规定任意停放，或在消防通道停车等现象出现时，管理人员应及时劝阻。同时，车辆进入停车位停放时，管理人员应及时检查车辆，观察车辆是否有损坏，车窗是否已关闭，是否有贵重物品遗留车内等，必要时做好记录并通知车主，避免出现法律纠纷。

2. 车辆管理注意事项

（1）车辆管理的交通标识及免责告示应充足明显，避免发生法律纠纷。完善的交通标识及提示既可以确保管理区域车辆交通有序，又可以减少安全事故的发生。而车辆停放票据、卡、证及收费牌上的相关免责提示等则可以提醒车主做好相应的安全防范措施，减少安全事件的发生，并且避免发生安全事件时引发法律纠纷。

（2）车主首次申请办理停车年卡或月卡时应提交本人身份证、驾驶证、车辆行驶证原件与复印件，并签订停车位使用协议，建立双方车辆停放服务关系。协议上应对车辆是有偿停放还是无偿停放、是保管关系还是车位租用关系、停放过程中的安全责任等法律责任问题予以明确，避免在车辆出现刮损或丢失时引起法律纠纷。

（3）车辆停放必须符合消防管理要求，切忌堵塞消防通道。部分车主为了方便，经常会将车辆停放于消防通道，或部分物业服务企业为了提高车辆停放收入，擅自将部分消防通道划为停车位，导致消防通道的堵塞，严重影响消防疏散及抢救。因此，车辆停放管理应特别注意对消防疏散通道的管理，确保车辆停放符合消防管理的要求，绝对不能堵塞消防通道。

（4）对于电梯直接通往室内停车场车库的小区，必须做好电梯入口的安全防范监控措施，避免不法人员直接从地下车库进入楼内。

4.3 综合性经营服务管理

4.3.1 物业综合经营服务的含义及特点

1. 物业综合经营服务的含义

物业综合经营服务，是指与房屋楼宇及住宅小区的住（用）户生活、工作、生产相配套的、为方便住（用）户生活而开展的多种特约便民和经营服务。

根据居民不同层次的需求，因地制宜地开展和搞好物业综合经营服务，不仅能够繁荣和方便业主和使用人的生产、生活，提高他们的生活质量和水平，而且能够拓宽物业管理的多种经营思路，增加物业管理企业的收入，增强物业管理企业的活力，巩固、发展和壮大物业管理行业。

2. 物业综合经营服务的特点

实行物业管理以后，业主和使用人只需面对物业服务企业一家就可以解决生活中的一些困难。物业服务企业的综合服务项目可谓各种各样，应有尽有。因此，项目多样化和服务全方位，成为综合服务最显著的特点。

（1）服务消费的连锁性

综合经营服务的内容往往是相互关联、相互补充的，业主和使用人对服务消费的需求在时间上和空间上又常常是相互衔接的，这样就有可能由一种消费引来另一种消费。例如，在为用户提供装修服务的同时，必然紧跟着垃圾清运服务；用户在接受车场服务的同时，必然会有洗车服务的要求等。

（2）服务对象欲望需求的不可替代性

在业主和使用人中，客观上存在着社会地位、年龄、健康状况、经济收入，以及种族、国籍、宗教文化、职业个性、生活方式等多方面的层次差别。这些层次差别使得服务对象的欲望需求千差万别而又不可替代。例如，某些业主会要求停车洗车服务，双职工家庭会要求托幼服务，老弱病残者会要求特殊服务等。

（3）居住水平提高带来"需求层次上升"

随着居住水平的不断提高，业主的居住行为和生活工作方式也发生了巨大的变化，他们不断地思攀新高，提出服务项目多样化的要求，使服务消费水平处于总体上升趋势，即"需求层次上升"。

4.3.2 物业综合经营服务的基本要求

物业综合经营服务的基本要求是"高效"、"优质"。而高效优质的服务，必须满足下列四方面的要求：

1. 效用。这是业主对服务者的相应素质和使用价值的需求，它是由服务者的知识、技能或体力转化所带来的实际效果。例如，物业维修服务必须保质保量符合有关标准；环境清洁服务必须做到"五无"等等。

2. 方便。这是业主在讲究效用的同时对省力、省时、省麻烦服务的需求，又称对时空效果的需求。例如报修近便，修理及时，家居生活服务使居民不出门也能得到满足等。

3. 态度。这是业主对服务者行为方式上的需求。为了提供高效优质的服务，服务者必须与业主相互沟通，协调一致，贴心周到，取得信任。国外市场上流行的"顾客总是对的"的信条，说明主动、热情、诚恳、和气的服务态度是劳务成交的前提。

4. 满意。这是业主对于效用、方便和态度的心理感受，也是对所需服务高效优质与否的总体评价。为此，物业服务企业应千方百计地提供"大管家"式的服务，创造一个以物业为中心的有利于业主生活与工作的"微型社会"，通过高效优质的综合服务实现物业管理的服务宗旨。

4.3.3 物业综合经营服务的条件

综合经营服务的条件，从总体上看可以分为两个：一是硬件；二是软件。"硬件"是指资金和场所（包括建筑物）；"软件"是指经营内容或项目，以及经营思路和体制。硬件是解决经营什么的问题，软件是解决如何经营的问题。具体而言可归纳为三个方面的内容：

1. 筹措资金

在开设综合经营服务项目时，如果没有上级主管部门的拨款就要自筹资金，具体办法有：

（1）以物业服务企业的信誉直接进行借贷。

（2）抵押贷款。

（3）向其他单位进行融资，或者向职工和社会集资。

总之，要调动各方面的积极性，想尽一切办法，解决资金的来源问题。

2. 寻找场地（包括建筑物）

房屋和场地主要是利用开发过程中建设配套的公共建筑设施，如很多新建建筑的底层、裙房就是规划设计中的经营场所，物业服务企业可以按照原设计用途与开发商或业主约定对此加以利用。如果物业管理区域内的配套房屋和场地不能满足多种经营服务需要，需要新建扩建，就要特别注意合理选址，不能占用绿地、道路、广场、停车场（库）等已设定专门用途的用地和空间，避免损害业主的利益，引起纠纷。

3. 选择经营内容或项目

在经营内容或项目的选择上，可以采取以下原则：

（1）日常生活类优先

物业服务企业应该优先开设诸如柴、米、油、盐、酱、醋、吃、穿、用、行等日常生活方面的服务项目。

（2）消费周期短、利用频繁的项目优先

如一日三餐、生活必需品。而消费周期长，使用不频繁的项目可暂缓考虑。

（3）易损易耗品优先

如小五金、小家电，在日常生活中容易损坏，其维修项目可先行开设。

（4）优势特色项目优先

如物业服务企业有房屋维修工程队、机电设备维修部等，可开设装饰装潢服务经营部，连带经销建材等，也可开设家电维修服务中心等。

（5）中介服务项目优先

如找保姆、钟点工，介绍家教，房产评估、换房，买卖中介等投资少，利用信息和关系多的也可优先。

4.3.4 物业综合经营服务中的注意事项

1. 注意协调各方面的关系

在开设综合经营服务项目上，物业服务企业与街道、房管所等单位有时会形成竞争关系，造成一些矛盾，要注意协调好关系；另一方面，在综合经营服务过程中，还会与煤气、市政部门、供电局、环保部门和食品卫生部门发生各种关系，只有协调好与这些部门的关系，才能搞好综合经营服务。

2. 注意经营服务的质量

综合经营服务质量具有两层意思：一是综合经营的产品质量，二是服务质量。物业服务企业一方面要杜绝经营假冒伪劣产品；另一方面要规范服务，树立服务企业的良好形象，提高企业内部管理水平，加强员工考核，真正做到为业主（使用人）提供优质服务。

3. 注意避免污染环境

一些物业服务企业在开发综合经营服务项目时，往往将噪声、废气、灰尘、煤烟、污水等也带给了居民，甚至有的服务经营房屋阻挡了出路或侵占了绿地，造成居民交通不便，影响环境美化。这些都严重污染了环境，给居民的生活环境带来不良后果。因此，在开发经营服务项目时，应尽量避免这些现象的发生。

4.4 物业特约性服务管理

4.4.1 特约性服务的含义及内容

1. 物业管理特约服务的含义

物业管理特约服务是物业服务企业接受个别住户的委托提供常规性物业服务外的物业管理服务项目。是按照客户的要求而提供的个性化服务。

随着社会的进步和发展，人们的生活水平在不断提高，对于生活的质量要求也越来越高，服务的要求也在不断的增加。特约服务实际上是专项服务的补充和完善。客户的消费心理是要物有所值或物超所值，因此，物业的特约服务要满足消费者的心理，客户想要得到的是方便，应该在给客户最大方便的同时满足客户的消费心理，制定可以让客户接受的价格，并且提供的服务要符合标准。"特约服务"是服务人对客户表现出来的思想和态度，让客户感觉自己与众不同。

2. 物业管理特约服务的内容

常见的特约服务有：

（1）代订代送牛奶、书报；

（2）送病人就医、喂药、医疗看护；

（3）代请钟点工、保姆、家教、家庭护理员，代做家政服务；

（4）代接代送儿童入托、入园及上、下学等；

（5）代购、代送车、船、机票与物品；

（6）代洗车辆；

（7）代住户设计小花园，绿化阳台，更换花卉盆景等。

（8）代办各类商务及业主、使用人委托的其他服务项目。

4.4.2　开展特约服务的基本原则

物业服务企业开展特约服务，应本着如下原则进行：

（1）优质服务的原则。

（2）时效原则。

（3）提供服务时不影响其他客户的原则。

（4）保本微利原则。

（5）社会效益与经济效益综合评价的原则。

（6）严禁服务人员与客户私下结算，不接受客户任何财物原则。

4.4.3　开展特约服务注意事项

物业服务企业在开展特约服务时，要注意以下情况：

（1）如果客户提出的服务要求超出了物业服务企业的服务范畴，由客户服务中心上报公司经理后协商解决。

（2）特约服务工作应在保证物业服务企业本职工作能够顺利完成的基础上进行。

4.5　物业管理纠纷的投诉与处理

4.5.1　物业管理的投诉

1. 物业管理投诉的内容

在物业管理与服务运行的过程中，引起物业管理投诉的原因很多，但概括起来主要有以下几个方面：物业管理服务、物业服务收费、社区文化活动组织、突发事件处理和毗邻关系处理等。

2. 物业管理投诉的途径

投诉的途径一般包括：电话、个人亲临、委托他人、信函邮寄、投送意见信箱以及其他方式，如通过保安、清洁等物业操作人传言投诉、传真投诉和网上投诉等。

4.5.2　物业管理投诉处理的要求及程序

1. 投诉处理的要求

物业管理人在受理业主投诉时，除了要严格遵守服务规范外，还有以下要求：

（1）对投诉要"谁受理、谁跟进、谁回复"；

（2）尽快处理，暂时无法解决的，除必须向业主说明外，要约时间处理，实时跟进；

（3）接受和处理业主投诉要做详细记录，并及时总结经验；

（4）接受与处理业主的投诉，要尽可能满足业主（或物业使用人）的合理要求。

2. 物业管理投诉处理的程序

（1）记录投诉内容。在接受投诉时，应将投诉的内容详细记录，其中包括时间、地点、投诉人姓名、联系电话、所居住地、被投诉人及部门、投诉内容、业主的要求和接待人或处理人等。

（2）判定投诉性质。首先应确定投诉的类别，然后判定投诉是否合理。如投诉属于不合理的情况，应该迅速答复业主，婉转说明理由或情况，真诚求得业主谅解。

（3）调查分析投诉原因。通过各种渠道与方法调查该项投诉的具体原因，并及时进行现场分析，弄清投诉问题的症结所在。

（4）确定处理责任人。依据调查与分析后所获得的信息，确定该项投诉由谁（责任人或责任单位/部门）负责专项落实与处理。

（5）提出解决投诉的方案。由处理投诉事件的专项负责人或部门/单位根据业主投诉的要求，提出解决投诉的具体方案。

（6）答复业主。运用信息载体如信函、电话、传真、电子邮件以及走访等方式及时和业主取得联系，将投诉处理情况告知业主（或物业使用人），经业主认可后立即按照方案付诸实施。

（7）回访。在投诉事件全部处理完毕后，一般要进行回访，向业主征询投诉事件处理的效果，如存在的不足或遗漏，对投诉处理的满意程度等。

（8）总结评价。物业管理人可以按月或季度将各类投诉记录文件给予归类存档，同时进行总结、检讨和评价。

4.5.3 物业管理投诉处理方法

1. 耐心倾听，不与争辩

要以真诚的态度、平和的心态认真耐心地听取业主的投诉，不要轻易打断。同时，可以通过委婉的方式进行提问，及时弄清投诉的原因和要求。对那些失实、偏激或误解的投诉，适度表示理解，不做任何敌对性、辩解性的反驳，以免发生冲突。

2. 详细记录，确认投诉

在倾听业主投诉的同时，应当面认真做好尽可能详细具体的投诉记录，并对业主所投诉的内容以及所要求解决的项目进行复述，确认业主投诉事项。

3. 真诚对待，冷静处理

对各种投诉、遭遇或不幸的倾诉，首先要设身处地从业主的角度考虑，适当表示理解或同情。如业主投诉时情绪激动、态度粗暴，物业管理人员应冷静处理，必要时暂时离开，避免冲突。

4. 及时处理，注重质量

对投诉要求要尽快提出处理意见和解决问题方案，立即行动，采取措施处理。拖延处理也是导致业主产生新的投诉一个重要原因，同时还要特别注重投诉处理的质量。

5. 总结经验，改善服务

在投诉处理的回访中，对业主提出的意见和建议要表示感谢。同时，将业主的投诉加以整理与分类，进行分析，总结教训与经验，完善和改进管理及服务工作。

4.6　物业管理紧急事件及其处理

4.6.1　物业管理紧急事件概述

1. 物业管理紧急事件的概念

物业管理紧急事件，是物业管理服务活动过程中突然发生的，可能对服务对象、物业服务企业和公众产生危害，需要立即处理的事件。

2. 物业管理紧急事件的性质

（1）紧急事件能否发生、何时何地发生、以什么方式发生，发生的程度如何，均是难以预料的，具有极大的偶然性和随机性。

（2）紧急事件的复杂性不仅表现在事件发生的原因相当复杂，还表现在事件发展变化也是相当复杂的。

（3）不论什么性质和规模的紧急事件，都会不同程度地给社区、企业和业主造成经济上的损失或精神上的伤害，危及正常的工作和生活秩序，甚至威胁到人的生命和社会的和谐。

（4）随着现代科技的发展和文明程度的提高，人们对各种紧急事件的控制和利用能力也在不断提高。

（5）面对突如其来的、不可预见的紧急事件或困境，必须立即采取行动以避免造成灾难和扩大损失。任何紧急事件都有潜伏、暴发、高潮、缓解和消退的过程，抓住时机就可能有效地减少损失。面临紧急情况要及时发现、及时报告、及时响应、及时控制和及时处置。

物业服务企业在处理紧急事件的过程中，通过对处理原则、处理程序和处理策略的正确理解和运用，将有助于有效地处理好紧急事件，降低物业管理风险。

3. 处理紧急事件的要求

（1）在发生紧急事件时，企业应尽可能努力控制事态的恶化和蔓延，把因事件造成的损失减少到最低限度，在最短的时间内恢复正常。

（2）在发生紧急事件时，管理人员不能以消极、推脱甚至是回避的态度来对待，应主动出击，直面矛盾，及时处理。

（3）随着事件的不断发展、变化，对原订的预防措施或应对方案要能灵活运用，要能随各种环境与条件的变化而有针对性地提出有效的处理措施和方法。

（4）在紧急事件发生后负责人应做好统一的现场指挥，安排调度，以免出现"多头领导"，造成混乱。

（5）处理紧急事件应以不造成新的损失为前提，不能因急于处理而不顾后果，造成更大损失。

4.6.2　物业管理紧急事件的处理过程

紧急事件处理可以分为事先、事中和事后三个阶段。

1. 事先准备

（1）成立紧急事件处理小组

紧急事件处理小组应由企业的高层决策者、公关部门、质量管理部门、技术部门领导及法律顾问等共同参加。

（2）制订紧急事件备选方案

紧急事件处理工作小组必须细致地考虑各种可能发生的紧急情况，制订相应的行动计划，一旦出现紧急情况，小组就可按照应急计划立刻投入行动。对物业管理常见的紧急事件，不仅要准备预案，而且针对同一种类型的事件要制订两个以上预选方案。

（3）制订紧急事件沟通计划

紧急事件控制的一个重要工作是沟通。沟通包括企业内部沟通和与外部沟通两个方面。

2. 事中控制

在发生紧急事件时，首先必须确认危机的类型和性质，立即启动相应行动计划；负责人应迅速赶到现场协调指挥；应调动各方面的资源化解事件可能造成的恶果；对涉及公众的紧急事件，应指定专人向外界发布信息，避免受到干扰，影响紧急事件的正常处理。

3. 事后处理

对于紧急事件的善后处理，一方面要考虑如何弥补损失和消除事件后遗症；另一方面，要总结紧急事件处理过程，评估应急方案的有效性，改进组织、制度和流程，提高企业应对紧急事件的能力。

4.6.3 典型紧急事件的处理

在物业管理服务过程中经常会面临的紧急事件有火警、气体燃料泄漏、电梯故障、噪声侵扰、电力故障、浸水漏水、高空坠物、交通意外、刑事案件和台风袭击等。

1. 火警

（1）了解和确认起火位置、范围和程度。

（2）向公安消防机关报警。

（3）清理通道，准备迎接消防车入场。

（4）立即组织现场人员疏散。在不危及人身安全的情况下抢救物资。

（5）组织义务消防队。在保证安全的前提下接近火场，用适当的消防器材控制火势。

（6）及时封锁现场，直到有关方面到达为止。

2. 燃气泄漏

（1）当发生易燃气体泄漏时，应立即通知燃气公司。

（2）在抵达现场后，要谨慎行事，不可使用任何电器（包括门铃、电话、风扇等）和敲击金属，避免产生火花。

（3）立即打开所有门窗，关闭燃气闸门。

（4）情况严重时，应及时疏散人员。

（5）如发现有受伤或不适者，应立即通知医疗急救单位。

（6）燃气公司人员到达现场后，应协助其彻底检查，消除隐患。

3. 电梯故障

（1）当乘客被困电梯时，消防监控室应仔细观察电梯内情况，通过对讲系统询问被困者并予以安慰。

（2）立即通知电梯专业人员到达现场救助被困者。

（3）被困者内如有小孩、老人、孕妇或人多供氧不足的须特别留意，必要时请消防人员协助。

（4）督促电梯维修保养单位全面检查，消除隐患。

（5）将此次电梯事故详细记录备案。

4. 噪声侵扰

（1）接到噪声侵扰的投诉或信息后，应立即派人前往现场查看。

（2）必要时通过技术手段或设备，确定噪声是否超标。

（3）判断噪声侵扰的来源，针对不同噪声源，采取对应的解决措施。

（4）做好与受噪声影响业主的沟通、解释。

5. 电力故障

（1）若供电部门预先通知大厦/小区暂时停电，应立即将详细情况和有关文件信息通过广播、张贴通知等方式传递给业主，并安排相应的电工人员值班。

（2）若属于因供电线路故障，大厦/小区紧急停电，有关人员应立即赶到现场，查明确认故障源，立即组织抢修；有备用供电线路或自备发电设备的，应立即切换供电线路。

（3）当发生故障停电时，应立即派人检查确认电梯内是否有人，做好应急处理；同时立即通知住户，加强消防和安全防范管理措施，确保不至于因停电而发生异常情况。

（4）在恢复供电后，应检查大厦内所有电梯、消防系统、安防系统的运行情况。

6. 浸水、漏水

（1）检查漏水的准确位置及所属水质（自来水、污水、中水等），设法制止漏水（如关闭水阀）。

（2）若漏水可能影响变压器、配电室和电梯等，通知相关部门采取紧急措施。

（3）利用现有设备工具，排除积水，清理现场。

（4）对现场拍照，作为存档及申报保险理赔证明。

7. 高空坠物

（1）在发生高空坠物后，有关管理人员要立即赶到现场，确定坠物造成的危害情况。如有伤者，要立即送往医院或拨打急救电话；如造成财物损坏，要保护现场、拍照取证并通知相关人员。

（2）尽快确定坠落物来源。

（3）确定坠落物来源后，及时协调受损/受害人员与责任人协商处理。

（4）事后应检查和确保在恰当位置张贴"请勿高空抛物"的标识，并通过多种宣传方式，使业主自觉遵守社会公德。

8. 交通意外

（1）在管理区域内发生交通意外事故，安全主管应迅速到场处理。

（2）有人员受伤应立即送往医院，或拨打急救电话。

（3）如有需要，应对现场进行拍照，保留相关记录。

（4）应安排专门人员疏导交通，尽可能使事故不影响其他车辆的正常行驶。

（5）应协助有关部门尽快予以处理。

（6）事后应对管理区域内交通路面情况进行检查，完善相关交通标识、减速坡、隔离墩等的设置。

9. 刑事案件

（1）物业服务企业或控制中心接到案件通知后，应立即派有关人员到现场。

（2）如证实发生犯罪案件，要立即拨打110报警，并留守人员控制现场，直到警方人员到达。

（3）禁止任何人在警方人员到达前触动现场任何物品。

（4）若有需要，关闭出入口，劝阻住户及访客暂停出入，防止疑犯乘机逃跑。

（5）积极协助警方维护现场秩序和调查取证等工作。

10. 台风袭击

（1）在公告栏张贴台风警报。

（2）检查和提醒业主注意关闭门窗。

（3）检查天台和外墙广告设施等，防止坠落伤人，避免损失。

（4）检查排水管道是否通畅，防止淤塞。

（5）物业区域内如有维修棚架、设施等，应通知施工方采取必要防护和加固措施。

（6）有关人员值班待命，并做好应对准备。

（7）台风过后要及时检查和清点损失情况，采取相应措施进行修复。

4.7 房屋维修管理

4.7.1 房屋维修概述

1. 房屋维修的概念

房屋维修是指房屋自建成到报废的整个使用过程中，为了修复由于各种因素造成的房屋损坏，维护和改善房屋的使用功能，延长房屋的使用年限进行的各种检修、维护和保养活动。房屋具有使用期限长的特点，在使用过程中由自然因素、使用因素、生物因素、地理因素、灾害因素等导致房屋损坏，只有根据损坏程度的不同进行维修和改建，才能保护房屋的使用和安全，延长其使用年限，减少房屋的自然淘汰。

2. 房屋维修的特点

（1）房屋维修具有经常性

房屋维修是一项经常性的工作，房屋使用期限长，在使用过程中由于自然或人为因素的影响，会导致房屋的损坏或使用功能的减弱，而且由于房屋所处的地理位置、环境和用途的差异，同一结构房屋使用功能减弱的速度和损坏的程度也是不均衡的。因此，房屋维修管理工作是大量的、经常性的。

（2）房屋维修具有经营和服务的双重性

房屋维修是物业服务企业的重要经营活动，要按市场经济的要求运行，经营活动过程中有合理的经营收入或利润，因此提供的服务是有偿的。而维修的房屋是已经投入使用的房屋，它的功能的恢复和改善与使用者的切身利益、安全保障密切相关，因此房屋维修具有鲜明的为生产、生活服务的性质。

（3）房屋维修具有广泛性和分散性

广泛性是指房屋维修涉及各个单位、千家万户，项目多而杂；分散性是指由于房屋的固定性以及房屋损坏程度不同，决定了维修场地和维修队伍随着修房地段、位置的改变而具有流动分散性。

（4）房屋维修技术要求高

房屋维修由于要保持原有的建筑风格和设计意图，并达到与周围环境相协调，因此技术要求高。房屋维修要求独特的设计、施工技术和操作技能，对不同的建筑结构、不同建筑等级标准的房屋，采用的维修标准也不同。

3. 房屋维修的分类

（1）按房屋建筑类别分类

房屋是由各种建筑材料构筑在一起，可供人们生产、生活和从事各种社会活动而用的建筑产品。房屋有其社会、自然和经济状态。从不同的形态去认识房屋，构成了房屋的不同类别。正确地判断房屋的类别，是从事房屋维修管理的基础性工作之一。

1）按房屋建筑使用性质分类

a. 工业建筑。如各类冶金工业、化学工业、机械制造业等生产用的厂房、仓库等。

b. 民用建筑。

（a）居住建筑，如住宅、公寓、宿舍等。

（b）公共建筑，如商店、学校、医院、办公楼、车站、体育馆、影剧院等。

2）按房屋的层数分类

a. 低层建筑：1～3 层。b. 多层建筑：4～6 层。c. 中高层建筑：7～9 层。d. 高层建筑：10 层及以上。

3）按房屋的建筑结构分类

a. 砖木结构建筑。指建筑物和墙、柱用砖砌筑，楼层、层架采用木料制作。

b. 混合结构建筑。承重的主要结构是钢筋砼、砖和木材建造的。

c. 钢筋混凝土结构建筑。承重的主要结构是钢筋混凝土建造的。

d. 钢结构建筑。承重的主要结构是钢材建造的。

e. 钢、钢筋混凝土结构建筑。承重的主要结构是钢、钢筋混凝土建造的。

f. 其他结构建筑。凡不属于上述结构的房屋都归此类。如竹结构、砖拱结构建筑等。

（2）按房屋维修工程分类

根据房屋的完损状况，一般把维修工程分为翻修、大修、中修、小修和综合维修工程等五类。

1）翻修工程

凡需全部拆除、重新建造或利用少数主体构件进行改造的工程为翻修工程。包括原地翻修改建、移地翻修改建、小区复建房等。翻修工程主要适用于：

a. 主体结构全部或大部严重损坏，丧失正常使用功能，有倒塌危险的房屋。

b. 因自然灾害破坏严重，不能再继续使用的房屋。

c. 主体结构、围护结构简陋，无修理价值的房屋。

d. 地处陡峭易滑坡地区的房屋或地势低洼长期积水又无法排出地区的房屋。

e. 国家基本建设规划用地范围内需要拆迁恢复的房屋。

翻修工程投资大，工期大，翻修后的房屋必须达到完好房屋的标准。

2）大修工程

凡需牵动或拆换部分主体构件和房屋设备，不需全部拆除，一次费用在该建筑物同类结构新建造价的25%以上的工程为大修工程。大修工程主要适用于：

a. 主体结构的大部严重损坏、无倒塌或有局部倒塌危险的房屋。

b. 整幢房屋的公用生活设备（包括上水、下水、电气照明、通风、供暖等）必须进行管线更换，需要改善新装的房屋。

c. 因改善居住条件，需局部改建的房屋。

d. 需对主体结构进行专项抗震加固的房屋。

大修工程的主要特点是：工程地点集中，项目齐全，具有整体性。大修后的房屋必须符合基本完好或完好标准的要求。

3）中修工程

凡需牵动或拆换少量主体构件，一次费用在该建筑物同类结构新建造价的20%以下，保持原房的规模和结构的工程为中修工程。中修工程主要适用于：

a. 少量结构构件形成危险点的房屋。

b. 一般损坏的房屋，如整幢房屋的门窗整修、楼地面、楼梯维修、抹灰补修、油漆保养、设备管线的维修和零配件的更换等。

c. 整幢房屋的公用生活设备，如上下水管道、通风供暖设备管道、电气照明线路等需局部进行更换改善或改装、新装工程的房屋以及单项目维修的房屋。

中修工程的主要特点是，工地比较集中，项目较小，工程量较大，常有周期性。中修后的房屋70%以上必须符合基本完好或完好标准的要求。

4）小修工程

及时修复使用过程中构件、配件和设备正常的小损小坏、小养护的工程为小修工程。

小修工程主要适用于：

a. 屋面筑漏（补漏）、修补屋面、修补泛水、屋脊等。

b. 钢、木门窗的整修、拆换五金、配玻璃、换窗纱、油漆等。

c. 修补楼地面面层，抽换个别朽木等。

d. 修补内外墙、抹灰、窗台、腰线等。

e. 拆砌挖补局部墙体、个别拱圈、拆换个别过梁等。

f. 抽换个别檩条，接换个别木梁、屋架、木柱，修补木楼梯等。

g. 水卫、电气、暖气等设备的故障排除及零部件的修换等。

h. 下水管的疏通，修补明沟、散水、落水管等。

i. 房屋检查发现的危险构件的临时加固、维修等。

小修工程的主要特点是，项目简单，零星分散，量大面广，时间紧迫。例如，小面积的屋面补漏、门窗检修及水电的小型修缮工程等，服务性很强。

5）综合维修工程（成片轮修工程）

凡成片多幢（大楼可为单幢）大、中、小修一次性应修尽修（全项目修理），其费用控制在该片（幢）建筑物同类结构新建造价 20％ 以上的工程为综合维修工程。这类维修工程应根据各地的情况、条件的不同，考虑到一些特殊要求，如抗震、防灾、防风、防火等，在维修中一并予以解决。综合维修工程主要适用于：

a. 该片（幢）大部分严重损坏，或一般性损坏需进行有计划维修的房屋。

b. 需改变片（幢）面貌而进行有计划维修的工程。

经过综合维修后的房屋，必须符合基本完好或完好房的标准要求．

4.7.2　房屋维修管理

1. 房屋维修管理的概念

房屋维修管理是指对房屋维修的各项活动所进行的计划、组织、协调、管理等工作。房屋维修管理通过制定合理的维修周期和科学的维修计划，以及确定合理的维修范围和维修方案，合理组织使用人、财、物，可以做到节省费用，缩短工期，取得良好的经济效益、社会效益和环境效益。

2. 房屋维修管理的内容

房屋维修管理即指房屋维修计划管理、施工管理、技术管理和质量管理等工作。

（1）房屋维修计划管理

房屋维修计划是指在一定时期内，对房屋维修工作预先拟定的内容、步骤、投资等一系列工作的总称。

房屋维修计划管理是指为高效率地实现企业计划职能而围绕房屋维修所开展的计划编制、组织实施及控制协调活动。其目的是通过合理安排和有效协调，高效率地利用企业现有的生产要素，协调好企业各职能部门的关系，从而使房屋维修工作正常开展。房屋维修计划管理的内容包括计划编制、计划检查、计划调整和计划总结等一系列工作，其中积极做好计划工作的综合平衡，是维修计划管理的基本工作。

1）房屋维修计划的编制内容

房屋维修计划的内容主要包括以下几个方面：

a. 房屋维修施工计划。做为物业服务企业房屋维修计划的核心，是编制其他计划的依据。维修施工计划必须反映计划期内所需维修房屋的名称、维修部位及维修性质、规模（建筑面积和实物工期量）、投资额、各项工程开竣工日期、施工任务的分配方式（自营维修或外包维修）、维修项目进度表及维修项目施工技术方案等。

b. 房屋维修辅助计划。属于支持、保证性计划，为确保完成房屋维修施工计划创造条件。其内容主要包括：

（a）房屋维修施工力量计划。包括临时工、合同工的招聘计划，自有工人的组织及供应计划，各维修班组（或施工项目部）任务的安排，外包工程的招投标计划等。

（b）房屋维修材料供应计划。包括材料、器材的采购、运输、储存计划等。

（c）房屋维修机具供应计划。包括机具的购置、维修、更新计划等。

（d）房屋维修技术支持计划。包括技术人员的组织与配备、技术制度的制定、施工安全措施等。

（e）房屋维修资金使用计划。包括资金的需要量预测、资金筹措、资金使用计划等。

（f）房屋维修成本及利润计划。包括成本预测、成本目标确定、成本控制、成本核算以及预期实现利润额计划等。

2）房屋维修计划的编制方法

a. 年度维修计划的编制。年度维修计划的编制与维修工程量、工期、成本降低、安全、质量、服务、施工管理等有着密切的联系，年度维修计划的编制步骤如下：

（a）根据房屋完损状况、国家有关房屋维修管理的政策及标准、企业自身的施工力量、用户提出的正确意见等因素研究确定计划期内房屋维修的总规模以及各种维修类型的规模。

（b）根据有关技术要求和企业自身条件确定维修任务分配方案（即确定是自营维修还是自包维修），并编制相应的年度维修施工进度计划。

（c）根据房屋维修工程量、在维修施工中各种资源的消耗量标准（定额）及进度安排，编制有关人工、材料、机具、成本、资金计划。

制定年度维修计划时，还应注意以下几点：

（d）对企业自身条件应有全面正确的了解，在自身具备的条件基础上编制计划。

（e）对房屋损坏等级统计资料和维修施工中工料消耗资料要有积累和分析。

（f）在编制计划时，应做好综合平衡工作，协调好各层次、各方面的关系。

b. 季度维修计划的编制。季度维修计划是在年度维修计划的基础上，按照均衡生产的原则，并结合季节特点，编制季度计划，季度计划要保证年度计划的顺利完成。编制季度维修计划要考虑的因素包括：

首先，应根据季节不同、气候条件不同，适当安排维修任务和采取施工措施。

其次，应根据不同季节安排不同维修项目，例如维修屋面工程应尽量安排在雨季到来之前进行。

再次，应根据不同季节安排不同住户维修，如修理商业用房应尽量安排在营业淡季进行，学校用户可安排在寒暑假期间施工等。

c. 月度维修计划的编制。月度维修计划的编制方法与季度维修计划相同，维修项目因是月度计划，基本上均做查勘预算，编制的依据是施工分段作业计划，如情况有变化，在月度计划中要进行调整。月度维修计划应保证季度维修计划的完成。如有特殊情况，应办理一定手续，经批准后才可以调整计划。

3）房屋维修计划的执行和控制

编制房屋维修计划，是计划管理的开始，重点是在计划确定以后，如何贯彻执行，保证计划的实施。

房屋维修计划控制的主要内容包括：修缮项目的进度、产量、质量、成本和安全等。其控制的手段应为各级人员深入实地检查，召集有关会议等。

房屋维修计划是维修工作要达到的总的要求。因此，必须将维修计划按内部组织机构层层分解，落实到基层，实行责任制，并让从事维修的有关人员了解，使计划成为全体人员的奋斗目标。

在计划贯彻执行过程中，要进行经常性地监督检查和考核。房屋维修施工中对已有房屋进行的维护保养、修理、改造，受到多种因素的制约。如，因使用单位和使用人不能搬迁而使维修不能按期进行；因房屋周围环境牵连而改变维修方案；因城市规划的需要而提前更新改造；因维修经费限制而降低维修标准和减少维修工程量，以及建筑材料价格调整，突发性天灾人祸等，这些必然会影响原计划的实施和完成。因此，加强对维修计划的监督检查和考核，发现问题，及时研究解决，搞好综合平衡，对于维修计划的完成尤为重要。

维修计划执行情况检查的主要内容有：计划指标分解及措施落实情况；计划指标的完成情况；原计划的正确程度；执行过程中出现的问题及解决的办法；经验教训总结等。

为了确保按规定工期完成任务，在计划管理中还要重视抓好扫尾工作计划。当一个阶段的工程完成 70% 左右时，就要准备下一阶段的开工，往往容易重视新开工工程，而忽视对上一阶段的扫尾工作，使工期得不到保证。因此，必须重视扫尾工程计划，对扫尾计划要落实到人，并要落实时间、落实任务，以确保整个工程按工期计划完成。

（2）房屋维修施工管理

房屋维修施工管理，就是对进行维修的建筑产品的施工过程所进行的组织、协调、监督等各项活动。房屋维修施工过程是指从接受维修任务到工程交工验收的全过程。这个过程包括：签订房屋维修工程专业分包合同、施工组织与准备、施工协调与管理、质量管理与施工安全以及竣工验收等。

1）房屋维修施工准备工作

在房屋维修施工过程中，一定要做好施工准备工作。其维修施工组织准备工作的内容很多，主要有：

a. 摸清施工现场情况，包括电缆、煤气、供暖、给水排水等地下管线及其走向，平整好现场。

b. 准备维修工程设计图纸。

c. 编制施工组织设计或施工方案并获得批准。

d. 施工所需建筑材料陆续进入现场，确保连续施工。

e. 领取建筑施工许可证。

f. 安置好需暂时搬迁的住户，切断或接通水、电流。

g. 落实资金和劳动力计划。

2）房屋维修工程施工组织设计

施工组织设计是全面安排施工的技术经济文件，是指导施工的主要依据之一，是房屋维修工程必不可少的组织措施。根据维修工程的规律不同和技术要求不同，分别编制施工组织设计、一般工程施工方案或小型工程施工说明。

a. 大型维修工程施工组织设计内容

（a）工程概况。包括工程地点、维修面积、投资额、维修范围、工期、主要工种工程量、材料设备等。

（b）单位工程进度计划及保证工程质量及安全生产的技术组织措施。

（c）施工任务的组织分工和安排。

（d）劳动力组织及需要量计划。

（e）主要材料、施工机具需要量及旧料代用计划。

（f）生产、生活所需临时设施计划。

（g）施工用水、用电计划。

（h）施工现场总平面图。

（i）各项技术经济指标。

b. 一般维修工程施工方案内容

（a）工程概况。

（b）主要施工方法及保证工程质量、安全、消防和冬期、雨期施工等方面的技术措施。

（c）单位工程进度计划。

（d）主要材料、劳动力、施工机具的需要量和进场计划。

（e）施工平面图。

（f）各项技术经济指标等。

c. 小型维修工程施工说明的内容

包括工程概况、结构安全检查、房屋破损鉴定情况、修缮内容、工程量、质量、安全技术措施、材料配置等。当施工组织设计、一般工程施工方案或小型工程施工说明确定后，生产、计划、技术、物资供应、劳资和附属加工等部门必须围绕上述设计、施工方案或说明做出相应的安排。

3）房屋维修工程施工阶段管理

a. 施工调度管理

施工调度就是以工程施工进度计划为依据，在整个施工过程中不断求得劳动力、材料、机械与施工进度和任务要求之间的平衡，并解决好工种与专业之间衔接的综合性协调工作。施工调度工作，是及时平衡、解决矛盾、保证正常施工的手段。其主要任务是：经常检查和督促施工计划和工程合同的执行情况，进行人力、物力和财力的平衡调度，促进施工生产活动的进行；组织好材料运输，确保施工连续性，监督检查工程质量、安全生产等情况，发现问题，及时纠正，限期整改。

b. 施工现场管理

施工现场管理是以施工组织设计、一般工程施工方案或小型工程施工说明为依据，在施工现场的各种管理活动。其主要内容有：修建或利用各项临时设施，安排好施工衔接及材料机具的进退现场，节约施工用地；按计划拆除旧建筑，排除障碍物，清运渣土等；注意生产与住房安全，在拆除与维修时，做好施工防护标志，处理好毗邻建筑物或构筑物的关系；采用先进施工工艺和操作技术，优质低耗、均衡快速地完成维修任务。

c. 施工安全管理

房屋维修施工技术复杂，施工生产活动中施工人员容易发生伤亡事故，因此，在施工过程中，要认真贯彻执行安全生产岗位责任制，加强对安全生产工作的领导，建立、健全安全生产管理制度，严格执行安全操作规程，确保安全施工。安全检查机构或人员必须认真执行安全生产的方针、政策、法令、条例，经常对现场作业进行安全检查，并组织施工人员学习安全生产操作规程。

（3）房屋维修技术管理

房屋维修技术管理是对房屋的查勘、鉴定、维修、使用等各个环节技术活动过程和技术工作的各种要素进行科学管理的总称。

1）房屋维修技术管理任务

a. 监督房屋的合理使用，防止房屋结构、设备的过多损耗或过早损坏，维护房屋和设备的完整，提高完好率。

b. 对房屋勘察鉴定后，根据《房屋修缮范围和标准》的规定，进行维修设计或制订维修方案，确定维修项目。

c. 建立房屋技术档案，掌握房屋完损状况。

d. 贯彻技术责任制，明确技术职责。

2）房屋维修技术管理内容

房屋维修技术管理的主要内容，根据原建设部《房屋修缮技术管理规定》，有以下几个方面：

a. 房屋查勘鉴定。

b. 房屋维护。

c. 维修设计或维修方案。

d. 维修工程监督。

e. 维修工程验收。

f. 房屋技术档案。

g. 技术责任制。

（4）房屋维修质量管理

房屋维修质量管理是指为保证和提高维修工程质量，贯彻"预防为主"原则，为下道工序负责、为住户负责而进行的一系列管理工作的总和。施工项目的质量管理是一种一次性的动态过程。所谓动态管理过程，指的是维修施工项目管理的对象、内容和重点，都随着工程的进展而变化，而且某一阶段工程质量的好坏，是建立在前一阶段质量管理工作基础之上的。由于施工项目质量管理的一次性，所以要求领导素质高，组织管理严格，操作精心。

1）房屋维修质量管理的内容

房屋维修质量管理要做好以下几个方面的工作：

a. 建立健全质量监督检查机构，配置专职或兼职质检人员，分层管理，层层负责，并相互协调配合。

b. 质量机构和质检人员必须坚持标准，参与编制工程质量的技术措施，并监督实施，指导执行操作规程。

c. 坚持贯彻班组自检、互检和交接检查制度，对维修工程的关键部位，一定要经过检查合格、办理签证手续后，才能进行下一道工序施工。

d. 在施工准备阶段，应熟悉施工条件和施工图纸，了解工程技术要求，这是提高施工组织设计质量、制定质量管理计划与质量保证措施的可靠依据。

e. 在施工过程中，加强中间检查与技术复核工作，特别是对关键部位的检查复核工作。

f. 搞好施工质量的检查验收，坚持分项工程的检查，做好隐蔽工程的验收及工程质量的评定，不合格的工程不予验收签证。

g. 加强现场对建筑物配件、成品与半成品的检查验收，检查出厂合格证书或测验报告。

h. 严格对建筑材料的品种、规格和质量进行检查验收，主要材料应有产品合格证或测试报告。

i. 若发生工程质量事故，按有关规定及时上报技术管理部门，并查清事故原因，进行研究处理。

j. 对已交付使用的维修工程要进行质量跟踪，实行质量回访。在保修期内，因施工造成质量问题时，按合同规定负责保修。

2）维修施工项目的质量保证体系

质量保证指为使人们确信某一产品、过程或服务的质量所必须的全部有计划有组织的活动。物业服务企业对维修施工项目的质量，必须保证用户在规定期限内能正常使用。它体现了企业对工程质量负责到底的精神，把现场施工的质量管理与交工后用户使用质量联系在一起。

质量保证体系，是企业以保证和提高工程质量为目标，运用系统的概念和方法，把各部门、各环节的质量管理职能组织起来，形成一个有明确任务、职责和权限，相互协调、互相促进的有机整体。其的内容主要有：

a. 思想工作体系。思想工作体系就是由维修项目负责人带头，责成各部门或班组负责人开展的质量教育活动。首先，对职工进行为用户服务、对用户负责的质量责任教育。在此基础上，再进行全面质量管理知识的教育，树立"质量第一"、"预防为主"的观点，然后进行必要的技术业务培训。

b. 质量控制体系。质量控制，就是质量事故的防患，是维修工程质量工作的重点。维修项目的质量控制要贯穿于维修的全过程。

c. 组织保证体系。搞好房屋维修工程的质量管理工作，必须要有严密的组织保证体系。为此，要设立相应的机构，配备称职人员，明确划分职责和权限。如果物业服务企业自行承担维修施工任务，则要以项目经理为核心组建质量管理部门，下设专业施工队的专职质检员，班组兼职质检员，并按班组建立质量管理小组。质量管理小组的工作是质量管理的基础。如果物业服务企业将维修施工任务承包给外部专业施工单位，则要以项目为对象组织甲方的项目管理部，实行内部维修施工项目监理。

第 5 章　高层住区消防管理

本章关键词：
耐火等级　消防管理措施灭火设施、设备

5.1　高层建筑分类和耐火等级

5.1.1　高层建筑分类

　　高层建筑的分类方式有很多种，这里仅介绍按照《建筑设计防火规范》GB 50016—2014 进行的分类。

　　住房城乡建设部于 2014 年 8 月 27 日发布了国家标准《建筑设计防火规范》GB 50016—2014 的公告，并于 2015 年 5 月 1 日实施。新标准从消防的角度，将高层建筑物统一按照高度进行分类。高层民用建筑根据其建筑高度、使用功能和楼层的建筑面积可分为一类和二类。表 5-1 为高层民用建筑的分类。

高层民用建筑分类 表 5-1

名称	高层民用建筑		单、多层民用建筑
	一类	二类	
住宅建筑	建筑高度大于 54m 的住宅建筑（包括设置商业服务网点的住宅建筑）	建筑高度大于 27m，但不大于 54m 的住宅建筑（包括设置商业服务网点的住宅建筑）	建筑高度不大于 27m 的住宅建筑（包括设置商业服务网点的住宅建筑）
公共建筑	（1）建筑高度大于 50m 的公共建筑。（2）建筑高度大于 24m 以上部分的任一楼层的建筑面积大于 1000m² 的商店、展览馆、电信、邮政、财贸金融建筑和其他多功能组合的建筑。（3）医疗建筑、重要公共建筑。（4）省级及以上的广播电视和防灾指挥调度建筑、网局级和升级电力调度建筑。（5）藏书超过 100 万册的图书馆、书库	除一类建筑以外的其他高层公共建筑	（1）建筑高度大于 24m 的单层公共建筑。（2）建筑高度不大于 24m 的其他公共建筑

5.1.2　高层建筑的耐火等级

　　1. 民用建筑耐火等级分类

　　民用建筑的耐火等级可分为一、二、三、四级。具体应根据其建筑高度、使用功能、重要性和火灾扑救难度等确定，不同耐火等级建筑相应构建的燃烧性能和耐火极限见表 5-2。

2. 高层建筑耐火等级

高层建筑的耐火等级应分为一、二两级，其中，一类高层建筑不应低于一级，二类高层建筑物不应低于二级。

表 5-2

建筑构件的燃烧性能和耐火极限

构件名称		耐火等级			
		一级	二级	三级	四级
墙	防火墙	不燃性 3.00	不燃性 3.00	不燃性 3.00	不燃性 3.00
	承重墙	不燃性 3.00	不燃性 2.50	不燃性 2.00	难燃性 0.50
	非承重外墙	不燃性 1.00	不燃性 1.00	不燃性 0.50	可燃性
	楼梯间和前室的墙、电梯井的墙、住宅单元之间的墙、住宅分户墙	不燃性 2.00	不燃性 2.00	不燃性 1.50	难燃性 0.50
	疏散走道两侧的隔墙	不燃性 1.00	不燃性 1.00	不燃性 0.50	难燃性 1.25
	房间隔墙	不燃性 0.75	不燃性 0.50	难燃性 0.50	难燃性 0.25
柱		不燃性 3.00	不燃性 2.50	不燃性 2.00	难燃性 0.50
梁		不燃性 3.00	不燃性 1.50	不燃性 1.00	难燃性 0.50
楼板		不燃性 1.50	不燃性 1.00	不燃性 0.50	可燃性
屋顶承重构件		不燃性 1.50	不燃性 1.00	可燃性 0.50	可燃性
疏散楼梯		不燃性 1.50	不燃性 1.00	不燃性 0.50	可燃性
吊顶（包括吊顶搁栅）		不燃性 0.25	难燃性 0.25	难燃性 0.15	可燃性

5.2 高层建筑火灾知识

5.2.1 概述

所谓建筑火灾，是指烧损建筑物及其容纳物品的燃烧现象。高层建筑火灾，是指高层建筑内某一空间燃烧起火，进而发展到某些防火分区或整个高层建筑的火灾。由于高层建筑空间高大，人员、物资集中，火灾在烟囱效应作用下发展蔓延快，消防救助困难，因而具有极大的危险性。

在某一防火分区或建筑空间，可燃物在刚刚着火、火源范围很小时，由于建筑空间相对于火源来说，一般都比较大，空气供应充足，所以，燃烧状况与开敞的空间基本相同。随着火源范围的扩大，火焰在最初着火的可燃物上燃烧，或者引燃附近的可燃物，当防火分区的墙体、屋顶等开始燃烧并继续发展时，一般说来，就完成了一个发展阶段，即火灾初期。建筑防火分区火灾一般可分为三个时间区间（图 5-1）：

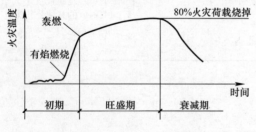

图 5-1 火灾的发展过程

1. 初期火灾（轰燃前）

防火分区内的可燃物，因某种原因被引起燃烧，一边消耗分区内的氧气，一边扩大燃烧范围。若燃烧范围进一步扩大；火灾温度就会急剧上升，并发生轰燃。

初期火灾时，着火分区的平均温度低，而且燃烧速度较低，对建筑结构的破坏力也比较低。

在火灾的初起阶段，虽然火灾分区的平均温度低，但在燃烧区域及其周围的温度较高。在局部火焰高温的作用下，使得附近可燃物受热分解、燃烧，火灾规模扩大，并导致火灾分区全面燃烧，一般把火灾由初期转变为全面燃烧的瞬间，称为轰燃。轰燃经历的时间短暂，它的出现，标志着火灾由初期进入旺盛期，火灾分区内的平均温度急剧上升。若在轰燃之前在住人员逃不出火灾分区，就会有生命危险。

2. 旺盛期火灾（轰燃后）

轰燃后，空气从破损的门窗进入起火分区，使分区内产生的可燃气体与未完全燃烧的可燃气体一起燃烧。此后，火灾温度随时间的延长而持续上升，在可燃物即将燃尽时达到最高。

在此期间，火灾分区内所有的可燃物全都进入燃烧，并且火焰充满整个空间。门窗玻璃破碎，为燃烧提供了较充足的空气，使火灾温度升高，一般可达 1100℃ 左右，破坏力很强，建筑物的可燃构件，如木质门、木质隔墙及可燃装修等，均被烧着，并对建筑结构产生威胁。

3. 衰减期（熄灭）

经过火灾旺盛期之后，火灾分区内可燃物大都被烧尽，火灾温度渐渐降低，直至熄灭。一般把火灾温度降低到最高值的 80% 作为火灾旺盛期与衰减期的分界。这一阶段虽然有焰燃烧停止，但火场的余热还能维持一段时间的高温。衰减期温度下降速度是比较慢的。

从防火的角度来看，建筑物耐火性能好，建筑密闭性好，可燃物少，则火灾初期燃烧缓慢，甚至会出现窒息灭火、有"火警"而无火灾的结果。从灭火角度来看，火灾初期燃烧面积小，只用少量水就可以把火扑灭，因而是扑救火灾的最好时机。为了及早发现并及时扑灭初期火灾，对于重要的建筑物，最好能够安装自动火灾报警和自动灭火设备。

4. 影响轰燃的因素

为了掌握影响轰燃的因素，人们进行了大量实际规模的建筑火灾实验和模型试验，发现轰燃的出现，除了前述建筑物及其容纳物品的燃烧性能、起火点位置之外，还与内装修材料的厚度、开口条件、材料的含水率等因素有关。

5.2.2　高层建筑火灾的蔓延途径

高层建筑内某一房间发生火灾，当发展到轰燃之后，火势猛烈，就会突破该房间的限制。当向其他空间蔓延时，其途径有：未设适当的防火分区，使火灾在未受任何限制的条件下蔓延扩大；防火隔墙和房间隔墙未砌到顶板底皮，导致火灾在吊顶空间内部蔓延；由可燃的户门及可燃隔墙向其他空间蔓延；电梯竖向蔓延；非防火、防烟楼梯间及其他竖井未作有效防火分隔而形成竖向蔓延；外窗形成的竖向蔓延；通风管道等及其周围缝隙造成火灾蔓延等。

1. 火灾在水平方向的蔓延

(1) 未设防火分区

对于主体为耐火结构的建筑来说,造成水平蔓延的主要原因之一是,建筑物内未设水平防火分区,没有防火墙及相应的防火门等形成控制火灾的区域空间。

(2) 洞口分隔不完善

对于耐火建筑来说,火灾横向蔓延的另一途径是洞口处的分隔处理不完善。如户门为可燃的木质门,火灾时被烧穿;铝合金防火卷帘无水幕保护,导致卷帘被熔化;管道穿孔处未用不燃材料密封等等。

(3) 吊顶内部空间蔓延火灾

目前有些框架结构的高层建筑竣工时是个大的通间,出售或出租给用户,由用户自行分隔、装修。有不少装设吊顶的高层建筑,房间与房间、房间与走廊之间的分隔墙只做到吊顶底皮,吊顶之上部仍为连通空间。一旦起火极易在吊顶内部蔓延,且难以及时发现,导致灾情扩大;即使没有设吊顶,隔墙如不砌到结构底部,留有孔洞或连通空间,也会成为火灾蔓延和烟气扩散的途径。

(4) 火灾通过可燃的隔墙、吊顶、地毯等蔓延

可燃构件与装饰物在火灾时直接成为火灾荷载,由于它们的燃烧而导致火灾扩大。

2. 火灾通过竖井蔓延

在现代建筑物内,有大量的电梯、楼梯、服务、设备、垃圾等竖井,这些竖井往往贯穿整个建筑,若未作周密完善的防火设计,一旦发生火灾,就可以蔓延到建筑的任意一层,此外,建筑中一些不引人注意的孔洞,有时会造成整个大楼的恶性火灾。尤其是在现代建筑中,吊顶与楼板之间,幕墙与分隔构件之间的空隙,保温夹层,通风管道等都有可能因施工质量等留下孔洞,而且有的孔洞水平方向与竖直方向互相贯通,用户往往不知道这些孔洞隐患的存在,更不会采取防火措施,火灾时会导致生命财产的损失。

(1) 通过楼梯间蔓延火灾

高层建筑的楼梯间,若在设计阶段未按防火、防烟要求设计,则在火灾时犹如烟囱一般,烟火很快会由此向上蔓延。

有些高层建筑只设有封闭楼梯间,而起封闭作用的门未用防火门,发生火灾后,不能有效地阻止烟火进入楼梯间,以致形成火灾蔓延通道,甚至造成重大的火灾事故。

(2) 火灾通过电梯井蔓延

电梯间未设防烟前室及防火门分隔,各种竖向管井和缝隙没有采取分隔措施,使烟火通过电梯井等竖向管井迅速向上蔓延,电梯井将会形成一座座竖向烟囱。

(3) 火灾通过其他竖井蔓延

高层建筑中的通风竖井,也是火灾蔓延的主要通道之一。此外,垃圾道是容易着火的部位,又是火灾中火势蔓延的主要通道。防火意识淡薄者,习惯将未熄灭的烟头扔进垃圾井,引燃可燃垃圾,导致火灾在垃圾井内隐燃并扩大、蔓延。

3. 火灾通过空调系统管道蔓延

高层建筑空调系统,未按规定部位设防火阀、采用不燃烧的风管、采用不燃或难燃烧材料做保温层,火灾时会造成严重损失。

通风管道蔓延火灾一般有两种方式,即通风管道本身起火并向连通的空间(房间、吊

顶内部、机房等）蔓延，更危险的是它可以吸进火灾房间的烟气，而在远离火场的其他空间再喷吐出来，造成大批人员因烟气中毒而死亡。因此，在通风管道穿通防火分区之处，一定要设置具有自动关闭功能的防火阀门。

4. 火灾由窗口向上层蔓延

在现代建筑中，往往从起火房间窗口喷出烟气和火焰，沿窗间墙及上层窗口向上窜越，烧毁上层窗户，引燃房间内的可燃物，使火灾蔓延到上部楼层，若建筑物采用带形窗，火灾房间喷出的火焰被吸附在建筑物表面，有时甚至会吸入上层窗户内部。

5.3　物业服务企业对高层住宅消防管理措施

5.3.1　当前物业消防安全管理存在的问题

1. 存在的主要问题

（1）消防设施损坏严重，建筑功能擅自改变

一是一些小区消防设施和消防器材损坏严重，丢失过期失效现象时有发生，加之管理人员联系维修保养单位不及时，一旦发生火灾，后果不堪设想。有的小区消防车道为枝状无回车场地，或人为设置隔离墩或铁栅栏，暖气管道、电视电话线甚至煤气管道的架空高度不足，不能满足消防车通行要求；更有甚者，晚上大量私家车停在小区道路两侧，消防车道被擅自占用堵塞现象比较普遍，一旦发生火灾，消防车根本无法通行；二是建筑功能擅自改变导致大量火灾隐患出现。由于物业源头管理不严，许多小区将原本设计的汽车库擅自出租，开设店铺、棋牌室、临时仓库，将违章搭建的简易房或地下车库改造成宿舍出租给了一些外来打工或经商的人员等，加之装修采用大量易燃可燃材料，安全出口宽度、数量不足，自动报警探头、喷头、公共消火栓被擅自拆除封闭，用火用电用气管理混乱，一旦发生火灾，极易造成群死群伤和重大财产损失。

（2）房地产开发商与物业消防安全管理脱节

由于目前一些房地产开发建设与物业管理上明显存在着脱节现象，未从物业的生产流通与消费的全过程出发来进行设计、施工和监督。这种建与用、建与管脱节的现象，造成物业投入使用和消费过程中建筑消防安全分区分隔疏散不合理，消防设施设备不齐全，留下先天隐患。另外，一些建筑采用了过时淘汰的消防设施，消防设施损坏瘫痪后无法维修更新。

（3）缺乏消防常识，消防管理队伍良莠不齐

有些单位特别是一些政府职能部门，对消防安全重要性认识不足，规划、立项、设计、公用配套上准备不足、考虑欠缺，致使一些"特殊"工程先上马后立项、边设计边施工、边施工边申报，产生了问题建筑、违法建筑。社会单位尤其是房产投资商为了追求利润的最大化，擅自变更消防设计，删减消防设施，造成建筑消防的缺陷。目前，物业管理的职业队伍尚未形成，作为专业技术性较强的消防安全管理人员更是严重缺乏，面对物业管理中设置的现代消防设施，物业管理人员往往知之甚少。为减员增效，即使大的住宅小区物业也未能配备消防管理人员。有关物业服务企业的工程、保安等人员未经消防培训，对建筑消防设施不熟悉、不了解，基本灭火技能不掌握，对初起火灾不能及时组织扑救。

消防台账不全，应急预案存在空白，发生火灾坐等消防队到场，没有自救意识。

（4）消防安全管理费用难以保障

消防安全管理经费涉及消防设施设备维护和消防安全管理费。管理经费主要来自两个渠道：开发商提供的一定比例的物业管理维修资金和物业服务企业向业主或物业使用者收取的物业管理费。这种资金来源引发以下问题：一是开发商提供的物业管理维修资金没有法定主管部门监督提留，全部由业主和用户来承担，造成物业管理收取费用过高，维修资金难以落实；二是业主和用户受传统住房消费观念的影响，往往将物业管理理解为无偿服务或低偿服务。加之物业服务企业与业主之间仅靠契约，使消防管理费用难以收取；三是物业管理资金筹措使用管理不统一不规范，使缴纳者产生误解拒缴或拖延。由于消防管理经费的不落实，造成物业管理及消防管理不落实，物业运营几年后消防设施设备因缺少维护，形同虚设。

2. 物业消防安全问题产生的原因

（1）消防设施器材维护责任不落实

大部分物业服务企业是从房地产开发企业派生出来的，这种体制决定了物业管理从属于依附于受制于房地产开发，重销售轻管理的问题得不到根本解决。另外，物业服务企业与房地产开发商、物业服务企业与物业服务企业交接不清、不全，或者没有交接，直接导致小区消防设施器材监管脱节，无人维护，形同虚设。对于消防部门检查发现的建筑消防设施问题，涉及整改资金投入较大，房地产开发商和物业服务企业往往互相推诿扯皮，整改工作难以及时落实。

（2）物业从业人员消防安全整体素质不高

当前物业服务企业兼职从事消防工作的安保人员主要来源于社会招聘，从业人员大多半路出家，未受过正规的消防管理技能培训，缺乏必要的消防管理知识和综合协调能力，加之工资待遇低，受重视程度不高，工作能力与新时期消防工作要求极不适应，严重的反差必然导致小区消防管理的不到位

（3）重效益轻安全

一些开发商受利益驱使在与业主签订购销合同时，有意使关于消防安全方面的条款描述模棱两可、模糊不清，对小区内消火栓的设置等硬件设施尽量做到能少则少，甚至可有可无。为减少开支，精简人员，物业服务企业消防管理人才短缺，现有人员身兼多职，素质低下，保安人员大多属于临时雇佣性质，消防安全的意识与技能差。

（4）缺乏消防宣传教育培训，消防安全意识差

在日常的消防管理工作中，部分物业服务企业自身消防法律意识观念不强，对消防法及有关法规中明确规定的包括物业在内的社会单位的各项消防安全职责知之甚少，客观上也造成了工作上的盲目性和被动性。而小区业主因为缺乏统一的消防安全教育培训，法制观念、防火意识淡薄，考虑自身利益的较多，无视消防法规，对火灾抱着侥幸心理，认为自己只要平时多注意就能杜绝火灾

5.3.2　做好住宅物业消防管理的措施

1. 物业区域的火灾预防工作

物业服务企业应以日常的火灾预防工作为重点，加强消防管理。

（1）建立消防安全巡查制度

1）坚持管理人员和安保人员定时进行防火安全巡查制度，同时建立各类防火稽查档案，做好检查记录，发现问题及时上报。

2）由消防主管会同各部门防火负责人定期对物业管理区域进行消防安全检查，由消防监控领班对消防器材、设备、设施进行点检。

3）检查各层配备的消防灭火器材及消防栓设施是否齐全、有效。

4）检查各层配电房、风机房、茶水间及顶层电梯机房的电掣、电器等设施设备是否符合消防安全规定，门锁是否完好。

5）检查各层走廊、电梯厅、走火梯是否畅通，走火梯门、烟感探测器、指示灯是否正常。

6）消防主管应按时会同工程部专业人员对消防系统进行测试检查。

7）每月末及节日前、活动前夕对物业公共区域、公共设施进行安全检查。

8）不定时抽查消防监控值班情况及监控人员对系统操作的熟练性、规范性。

9）每年年底项目经理会同各部门经理进行年终消防安全大检查。

10）所有检查过程中发现的问题，要查明原因，及时整改，并在完成后进行复查。

11）对安全检查巡查过程中发现的违反消防管理制度的人员要严肃处理。

（2）制订消防应急方案

消防应急方案是根据物业自身特点而制订的，当火警出现时，管理人员、安保人员等如何运作的行为指引。制订火灾应急方案，应明确规范对火灾发现、报警、紧急广播、初期火灾处理、消防设备设施起用、灭火、自救、逃生、灾后处理等秩序。在编制消防应急方案时，主要应考虑物业的以下状况：

1）建筑物结构、防火级别。

2）疏散通道或消防分区设计、各单元或单位的最快撤离路线。注意物业现场的消防疏散指示标志必须与消防应急方案相符。

3）消防设备设施配置状况（配置级别及种类数量、灭火能力、分布份量、消防取水点等）。

4）业主、客户构成（商户或住宅、妇孺数量、行动不便或病人等的情况）。

5）消防通道状况（畅通与否、可容纳多大尺寸的消防车辆进入）。

6）通信保障（电话、对讲机等）。

7）邻近医疗机构状况及急救用品配备。

（3）做好应对火灾的准备工作

1）定期检查、维修保养消防设施，使消防设施随时处于正常备用和使用状态。

2）建立消防安全工作责任制，设专门部门负责全天 24 小时消防管理工作。

3）定期组织火警演习，训练员工及住户熟悉各类灭火设备的种类、使用范围及方法。

4）积极向住户开展防火宣传教育，制定并引导住户熟悉紧急状态下的逃生路线。

5）消防通道必须保持畅通无阻，指示灯及烟感报警系统正常使用。

（4）消防报警信号处理程序

1）消防监护中心当值保安员收到消防报警信号或电话报警时，用对讲机通知巡楼保安员或管理员即时到现场核实，及时向当值主管报告。讲清报警地点，将监控镜头定在报警楼层监视，并将情况及时向当值主管报告。

2）巡逻保安员或管理员接到消防监控中心当值保安员呼叫后，以最快速度赶到报警地点核实，报警地点在公共地方的，直接进入报警地点检查；报警地点在住宅单元内，先按门铃，向住户简要说明理由后，进入报警地点检查；报警地点在停车场内，与停车场管理人员一起进入报警地点检查。

3）当值主管接到消防监控中心保安员报告后，及时带领机动人员以最快速度赶到报警地点现场检查。

经现场检查确认为火警后，按初期火警处理程序处理。

4）消防监控中心当值保安收到当值主管指令后将信号复位并做好记录。

（5）组织消防演习

消防演习的组织由物业服务企业保安部具体负责，其他部门配合。消防演习准备工作步骤如下：

1）保安部拟订消防演习方案并报物业服务企业防火总责任人批准。

2）保安部在消防演习前两周内对现有的保安员进行消防集训，锻炼队员的耐力和意志，以达到备战目的。

3）请消防方面专家现场指导，以便全体队员能熟练掌握各种器材的性能和使用方法

4）演习前物业服务企业组织一次消防设施、设备检查，确保物业现有消防设备正常使用。

5）物业服务企业确定演习日期和时间后，提前一周发文通知住宅区内各用户，并要求更多的业主参加演习。

6）每次消防演习结束后，保安部须书面总结演习效果和经验教训，管理部负责搜集汇总大楼住户对消防演习的反馈意见并上报有关人员及存档。

2. 消防应急救灾程序

消防应急救灾程序是物业管理项目在受到火灾侵害的情况下所采取的应急办法。消防应急程序包括：

（1）立即报警，切断电源或事故源

1）发生火警，及时切断电源；然后利用楼内的分隔装置，如防火卷帘门等，将事故现场隔断，阻止灾情扩大；同时立即将火警地点报告消防监控中心，消防中心值班人员立即通知巡逻保安或有关人员到现场确认，同时将监控镜头定在火警楼层进行监控。

2）经确认火警属实，立即通知保安部经理或消防中心负责人并报警，按计划迅速召集各部门义务消防队员尽快赶到火灾现场。

3）负责人指挥到场人员进行灭火和救人工作。

4）根据负责人的命令，消防中心用紧急广播通知需要疏散的用户或按警铃报警。

（2）疏散抢救

1）负责引导人员向安全区疏散，护送行动不便者撤离险境，然后检查是否有人留在着火房内；安置好从着火层疏散下来的人员。

2）疏散次序为先从着火房间开始，再从着火层以上各层开始。安抚着火层以下暂时不需要疏散用户，使其不随意跑动。

3）组织员工引导用户沿着消防走火梯冲过烟雾下楼梯，派人带领不能从预定消防走

火梯疏散的人员登上楼顶等待营救，并组织水枪喷射掩护。

（3）组织灭火

在消防救火车没来之前，抓紧时间组织救火。

1）启动消防水泵，备足着火层以上各层的消防出水量，铺设水带做好灭火准备。

2）关闭防火分区的防火门。

3）携带灭火工具到着火房间的相邻和上下层的房间通道查明是否有火势蔓延的可能，并及时扑火蔓延过来的火焰。

4）针对不同的燃烧采用不同的灭火方法。

（4）安全警戒

1）清除路障，指导车辆离开现场，劝导过路行人及无关人员撤离现场，维护好物业区域秩序。

2）不准无关人员进入火警区域，指导疏散人员离开火警现场，看管好从着火层疏散下来物件。

3）阻止人员进入着火层，防止有人趁火打劫，保护好消防装备器材，指导疏散人员有秩序地撤离。

4）医疗救护：由部分人员组成医疗救护小组，配备所需的急救药品和器材，设立临时救护站。其余人员对各自部门的重要资料和账簿进行保护或转移。

3. 火灾扑救要求

物业服务企业应在火灾初起时，抓住时机，组织起义务消防队员，集中精力，迅速、果断地把火灾扑灭在初期阶段。要求做到：

1）及时报警，组织扑救。

2）集中使用力量，控制火势蔓延。

3）消灭飞火（防止死灰复燃）。

4）疏散人群及物资。

5）积极抢救被困人员。

6）善后工作。

火灾事故后，要拍片留证，估计损失及呈报详细的事件报告，当确定公安、消防机关及保险公司调查工作完成后，可清理火灾现场。

4. 发生火灾火警时的紧急疏散

（1）紧急疏散人员

1）组织人员通过紧急通道、疏散楼梯等迅速撤离。

2）在安全通道组织疏散，检查各房间内是否有人滞留。

3）工程部将电梯停置在首层，检企轿厢内是否有人。

（2）转移危险品

首先应保证人员的生命安全，为避免险情扩大，应尽量将危险品转移至安全地带。

（3）抢救贵重财产

在确保人员安全的情况下，可将贵重财产运到安全的场所。

（4）清点人员

疏散完毕后，各部门负责人对本部门人员进行清点，确保人员的安全。

5. 物业管理中常见火灾的处理

（1）电器火灾

常见的电器火灾主要是照明灯具、电热器、开关及熔断器、电动机等酿成的，电器火灾具有燃烧猛烈、蔓延迅速及容易造成触电伤人的特点，因此在扑救中要适当注意，特别要注意断电灭火。家用电器发生火灾．要立即切断电源，然后用干粉灭火器、二氧化碳灭火器进行扑救；或用湿棉被、帆布等将火熄灭。用水和泡沫扑救一定要在断电情况下进行，防止造成触电伤亡事故。对电器发生的火灾，需用气体灭火器、投掷沙袋或干粉灭火器等，不可用水性灭火器具。

（2）液化石油气火灾

液化石油气具有挥发性、易燃性、爆炸性、膨胀性、溶解性、麻醉性等特点。造成液化石油气事故的主要原因有：角阀松动漏气、减压阀等胶圈老化脱落、输气管老化破裂、气瓶残旧破裂、纵火、违规倾倒等。家用液化石油气罐着火时，灭火的关键是切断气源。只要将角阀关闭，火焰就会很快熄灭。如果阀口火焰较大．可以用湿毛巾、抹布等猛力抽打火焰根部，或抓一把干粉灭火剂撒向火焰，均可以将火扑火，然后关紧阀门。如果阀门过热，可以用湿毛巾、肥皂、黄泥等将漏气处堵住，把液化气罐迅速搬到室外空旷处，让它泄掉余气或交有关部门处理，但此时一定要做好监护，杜绝火源存在。

（3）焊割作业火灾

物业辖区内，不少设计装修、维修等工作涉及焊割作业。常见的火灾危险性较大的有电焊和气焊。电焊由于工作温度高，相对简陋，电器回路和电源线容易引发电器火火；气焊要使用易燃易爆的气体（氧气及乙炔等）；焊割作业中还产生高温和金属熔融飞溅，因此其影响范围大，火灾危险性也大。物业安全管理中，对焊割作业一般采取动火审批制度，加强管理，保证安全。

（4）油锅火灾

厨房着火，最常见的是油锅起火。起火时、要立即用锅盖盖住油锅，将火熄火，切不可用水扑救、用手端锅，以防止造成热油爆溅、灼烫伤人和扩大火势。如果油火撒在灶具或者地面上，可使用手提式灭火器扑救，或用湿棉被、湿毛毯等捂盖灭火。

（5）儿童玩火引起的火灾

儿童玩火引起火灾多发生在厨房、床下等部位，在灭火的同时应迅速将液化气罐搬走，避免高温引起液化气罐爆炸扩大火势，然后用水灭火。

5.4 主要灭火设施、设备及其管理

目前高层住宅建筑物内常见的消防设备主要有：

（1）手动灭火系统，包括灭火器和消火栓系统。

（2）自动喷水灭火系统。

（3）防排烟系统。

（4）消防广播和消防电话。

（5）事故照明设备与疏散指示标志。

（6）消防电梯。

（7）火灾自动报警系统（FAS）与联动控制设备。

5.4.1　灭火器

1. 常用灭火器的分类

按灭火器充装灭火剂的不同，可将灭火器分为以下几种：

（1）清水灭火器。

（2）酸碱灭火器。

（3）化学泡沫灭火器。

（4）空气泡沫灭火器。

（5）二氧化碳灭火器。

（6）干粉灭火器。

按重量和移动方式的不同，可将灭火器分为以下几种，

（1）手提式灭火器。总重量在 28kg 以下，能用手提着灭火的器具，也称便携

式灭火器。

（2）背负式灭火器。总重量一般在 40kg 以下，是用肩背着灭火的器具。

（3）推车式灭火器。总重量一般在 40kg 以上，装有车轮等行驶机构，由人力推（拉）着灭火的器具。

2. 灭火器的适用范围

（1）不同火灾用不同灭火器

火灾分为 A 类（普通火灾）、B 类（油类火灾）、C 类（气体火灾）、D 类（金属火灾）及电器火灾。不同火灾要用不同灭火器。泡沫灭火器适用 A、B 类火灾，干粉灭火器适用 A、B、C 类火灾。其中，干粉灭火器的使用方法为"一摇二拔三喷"。灭火器切勿点射，要一次性喷完直至火灭。

（2）灭火器的适用范围

灭火器适用范围表　　　　　　　　　　　　　表 5-3

火险种类＼适用范围	泡沫灭火器	干粉灭火器
电气设备火灾	不适用	适用
可燃气体火灾	适用	不适用
易燃气体火灾	适用	不适用
一般固体物质火灾	适用	适用

3. 灭火器的使用

高层住宅常用灭火器主要有两种：泡沫灭火器和干粉火火器，这里仅介绍这两种灭火器的使用。

（1）泡沫灭火器

泡沫灭火器在使用时，应手提灭火器提把迅速赶到火场，在距燃烧物 6 米左右，先拔出保险鞘，一手握住开启压把，另一手握住喷枪，紧握开启压把，将灭火器密封开启，空气泡沫即从喷枪喷出。泡沫喷出后应对准燃烧最猛烈处喷射。如果扑救的是可燃

液体火灾,当可燃液体呈流淌状燃烧时,喷射的泡沫应由远而近地覆盖在燃烧液体上;当可燃液体在容器中燃烧时,应将泡沫喷射在容器的内壁上,使泡沫沿容器内壁淌入可燃液体表面而加以覆盖。应避免将泡沫直接喷射在可燃液体物表面上,以防止射流的冲击力将可燃液体冲出容器而扩大燃烧范围,增大灭火难度。火灾时,应随着喷射距离的减缩,使用者逐渐向燃烧处靠近,并始终让泡沫喷射在燃烧物上,直至将火扑灭。在使用过程中,应一直紧握开启压把,不能松开。也不能将灭火器倒置或是横卧使用,否则会中断喷射。

(2) 干粉灭火器

手提式干粉灭火器使用时,应手提灭火器的提把,迅速赶到火场,在距离起火点 5 米左右处,放下灭火器。在室外使用时注意站在上风方向。使用前先把灭火器上下颠倒几次,使筒内干粉松动。扑救固体火灾时,应使喷嘴对准燃烧最猛烈处,左右扫射,并尽量使干粉灭火剂均匀地喷洒在燃烧物表面,直至把火全部扑灭。因干粉的冷却作用甚微,灭火后一定要防止复燃。如果使用的是内装式或是压式干粉灭火器,应先拔下保险销,一只手握住喷嘴。

另一只手用力按下压把,干粉便会从喷嘴喷射出来。干粉灭火器在喷粉灭火过程中应始终保持直立状态,不能横卧或是颠倒使用,否则不能喷粉。

4. 高层住宅灭火器的管理

1) 喷筒是否畅通(如堵塞要及时疏通)。每半年检查一次喷嘴和喷射管是否堵塞、腐蚀损坏,刚性连续式喷筒是否能绕其轴线回转,并可在任意位置停留,推车式灭火器的行车机构是否灵活,是否有检验标志。

2) 压力表指针是否在绿色区域(如在红色区域要检查原因,检查后要重新灌装)。

3) 零部件是否完整(有无松动、变形、锈蚀、损坏)。

4) 可见部位防腐层是否完好(轻度脱落要及时补好,明显腐蚀应送专业部门维修并进行耐压实验)。

5) 铅封是否完好(一经开放,必须按规定再行充装,并做密封实验,重新铅封)。

6) 灭火器由消防部门进行灌装。

7) 对于泡沫灭火器每半年检查两次重量,用称重法检查,发现灭火剂重量减轻超过10%或压力表指示低于绿色区域,必须重新充装。当灭火器每次再充装前,其主要受压部件应按规定进行水压试验,合格者方可继续使用。

8) 对于干粉应按照制造厂规定的要求和检查周期定期检查,如发现灭火器储气气量不足,应更换灭火器和补充气量。灭火器满 5 年或每次再充装前,应进行 1.5 倍设计压力的水压试验,合格的方可使用。经维修部门修复的灭火器,应有消防监督部门认可标记,并注明维修单位的名称和维修日期。

5.4.2 消火栓(给水)系统

高层物业在设计建造时,一般都必须在其关键部位安置消防栓和水龙带、水枪,以便遇有险情及时扑救;消火栓是消防供水的重要设备,它分为室内消火栓和室外消火栓。消火栓系统是以水作为灭火剂,用于扑灭建筑物一般物质的火灾,是最经济、最有效的方法。

1. 室外消火栓（给水系统）

室外消火栓是指设置在建筑物外的一种消防供水设备。它的作用是向消防车提供消防用水或直接接出水带、水枪进行灭火。它的供水水源通常来自市政给水管网。

室外消火栓按设置的位置分为地上式和地下式。

（1）地上消火栓

地上消火栓主要由弯座、阀座、排水阀、法兰接管启闭杆组成，在使用地上消火栓时，用消火栓钥匙扳头套在启闭杆上端的轴心头之后，按逆时针方向转动消火栓钥匙时，阀门即可开启，水由出水口流出，按顺时针方向转动消火栓钥匙时，阀门便关闭，水就不再从出水口流出。

地上消火栓具有易于寻找、出水操作方便等优点，适用于冬期气温较高的地区。但其容易结冰、易损坏，在有些地方还妨碍交通。

（2）地下消火栓

地下消火栓和地上消火栓的作用相同，都是为消防车及水枪提供压力水，不同的是地下消火栓安装在地面下，由于地下消火栓是设置在消火栓井内，所以不易冻结，也不易被破坏，适用于北方寒冷地区。但地下消火栓操作不便，目标不明显，特别是在下雨天、下雪天和夜间。因此，要求使用单位在地下式消火栓周围设置明显的标志。

使用时，打开消防栓井盖，拧开闷盖，接上消防栓与吸水管的连接口或接上水龙带，用专用扳手打开阀塞即可出水，用完后要恢复原状。

2. 室内消火栓（给水）系统

室内消火栓（给水）系统的有关要求如下：

（1）系统组成

室内消火栓系统由水枪、水带、消火栓、管网、水源等组成，当室外管网压力不足时，还需要设置消防水泵等。其中，水枪、水带和消火栓通常一起装设在消火栓箱内。消火栓与建筑物内消防给水管线连接。

（2）室内消火栓的布置

室内消火栓应设在建筑物的明显易于取用地点，如走廊、楼梯间、门厅及消防电梯旁等处的消火栓箱内，箱外装有玻璃门，门上标有鲜明的"消防栓"三字，平时封锁，使用时击破玻璃，按电钮启动水泵，取枪开栓灭火。

在设定室内消火栓之间的间距时，必须让消火栓喷出的水柱能到达建筑物的任何位置，覆盖全部建筑面积，不留空白地带，保证防火安全。

（3）灭火操作

需要使用室内消火栓时，根据箱门的开启方式，用钥匙开启箱门或是击碎门玻璃，扭动锁头打开。如消火栓没有"紧急按钮"，应将其下的拉环向外拉出，再按顺时针方向转动按钮，打开箱门，然后取下水枪，按动水泵启动按钮，旋转消火栓手轮，即开启消火栓，铺设水龙带进行射水。灭火后，要把水龙带洗净晾干，按盘卷或折叠方式放入箱内，再把水枪卡在枪夹内，装好箱锁，换好玻璃，关好箱门。消防软管卷盘和室内消火栓一样，是建筑物内的固定水灭火设备。定期检查消火栓箱门是否损坏，门锁是否开启灵活，箱体是否锈蚀。发现问题，应及时更换、修理。

（4）管网布置

一般建筑物室内消火栓给水管网常与生活、生产共用一个管网系统，只有在合用不经济或技术上不可能时或高层建筑中，才采用独立的消防给水管网系统。室内消火栓的水源多取自室外给水管网。

3. 消火栓灭火系统的管理

（1）室外消火栓

1）每月或重大节日前，应对消火栓进行检查，检查消火栓标志是否被破坏。

2）清除启闭杆端部周围杂物。

3）将专用消火栓钥匙套于杆头，检查是否合适，并转动启闭杆，加注润滑油。

4）用纱布擦除出水口螺纹上的积锈，检查闷盖内橡胶垫圈是否完好。

5）打开消火栓，检查供水情况，要放净锈水后再关闭，并观察有无漏水现象，发现问题及时检修。在冬期要做好室外消火栓的保温防冻。

（2）室内消火栓

1）对以下工作要每月逐个检查一次：

a. 栓外检查。检查栓门关闭是否良好，锁、玻璃有无损坏，栓门封条是否完好。

b. 随机抽取消火栓总数的 10％测试。按消火栓报警按钮，消防中心应有正确的报警显示。检查箱内元件是否良好，有无脱落，柱内水龙头有无渗漏。

c. 栓门封条脱落破损的补贴封条。

2）每年逐个打开消火栓检查一次（与管道放水冲洗同步）。

a. 完成月检查中栓外检查部分。

b. 开栓门取出水带，仔细检查有无破损，如有，应立即修补或替换；检查有无发黑、发霉，如有，应取出刷净、晾干。

c. 将水带交换折边或翻动一次。

d. 检查水枪、水带接头连接是否方便牢固，有无缺损，如有，立即修复，然后擦净在栓内放好。

e. 检查接口垫圈是否完好无缺，替换阀上老化的皮垫，将阀杆上油。

f. 检查修整全部支架，掉漆部位应重新补刷，同时油漆。

g. 将栓箱内清扫干净，部件存放整齐后，锁上栓门，贴上封条。

5.4.3 自动喷水灭火系统

自动喷水灭火设备可分为喷雾水冷却设备、喷雾水灭火设备和喷洒水灭火设备（俗称自动喷水灭火设备）。喷雾水冷却设备和喷雾水灭火设备的射流水滴较小，而自动喷水灭火设备的射流水滴较大。

自动喷水灭火设备主要用于扑救一般固体物质火灾和对设备进行冷却，不适于扑救易燃、可燃液体火灾和气体火灾。

自动喷雾水灭火设备可以有效地扑救固体物质火灾，对于汽车库、汽车修理车间、电力变压器、配电室等，都有良好的灭火效果。自动喷雾水灭火设备还可以保护高层建筑的屋顶钢构件。由于喷雾水的粒径小，能在燃烧区内迅速汽化，具有良好的冷却和窒熄作用，因而能迅速扑火各种物质（除遇水燃烧、爆炸物质）的火灾。此外，用于喷雾水的电气绝缘性强，因而能较好地扑救电气设备的火灾。

自动喷水灭火系统在发生火灾时，能自动打开喷头喷水灭火，并同时发出火警信号。据资料统计，自动喷水灭火系统扑灭初期火灾的有效率在 97% 以上。因此在发生火灾频率高、火灾危险等级高的建筑物中，某些部位需设置该系统。

1. 系统组成

自动喷水灭火系统由水源、加压贮水设备、喷头、管网、报警装置等组成。

2. 喷头及控制装置

（1）喷头

喷头主要有闭式喷头、开式喷头、特殊喷头三类。其中闭式喷头因为用于一般可燃物场所的灭火而较常见。喷头的喷口用由热敏元件组成的释放机构封闭，当达到一定温度时能自动开启，如玻璃球爆炸、易熔合金脱离，水流随即喷出。喷头之间的布置间距要求在所保护的区域内任何部位发生火灾都能得到一定强度的水量，并根据不同火灾危险等级确定其间距的疏密。

（2）报警阀

报警阀的作用是开启和关闭管网的水流，传递控制信号至控制系统并启动水力警铃直接报警。

（3）水流报警装置

水流报警装置主要有水力警铃、水流指示器和压力开关（继电器）。

水力警铃宜装在报警阀附近（其连接管不宜超过 6m）。当报警阀打开消防水源后，具有一定压力的水流冲动叶轮打铃报警。水力警铃不得由电动报警装置取代。

水流指示器内装有桨片，当某个喷头开启喷水或管网发生水量泄漏时，管道中的水产生流动，引起水流指示器中桨片随水流而动作。连通延时电路 20~30s 之后，继电器发生电信号，此信号可以送到电控箱，操纵接通电铃或电、声、光报警器，也可用于启动消防水泵等。通常将水流指示器安装于各楼层的配水干管或支管上。

压力开关垂直安装于延迟器和水力警钟之间的管道上，在水力警铃报警的同时，依靠警铃管内水压升高自动接通电触点，完成电动警铃报警，向消防控制室传送电信号或启动消防水泵。

（4）延迟器

延迟器是一个罐式容器，安装于报警阀与水力警铃（或压力开关）之间，用来防止由于水压波动原因引起报警阀开启而导致的误报。报警阀开启后，水流须经 30s 左右充满延迟器后方可冲打水力警铃。

自动灭火系统除了前面介绍的以水作为介质进行灭火之外，对于遇水会发生爆炸，或者用水扑救后造成很大的水害损失等不宜用水灭火的场所，应采用二氧化碳等介质。

3. 自动灭火系统的管理

（1）喷头的检查与维护保养

如发现喷头有腐蚀、漏水、堵塞等现象，应对所有的喷头进行检查，对达不到要求的进行更换。

经常保持喷头的清洁，以免尘埃沉积而起隔热作用，影响喷头的效能。消除尘埃和污物时，不要用酸或碱溶液洗刷，也不要用热水或热溶液洗刷。对轻质粉尘，可用扫帚清除，堵塞严重的只能分期分批拆换喷头，集中处理。

对腐蚀性严重的场所，可采用涂蜡、镀铅或涂防腐蚀涂料，不论采用哪种方法，都要根据腐蚀性气体性质和使用温度的高低来决定。在采用镀铅和涂料时，绝不能涂在感温元件上，只宜涂在喷头的本体、悬壁和溅水盘上。

（2）管系的检查和维护

如发现管系有腐蚀现象，应对管系进行耐压试验。试验时可用系统内的供水泵，也可采用移动式水泵，试验压力一般在 $5\sim6kg/cm^2$。

因管内生锈结垢或外来物而引起管系堵塞，必须及时进行清理。

为防止管系漏水，平时应做到：严禁将管子用作其他各种支撑；拆装喷头时，必须按操作规定应用合适的工具，切忌直接钳住喷头悬壁进行旋紧或拧松；管子一般应涂上两层防腐漆，还应根据腐蚀的严重程度，每 $1\sim5$ 年重新涂刷一次。采用镀锌钢管的管系，如发现有局部腐蚀，可用热沥青涂刷，再用纱带缠绕包扎。

5.4.4 防排烟系统

1. 防烟、排烟的意义

对建筑物火灾实例的调查分析表明，在火灾死亡的人员中，因一氧化碳等有毒烟气窒息而死的占大多数，人在浓烟中停留 $1\sim2min$ 就会昏倒，$4\sim5min$ 即有死亡危险。

在高层建筑中发生火灾时，由于热压浮力及风力的作用，烟气极易沿各种竖向通道迅速扩散（如管道井、电梯井、楼梯间等），即所谓的"烟囱效应"。高温烟气在竖井中的扩散速度达 $3\sim4m/s$，即 $100m$ 高的建筑物，半分钟左右，烟气就可以从底层到达顶层，对人的生命威胁极大。

防烟，就是利用加压送风、防烟壁等手段防止火灾烟气进入疏散通道及消防人员扑救通道。排烟，就是利用自然或机械的方法将火灾烟气排出室外。防烟、排烟系统是保证室内人员安全疏散及保证消防人员顺利进入火灾现场扑救的必要措施。

2. 防排烟方式

（1）防烟方式

防烟的方式有不燃化防烟、密闭防烟和机械加压防烟等。

不燃化防烟是指在建筑设计中，尽可能地采用不燃化的室内装修材料、家具、各种管道及其保温绝热材料，特别是严禁使用易燃的、可产生大量有毒烟气的材料做室内装修，这样就从源头上解决防烟的问题。密闭防烟是当发生火灾时，将着火房间密闭起来，这种方式多用于较小的房间，如住宅、旅馆等。由于房间容积小，且用耐火结构的墙、楼板分隔，密闭性能好，当可燃物少时，有可能因氧气不足而熄灭，门窗具有一定防火能力，密闭性能好时，能达到防止烟气扩散的目的。

加压防烟是在建筑物发生火灾时，对着火区以外的有关区域进行送风加压，使其保持一定的正压，以防止烟气侵入。在加压区域与非加压区域之间用一些构件分隔，如墙壁、楼板及门窗等，分隔物两侧之间的压力差使门窗缝隙中形成一定流速的气流，因而有效地防止烟气通过这些缝隙渗漏出来。发生火灾时，由于疏散和扑救的需要，加压区域与非加压区域之间的分隔门总是要打开的，有时因疏散者心情紧张等，忘记关门而导致常开的现象也会发生。当加压气流的压力达到一定值时，仍能有效阻止烟气扩散蔓延。

（2）排烟方式

排烟方式可分为自然排烟方式和机械排烟方式。

自然排烟是利用火灾时产生的热烟气流的浮力和外部风力作用，通过建筑物的对外开口，把烟气排至室外的排烟方式。这种排烟方式实质上是热烟气与室外冷空气的对流运动，其动力仍是热压和风压。在自然排烟设计中，必须有冷空气的进口和热烟气的排烟口。

机械排烟方式是用机械设备强制送风或排烟的手段来排除烟气的方式。常用的机械排烟方式有全面通风排烟、机械送风排烟和机械负压排烟。

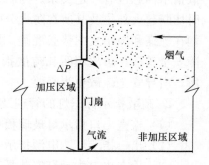

图 5-2　加压防烟方式示意

3. 防排烟系统设施设备的管理

对机械防烟、排烟系统的风机、送风口、排烟口等部位应经常维护，如扫除尘土、加润滑油等并经常检查排烟阀等手动启动装置和防止误启动的保护装置是否完好。每隔 1～2 周，由消防中心或风机房内启动风机空载运行 5min。

每年对全楼送风口、排烟阀进行一次机械动作试验。此试验可分别由现场手动开启、消防控制中心遥控开启或结合火灾报警系统的试验由该系统联动开启。

排烟阀及送风口的试验不必每次都联动风机，联动风机几次后应将风机电源切断，只做阀、口的开启试验。

5.4.5　消防广播和消防电话

1. 消防广播

消防广播是用于发布火灾情况的有线广播，由扩声机、控制设备和扬声器等组成。扩声机专用，设置于消防中心控制室或其他广播系统的机房内（在消防控制室能对其遥控启动），能在消防中心直接用话筒播音。扬声器按防火分区设置和分路，每个防火分区中的任何部位到最近一个扬声器的步行距离应不超过 25m。公共场所及走廊内扬声器功率不小于 3W。

2. 消防电话

消防电话分为消防有线电话和无线电话。其中，采用无线电话对消防通信有一定的优越性。消防有线电话与普通电话分开，用于消防中心与火灾报警器设置点及消防设备机房等处的紧急通话，通常采用集中式对讲电话，主机在消防中心，分机在各部位。

5.4.6　事故照明设备与疏散指示标志

1. 事故照明设备与疏散指示标志的设置

火灾事故照明与疏散指示标志，是要保证在火灾发生之际，重要房间（或部位）能继续正常工作，指明出入口的位置和方向，便于有秩序地进行疏散。在高层建筑的楼梯间、走道、人员集中场所和发生火灾时必须坚持工作的地方（如配电房、消防控制室）要设有事故照明，在人员疏散的走道、楼梯要设有灯光显示的疏散标志；疏散标志的电源应采用蓄电池。其他事故照明也可使用城市电网供电。

有的建筑火灾造成严重的人员伤亡事故，其原因固然是多方面的，但与事故照明和疏散指示标志也有一定关系。为防止触电和通过电气设备、线路扩大火势，需要在火灾时及时切断起火部位及其所在防火分区或整个建筑的电源，如无事故照明和疏散指示标志，人们在惊慌和黑暗之中势必混乱，加上烟气作用，更易引起不必要的伤亡。实践表明，为保障安全疏散，事故照明和疏散指示标志是不可缺少的，尤其是高层建筑和人员集中的场所，引导安全疏散更为必要。

2. 疏散指示标志灯的管理及维护

（1）检查出口指示灯玻璃板有无划伤或破裂现象。

（2）出口指示灯、电源指示灯是否亮，如不亮，应立即修理。

（3）检查出口指示灯安装是否牢固。

（4）针对检查中发现的缺陷取下来进行修复，再装回原位。

（5）将灯箱外壳及面板擦抹干净。

（6）每三个月进行一次备用电池亮灯（半个小时），使电池放电后再充电，延长电池寿命。

5.4.7 消防电梯

1. 消防电梯的设置

下列高层建筑应设消防电梯：

（1）一类公共建筑。

（2）塔式住宅。

（3）12 层及 12 层以上的单元式住宅和通廊式住宅。

（4）高度超过 32m 的其他二类公共建筑。

2. 高层建筑消防电梯的设置数量应符合下列规定：

（1）当每层建筑面积不大于 $1500m^2$ 时，应设 1 台。

（2）当大于 $1500m^2$ 但不大于 $4500m^2$ 时，应设 2 台。

（3）当大于 $4500m^2$ 时，应设 3 台。

（4）消防电梯可与客梯或工作电梯兼用，但应符合消防电梯的要求。

3. 消防电梯的设置应符合下列规定：

（1）消防电梯宜分别设在不同的防火分区内。

（2）消防电梯间应设前室，其面积：居住建筑不应小于 $4.5m^2$；公共建筑不应小于 $6.00m^2$。当与防烟楼梯间合用前室时，其面积：居住建筑不应小于 $6.00m^2$；公共建筑不应小于 $10m^2$。

（3）消防电梯间前室宜靠外墙设置，在首层应直通室外的出口或经过长度不超过 30m 的通道通向室外。

（4）消防电梯前室的门，应采用乙级防火门或具有停滞功能的防火卷帘。

（5）消防电梯的载重量不应小于 800kg。

（6）消防电梯井、机房与其他相邻电梯井、机房之间，应采用耐火极限不低于 2.00h 的隔墙隔开，当在墙上开门时，应设甲级防火门。

（7）消防电梯的行驶速度，应按从首层到顶层的运行时间不超过 60s 计算确定。

（8）消防电梯轿厢内装修应采用不燃烧材料。

（9）动力与控制电缆、电线应采取防水措施。

（10）消防电梯轿厢内应设专用电话，并应在首层设置供消防队员专用的操作按钮。

（11）消防电梯间前室门口宜设挡水设施。

消防电梯的井底应设排水设施，排水井容量不应小于 $2.00m^3$，排水泵的排水量不应小于 10L/s。

2. 消防电梯的管理及维护

（1）电梯的前室不得挪作他用或堆放杂物。

（2）轿厢内还应配有通信联系、操作控制等多种设施，其内部装修必须为不燃或难燃材料。此外，还应配备事故电源及照明灯具。平时对上述这些设施要妥善保护，防止丢失损坏，以免影响使用。

（3）消防电梯的井道和机房应单独设置，其本身墙体以及与相邻的普通电梯井机房之间的隔墙均应为防火墙。井道底部应有排水设施，以免消防用水大量流入井底后影响正常运行。为了排除某种情况下窜入井道的烟热，其顶部应设通风孔洞。此外，井道内绝不允许敷设其他用途的电缆，以及使用可燃围护材料及涂料等。

（4）专用的操作按钮是消防电梯特有的装置，应设在首层电梯门边。要经常检查，使之时刻处于灵敏有效的状态。此外，通向消防电梯的走道要方便快捷，保证畅通无阻。

5.4.8　火灾自动报警系统与联动控制设备

1. 系统简介

火灾自动探测报警系统是用于探测初期火灾并发出警报，以便采取相应措施。火灾探测器的种类较多，有感烟、感温、感光和可燃气体探测器等。

（1）感烟式火灾探测器

是对可见的或不可见的烟雾粒子响应的火灾探测器。

（2）感温式火灾探测器

适宜安装在起火后产生烟雾较小的场所。

（3）感光式火灾探测器

是响应火焰辐射出的红外线、紫外线及可见光的火灾探测器。

（4）可燃气体火灾探测器

可燃气体火灾探测器安装在可燃气体可能泄漏，有可能导致发生燃烧和爆炸的场所。当可燃气体浓度达到危险值时，可燃气体火灾探测器就会及时报警，以促使人们及早采取措施，进行处理。

在火灾自动报警系统中，火灾探测器是系统的"感觉器官"，随时监视周围环境的情况。而火灾自动报警控制器则是该系统的"躯体"和"大脑"，是系统的核心，是分析、判断和显示火灾的部位，向火灾探测器提供高稳定度的直流电源。监视连接各火灾探测器传输导线有无故障，能接受火灾探测器发送的火灾报警信号，迅速、正确地转换和处理，并以声、光等形式指示火灾发生的具体部位，进而发送消防设备的启动控制信号。

联动控制器与火灾自动报警控制器配合，用于控制各类消防外控制设备。由联动控制器对不同的设备实施管理。当确认发生火灾时，在火灾自动报警控制器上发出声、光报警及数字显示火灾区域或房间的号码，并打印报警时间、地点。联动控制器发出指令关闭有关部位的风机，启动相应的排烟风机和正压送风机，使防火卷帘门下降，通过消防广播向火灾现场发出火灾报警信号，指挥人员疏散到安全区域，利用消防专用电话向消防部门报警，同时启动消防泵、喷淋泵进行灭火。

2. 火灾自动报警系统与联动控制设备的管理及维护

火灾自动报警设备，是建筑物特别是高层建筑物和重要建筑群中必不可少的重要消防措施。火灾自动报警设备一旦投入使用，就要严格管理。整个系统必须有专人负责，坚持昼夜值班制度，确保全部系统处于正常运行状态。应着重注意以下三方面：

(1) 火灾自动探测报警设备应由经过专门训练的人员负责使用、管理和维护，无关人员不得随意触动。值班人员对火灾自动探测报警设备的报警部位号和本单位各火灾监护场所的对应编排应清楚明了。设备投入正常使用后，为确保运行正常，必须严格按定期检查制度检查。每天检查：通过手动检查装置，检查各项功能（如火警功能、故障功能）是否正常，有无指示灯损坏。每周检查：进行主、备电源自动转换试验。每半年检查：对所有火灾探测器进行一次实效模拟试验，及时更换失效的火灾探测器；对电缆、接线盒、设备作直观检查，清理尘埃。

(2) 探测器投入运行两年后，应每隔三年全部清洗一遍。探测器投入运行后容易受污染，积聚灰尘，使可靠性降低，产生误报或漏报。清洗次数应根据具体环境条件而定。我国南方多雨潮湿，容易凝结水珠；北方干燥，多风沙天气，容易积聚灰尘。不同使用场所，环境状况相差也很大。容易受污染的探测器，清洗周期宜短。不易受到污染的探测器，清洗周期可适当加长。但不管什么场合，投入运行两年后，都应每隔三年清洗一次。探测器的清洗要由专门单位进行，使用单位不要随意清洗，以免损伤探测器部件和降低灵敏度。

(3) 对一般常见故障及其检查的方法有：主电源故障，检查输入电源是否完好，熔丝有无烧断、接触不良等情况；备用电源故障，检查充电装置、电池有否损坏，连线有无断线；探测回路，检查该回路至火灾探测器的接线是否完好，有无探测器被人取下，终端监控器有无损坏；误报火警，应勘察误报的火灾探测器的现场有无蒸汽、粉尘等影响火灾探测器正常工作的干扰存在，如有干扰存在，则应设法排除。对于误报频繁而又无干扰因素存在的火灾探测器，应及时予以更换。对一时排除不了的故障，应立即通知有关专业维修单位，以便尽快修复，恢复正常工作。

(4) 由于火灾自动探测报警设备线路复杂，技术要求较高，而且各生产厂的产品结构、线路形式又不尽相同，故障类型也较多，所以除以上一般常见的故障外，其维修应由专业维修人员进行。

5.4.9 消防控制中心

1. 消防控制中心的功能

消防控制中心具有接受火灾报警、发出火灾信号和安全疏散指令、控制各种消防联动控制设备及显示电源运行情况等功能。其消防控制设备根据需要可由下列部分或全部控制装置组成：集中报警控制器，室内消防栓系统的控制装置，自动喷水灭火系统的控制装置，泡沫、干粉灭火系统的控制装置，二氧化碳等管网灭火系统的控制装置，电动防火门、防火卷帘的控制装置，通风空调、防烟、排烟设备及电动防火阀的控制装置，电梯的控制装置，火灾事故广播设备的控制装置，消防通信设备的控制装置等。

2. 消防控制中心的位置

消防控制中心应设置在建筑物的首层，距通往室外出入口不应大于 20 m，内部和外部的消防人员应能容易找到、可以接近，并应设在交通方位和发生火灾时不易延燃的部位。不应将消防控制个心设于厕所、锅炉房、浴室、汽车焊、变压器室等的隔壁和上、下层相对应的房间。有条件时，宜与防盗监控、广播通信设施等用房相邻近。

3. 消防控制中心的管理及维护

由于消防控制中心（以下简称中控室）极为重要，因此维护管理人员必须确保其设备处于良好状态，保证用户的生命和财产安全。其中，保安员负责中控室设备的清洁、操作、监控、记录；维修工负责中控室设备维修保养；机电主管负责中控室设备的综合管理以及对上述工作的检查监督。

（1）保安员

1）负责中控室消防设备 24h 运行操作、监控、记录。显示火警信号后，应立即派人前往观察。确定火情后，通过广播和警铃疏散人员并启动相应的灭火设备。

2）当故障发生时，及时通知中控室维修工进行维修。

3）将每班运行情况记录于《中控室交接班记录》、《中控室监控运行记录》。

4）在中控室维修工监控下，每月对火灾警报系统依次进行功能检查并启动消防风机水泵一次，并将试验结果记录于《中控室交接班记录》中。

5）在中控室维修工的指导下，每周打扫机房一次，每月清洁设备一次，保持地面、墙壁、设备无积尘、水渍、油渍。

（2）维修工

1）按《消防设备检查保养计划表》要求，按时进行中控室设备的维修保养，并做好记录。

2）负责向机电主管申报备品、备件的采购计划。

3）每月按时对消防应急器材进行检查并填写《消防应急器材检查表》。

4）负责编制中控室设备台账、设备卡。

（3）机电主管

1）负责对中控室的综合管理，包括技术资料、档案的收集、保管，负责零星设备配件、材料的采购计划的编制，委托外单位修理的联系工作，对维修保养工作进行指导以及检查监督。

2）每年 12 月份制定下一年度的各项检查保养计划表。

（4）消防控制中心管理工作程序

1）中控室实行每日 24h 有专人值班、监控，严格执行交接班制度，填好值班记录。非值班人员严禁操作，外来人员进入中控室要经管理处或机电主管批准。

2）各控制柜、显示屏、信号灯、控制线路等的运作应始终处于良好状态，各类操作按钮手柄应在自动位置。

3）每班各检查一次各类信号是否正常，并认真记录，如有异常要立即查明原因。

4）中控室出现警报信号后，应立即核实。属误报，应该消除信号并做好记录；属火灾报警，应迅速报告当班班长、管理处领导，组织灭火。

5）中控室内的一切设备、元器件、线路不得随意更改，如有损坏，要查明原因，立即上报领导，经批准后及时更换。

6）室内保持干净卫生，设备无灰尘，不准堆放杂物。

7）消防器材应齐备良好，室内禁止吸烟。

5.5 消防设施检查记录

消防设施应该定期检查，并做好相应记录。通常要定期检查火灾自动报警系统、自动喷淋灭火系统、消防栓系统、气体灭火系统、防火分隔系统、应急标志、防排烟系统、消防通信设备、移动灭火器等。检查项目及内容详见表5-4。

消防设施周/月/季度检查记录表　　　检查时间：　年　月　日　　　表5-4

单位名称	检查项目及内容	检查情况	存在问题及整改
火灾自动报警系统	（1）火灾报警控制器的自检功能、消声、复位功能，故障报警功能，火警优先功能，报警记忆功能和主、备电源自动切换是否正常		
	（2）对探测器进行模拟火灾响应试验和故障报警试验		
	（3）对手动报警按钮进行模拟火灾响应试验		
	（4）对消火栓报警按钮进行模拟火灾响应试验		
	（5）对声光报警及警铃进行模拟火灾响应试验		
	（6）测试手动和自动（或模拟自动）试验相关消防联动控制设备的控制和联动显示功能		
	（7）对广播系统进行模拟火灾响应试验和联动试验		
自动喷淋灭火系统	（1）进行现场手动和多线远程启泵试验，进行主、备泵自动切换试验		
	（2）检查管网、阀门、报警阀、喷头、水泵接合器等是否正常完好		
	（3）检查水池与屋顶水箱的储水量		
	（4）用末端放水装置进行试验，检查水流指示器和压力开关的报警功能、检测最不利点出水压力		
	（5）用末端放水装置进行试验，检查水泵联动功能是否正常		
	（6）对湿式报警阀进行放水试验，测试报警阀、水力警铃、压力信号等是否正常		
消防栓系统	（1）进行现场手动和多线远程启泵试验，进行主、备泵自动切换试验		
	（2）检查管网、阀门、室内外消防栓、水泵接合器等是否正常完好		
	（3）对屋顶消防栓或不利点消火栓进行放水试验，检查管网压力、水质及消防出水量		
	（4）检查水池与屋顶水箱的储水量		
	（5）试验消火栓手动报警按钮对消防泵联动功能、信号反馈是否正常		

续表

单位名称	检查项目及内容	检查情况	存在问题及整改
气体灭火系统	(1) 检测系统贮气、驱动瓶、瓶头阀、选择阀、管网（包括高压软管）、喷嘴、紧急按钮等设施是否正常		
	(2) 检测储气瓶、驱动瓶内气体压力		
	(3) 对自动气体灭火系统进行模拟联动试验		
防火分隔系统	(1) 检查防火门、防火卷帘门周围有无障碍物，能否正常起闭		
	(2) 试验自动方式启动防火门、防火卷帘门		
	(3) 通过消防控制室进行联动试验，检查防火门、防火卷帘门动作及反馈信号是否正常		
应急标志	检查应急照明和疏散指示是否正常，并测试其照度是否符合要求		
防排烟系统	(1) 对系统风机进行现场手动和多线远程启动功能试验		
	(2) 对排烟口进行火灾模拟及联动试验		
	(3) 消防控制室进行联动试验，检查送风机，排烟机、防火阀等动作及反馈信号是否正常，并测试前室、楼梯间的正压值		
消防通信设备	(1) 检查电话机插孔，对讲电话，播音设备，扬声器等设备是否正常完好		
	(2) 试验电话插孔和对讲电话的通话质量		
	(3) 试验选层（或选区）广播，检查广播声级是否符合要求		
移动灭火器	(1) 检查灭火器的种类、数量、设置位置、标志是否符合要求		
	(2) 检查灭火器的压力、重量、有效期等是否合格，必要时做喷射试验		
其他消防设施	(1) 配合使用单位试验自备发电设施能否正常切换和发电，测试投入时间		
	(2) 配合使用单位试验消防电梯的迫降功能是否正常		
	(3) 配合使用单位进行切断非消防电源切断试验		
	(4) 检查消防疏散通道是否畅通		
备注			

　　　　甲方　现场人员（签字）　　　　　　　　乙方　维修保养人员（签字）
　　　　　　　项目主管（签字）　　　　　　　　　　项目主管（签字）
　　　　　　　管理单位（签字）　　　　　　　　　　维修保养单位（签章）

第6章　高层住区电梯的管理

本章关键词：

　　电梯　直升电梯　日常维修保养

6.1　电梯概述

6.1.1　电梯的含义及起源

　　《特种设备安全监察条例》（国务院令第 549 号）第九十九条明确了电梯的含义："电梯是指动力驱动，利用沿刚性导轨运行的箱体或者沿固定线路运行的梯级（踏步），进行升降或者平行运送人、货物的机电设备，包括载人（货）电梯、自动扶梯、自动人行道等"。

　　关于电梯的起源，要从公元前 2600 年埃及人在建造金字塔时使用的最原始的升降系统说起，这套系统的基本原理沿用至今，即一个平衡物下降的同时，负载平台上升。公元前 1100 年前后，我国古人发明了辘轳，它利用卷筒的回转运动完成升降动作，因而增加了提升物品的高度。到了 1203 年，法国海岸边的一个修道院里安装了一台以驴子为动力的起重机，载荷由绕在一个大滚筒上的绳子进行起吊，结束了用人力运送重物的历史。英国科学家瓦特发明蒸汽机后，在欧美开始用蒸汽机作为升降工具的动力。1845 年，英国物理学家威廉·汤姆逊研制出一台液压驱动的升降机。1854 年，在纽约水晶宫举行的世界博览会上，美国人伊莱沙·格雷夫斯·奥的斯第一次向世人展示了他发明的第一部安全升降梯。1887 年，美国奥梯斯公司制造出世界上第一台电梯，这是一台以直流电动机传动的电梯升降机。它被装设在 1889 年纽约德玛利斯大厦。1900 年，以交流电动机传动的电梯开始问世。1950 年，美国奥的斯公司又制成了安装在高层建筑外面的观光电梯。

6.1.2　电梯的分类

　　根据建筑的高度、用途及客流量（或物流量）的不同，需设置不同类型的电梯。目前电梯的基本分类方法大致如下。

　　1. 按用途分类

　　（1）乘客电梯，为运送乘客设计的电梯，要求有完善的安全设施以及一定的轿厢内装饰。

　　（2）载货电梯，主要为运送货物而设计，通常有人伴随的电梯。

　　（3）医用电梯，为运送病床、担架、医用车而设计的电梯，轿厢具有长而窄的特点。

（4）杂物电梯，供图书馆、办公楼、饭店运送图书、文件、食品等设计的电梯。

（5）观光电梯，轿厢壁透明，供乘客观光用的电梯。

（6）车辆电梯，用作装运车辆的电梯。

（7）船舶电梯，船舶上使用的电梯。

（8）建筑施工电梯，建筑施工与维修用的电梯。

（9）其他类型的电梯，除上述常用电梯外，还有一些特殊用途的电梯，如冷库电梯、防爆电梯、矿井电梯、电站电梯、消防员用电梯等。

2. 按运行方式分类

（1）直升电梯。靠曳引机，通过钢丝绳传动上下垂直运行的电梯。

（2）自动扶梯。靠齿轮传动，开放式传输运行的电梯。

3. 按驱动方式分类

（1）交流电梯，用交流感应电动机作为驱动力的电梯。根据拖动方式又可分为交流单速、交流双速、交流调压调速、交流变压变频调速等。

（2）直流电梯，用直流电动机作为驱动力的电梯。这类电梯的额定速度一般在 2.00m/s 以上。

（3）液压电梯，一般利用电动泵驱动液体流动，由柱塞使轿厢升降的电梯。

（4）齿轮齿条电梯，将导轨加工成齿条，轿厢装上与齿条啮合的齿轮，电动机带动齿轮旋转使轿厢升降的电梯。

（5）螺杆式电梯，将直顶式电梯的柱塞加工成矩形螺纹，再将带有推力轴承的大螺母安装于油缸顶，然后通过电机经减速机（或皮带）带动螺母旋转，从而使螺杆顶升轿厢上升或下降的电梯。

（6）直线电机驱动的电梯，其动力源是直线电机。

电梯问世初期，曾用蒸汽机、内燃机作为动力直接驱动电梯，现已基本绝迹。

4. 按速度分类

电梯无严格的速度分类，我国习惯上按下述方法分类。

（1）低速梯，常指低于 1.00m/s 速度的电梯。

（2）中速梯，常指速度在 1.00～2.00m/s 的电梯。

（3）高速梯，常指速度大于 2.00m/s 的电梯。

（4）超高速梯，速度超过 5.00m/s 的电梯。

随着电梯技术的不断发展，电梯速度越来越高，区别高、中、低速电梯的速度限值也在相应地提高。

5. 按电梯有无司机分类

（1）有司机电梯，电梯的运行方式由专职司机操纵来完成。

（2）无司机电梯，乘客进入电梯轿厢，按下操纵盘上所需要去的楼层按钮，电梯自动运行到达目的层楼，这类电梯一般具有集选功能。

（3）有/无司机电梯，这类电梯可变换控制电路，平时由乘客操纵，如遇客流量大或必要时改由司机操纵。

6. 按操纵控制方式分类

（1）手柄开关操纵，电梯司机在轿厢内控制操纵盘手柄开关，实现电梯的起动、上升、下降、平层、停止的运行状态。一般为载货电梯。

（2）按钮控制电梯，是一种简单的自动控制电梯，具有自动平层功能，常见有轿外按钮控制、轿内按钮控制两种控制方式。

（3）信号控制电梯，这是一种自动控制程度较高的有司机电梯。除具有自动平层，自动开门功能外，它具有轿厢命令登记、层站召唤登记、自动停层、顺向截停和自动换向等功能。自动控制程度较高。

（4）集选控制电梯，是一种在信号控制基础上发展起来的全自动控制的电梯，与信号控制电梯的主要区别在于能实现无司机操纵。

该电梯一般均设"有/无司机"操纵转换开关，可根据使用需要灵活选择。如人流高峰或特殊需要时，可转换为有司机操纵，而成为信号控制电梯。在其他情况下正常行驶时，可转为无司机操纵，即为集选控制电梯。

（5）并联控制电梯，2～3台电梯的控制线路并联起来进行逻辑控制，共用层门外召唤按钮，电梯本身都具有集选功能。

（6）群控电梯，是用微机控制和统一调度多台集中并列的电梯。群控有梯群的程序控制、梯群智能控制等形式。采用此种控制方式，是基于建筑物内不同时段客流量不均匀（早、晚和中午会出现客流高峰，平时上下往返交错为中等客流量，夜间、清晨客流量少）。这种控制方式有利于增加电梯的运输能力、提高效率、缩短乘客候梯时间，适用于配用电梯在3台以上的高层建筑中。

（7）智能控制电梯。这是一种先进的应用电脑技术对电梯进行控制的群控电梯。其最大特点是：它能根据厅外召唤，给梯群中每部电梯做试探性分配，以心理性等候时间最短为原则，避免乘客长时间等候和将厅外呼梯信号分配给满载性较大的电梯而使乘客候梯失望，从而提高了预告的准确性和运输效率，达到电梯的最佳服务。此外，由于电梯采用了微机控制，取代了大量的继电器，使故障率大大降低，控制系统的可靠性大大增强。

7. 其他分类方式

（1）按机房位置分类，有机房在井道顶部的（上机房）电梯、机房在井道底部旁侧的（下机房）电梯，以及机房在井道内部的（无机房）电梯。

（2）按轿厢尺寸分类，经常使用"小型"、"超大型"等抽象词汇表示。

此外，还有双层轿厢电梯等。

8. 特殊电梯

（1）斜行电梯，轿厢在倾斜的井道中沿着倾斜的导轨运行，是集观光和运输于一体的输送设备。特别是由于土地紧张而将住宅移至山区后，斜行电梯发展迅速。

（2）立体停车场用电梯，根据不同的停车场可选配不同类型的电梯。

（3）建筑施工电梯，是一种采用齿轮齿条啮合方式（包括销齿传动与链传动，或采用钢丝绳提升），使吊笼作垂直或倾斜运动的机械，用以输送人员或物料，主要应用于建筑施工与维修。它还可以作为仓库、码头、船坞、高塔、高烟囱的长期使用的垂直运输机械。

6.2 直升电梯的基本结构及工作原理

电梯是机电一体化程度很高的大型复杂产品，其中的结构部分相当于人的躯体，电气部分相当于人的神经，两者缺一不可，关系紧密。而对于高层住宅，常用的电梯为直升式电梯，本节着重介绍直升电梯基本结构及工作原理。

6.2.1　电梯的总体结构

电梯总体组成有机房、井道、轿厢和层站四个部分，我们也可以把它看成是电梯具有的四大空间。这四个空间内的具体装置如下：

1. 机房的装置

曳引机、控制柜（屏）、承重梁、层向轮、电源总开关、限速器、极限开关、选层器、发电机及励磁柜（直流电梯）、曳引钢丝绳锥套与绳头组合（曳引比为 2：1）、曳引钢丝绳（绕在曳引轮上）。

2. 井道的装置

轿厢导轨、对重导轨、导轨支架和压道板、配线槽、对重轮（有的没有）、曳引钢丝绳、平层感应装置（遮磁板）、限速钢丝绳张紧装置、随线电缆、电缆支架、端站强迫减速装置、端站限位开关、极限开关碰轮、限速器胀绳轮、缓冲器、补偿装置、轿厢（总体）、中间接线盒、底坑检修灯。

3. 轿厢的装置

轿厢顶轮（曳引比为 2：1）、轿厢架、轿厢底、轿厢壁、轿厢顶、轿厢门、自动门机构、自动安全触板、门刀装置、自动门调速装置、光电保护防夹装置、轿厢召唤钮、控制电梯功能钮、轿厢顶检修钮及安全灯、平层感应器、护脚板、平衡链、导钮、控制电梯功能组、导靴、对重、轿厢导轨用的油杯、急停钮、安全窗及其保护开关、安全钳、轿厢运载装置、电话、绳头板。

4. 层站的装置

层楼显示器、自动层门钥匙开关、手动钥匙开关、层门（厅门）、层门门锁、层门框、层门地槛、呼梯钮、到站钟。

6.2.2　电梯的基本工作原理

曳引式电梯靠曳引力实现相对运动，曳引传动关系如图 6-1 所示。安装在机房的电动机通过减速箱、制动器等组成的曳引机，使曳引钢丝绳通过曳引轮，一端连接轿厢、一端连接对重装置，轿厢与对重装置的重力使曳引钢丝绳压紧轮绳槽内产生摩擦力，这样电动机一转动就带动曳引轮转动，驱动钢丝绳，拖动轿厢和对重作相对运动，即轿厢上升，对重下降，轿厢下降，对重上升。于是，轿厢就在井道中沿导轨上下往复运行。

6.2.3　直升电梯的主要部件及功能

1. 电梯曳引系统

电梯曳引系统包括曳引机、曳引绳、导向

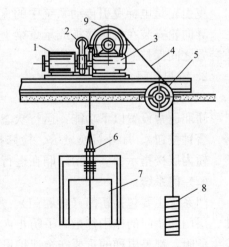

图 6-1　电梯曳引传动关系

1—电动机；2—制动器；3—减速器；4—曳引绳；
5—导向轮；6—绳头组合；7—轿厢；
8—对重；9—曳引轮

轮等。

（1）曳引电动机

曳引电动机是驱动电梯上下运行的动力源，设在曳引机的首位。电梯的曳引电动机有交流电动机和直流电动机两大类。电梯在运行过程中，启动、制动频繁，正反倒向运行，其运行状态负荷变化大。因此，要使电动机经常保持良好的工作状态，就要做好运行中的监视和日常维护保养。

（2）电磁制动器

功能：对主动转轴起制动作用。能使工作中的电梯轿厢停止运动，它还对轿厢与厅门地槛平层时的准确度起着重要的作用。

位置：安装在电动机的旁边，即在电动机轴与蜗行轴相连的制动轮处（如是无齿轮，曳引机制动器安装在电动机与曳引轮之间）。

电磁制动器是电梯中极其重要的制动安全装置，必须十分重视其日常检查保养和调整。

（3）减速器

功能：使快速电动机与钢丝绳传动机构的旋转频率协调一致；也就是说，为了降低电动机的转数，增大转矩，减速器用于有齿轮曳引机上。

位置：安装在曳引电动机转轴和曳引轮转轴之间。

（4）曳引钢丝绳

曳引钢丝绳也称曳引绳，是电梯上专用的钢丝绳。其功能是连接轿厢和对重，它承载着轿厢、对重装置、额定载重量等重量的总和。

电梯用钢丝绳通常采用优质碳素钢等制成特级钢丝，然后按一定方式与一浸渍过钢丝绳专用油的纤维绳芯交互捻绕成钢丝绳。纤维绳芯在这里起支撑、固定绳股和储油润滑、防腐蚀的作用。

（5）曳引轮和导向轮

曳引轮是电梯曳引传动系统中的重要工作部件，亦称主绳轮。

导向轮安装在机房楼板或承重梁上，用于调整曳引绳在曳引轮上的包角并使轿厢与对重装置之间保持一定的相对位置。

2. 轿厢和门系统

（1）轿厢

轿厢通常设置以下功能：运行状态控制、选层、定向启动、开关门、直驶、急停、报警（警钟按钮）、厅外召唤显示、检修控制、照明控制、风扇控制、超载指示灯和超载警铃、轿内层楼指示器（显示轿厢在运行中所处的楼层位器）、平层感应器。

（2）门系统

门系统主要包括轿门（轿厢门）、层门（厅门）与开门、关门等系统及其附属的零部件。层门和轿门的作用都是为了防止人员和物品坠入井道或轿内乘客和物品与井道相撞而发生危险，都是电梯的重要安全保护设施。

层门是设置在层站入口的封闭门，也叫厅门，还称为梯井门。层门的开启是由轿门带动的，层门上装有电气、机械联锁，只有轿门开启才能带动层门的开启。层门的开闭与锁紧是电梯使用者安全的首要条件。

轿门是设置在轿厢入口的门，设在轿厢靠近层门的一侧。

只有轿门、层门完全关闭后，电梯才能运行。

3. 导向系统和重量平衡系统

（1）导向系统

导向系统的功能及主要构件与装置见表 6-2。

不论是轿厢导向还是对重导向，均由导轨、导靴和导轨架组成。轿厢和对重的两根导轨限定了轿厢与对重在井道中的相互位置，导轨架作为导轨的支撑件，被固定在井道壁上；导靴安装在轿厢和对重架的两侧（轿厢和对重各装有四个导靴），导靴里的靴衬（或滚轮）与导轨工作配合。

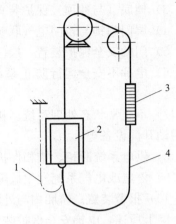

图 6-2　重量平衡系统示意图
1—电缆；2—轿厢；3—对重；4—补偿装置

（2）重量平衡系统

重量平衡系统的功能是：相对平衡轿厢重量以及补偿高层电梯中曳引绳长度的影响，其由对重和重量补偿装置组成。

补偿装置的作用是：

1）当电梯的运行高度越过 30m 时，由于曳引钢丝绳和控制电缆的自重，使得曳引轮的曳引力和电动机的负载发生变化，补偿装置可弥补轿厢两侧重量不平衡，从而改善电梯的曳引性能，保证轿厢侧与对重侧重量比在电梯运行过程中不变。

2）对重的作用是可以平衡（相对平衡）轿厢的重量和部分电梯负载重量，减少电动机的损耗，同时，出于曳引式电梯有对重装置，如果轿厢或对重撞在缓冲器上后，电梯失去曳引条件，避免了冲顶事故的发生。

4. 安全保护系统

（1）电梯可能发生的事故隐患和故障

1）轿厢失控、超速运行。由于电磁制动器失灵，减速器中的涡轮、蜗杆的轮齿、轴、销、键等折断以及曳引绳在曳引轮中严重打滑等情况发生。

2）终端越位。由于平层控制电路出现故障，轿厢运行到顶层端站或底层端站时，不停而继续运行或超出正常的平层位置。

3）冲顶或蹲底。当上终端限位装置失灵等，造成电梯冲向井道顶部，称为冲顶；当下终端限位装置失灵或电梯失控，造成电梯轿厢跌落井道底坑，称为蹲底。

4）不安全运行。指在限速器失效，选层器失灵，层门、轿门不能关闭或关闭不严或超载，电动机断相、错相等状态下运行。

5）非正常停止。由于控制电路出现故障，安全钳误动作或电梯停电等原因，都会造成在运行中的电梯突然停止。

6）关门障碍。电梯在关门时，受到人或物体的阻碍，使门无法关闭。

（2）电梯安全保护系统的基本组成

1）超速（失控）保护装置。限速器、安全钳。

2）超越上下极限工作位置的保护装量。包括强迫减速开关、终端限位开关、终端极限开关来达到强迫换速、切断控制电路、切断动力电源三级保护。

3）撞底（与冲顶）保护装置。缓冲器。

4）层门门锁与轿门电气联锁装置。确保门不关闭、电梯不能运行。

5）门的安全保护装置。层门、轿门设置门光电装置、门电子检测装置、安全触板等。

6）电梯不安全运行防止系统。如轿厢超载装置、限速器断绳开关、选层器断带开关等。

7）不正常状态处理系统。机房曳引机的手动盘车、自备发电机以及轿厢安全窗、轿门手动开门设备等。

8）供电系统断相、错相保护装置。相序保护继电器等。

9）停电或电气系统发生故障时，轿厢慢速移动装置。

10）报警装置。轿厢内与外联系的警铃、电话等。

综上所述，电梯安全保护装置一般由机械安全装置和电气安全装置两大部分组成。有一些机械安全装置需要电气方面的配合和连锁装置才能完成其动作并取得可靠的效果。

（3）机械安全装置的保护方式

1）超速保护装置。该装置包括速度监控和减速元件，应能检测出上行轿厢的速度失控，并应能使轿厢制停，或至少使其速度降低至对重缓冲器的设计范围。

2）撞底缓冲装置。是电梯最后一道机械安全装置。

3）机械门连锁装置。是预防楼层防护门不关或者电梯轿厢未达到指定位置就被打开，而安装的装置。具体安装做法是：在电梯轿厢的内侧焊接一个金属支架，支架的适当部位安装一个限位开关，并使开关的常闭触点与轿厢门连锁限位开关串联，然后在电梯附着的门柱上或楼层平台的架子上，固定一块弹簧挡板。

4）安全窗。是当轿厢因故停在两个楼层中间且轿厢又无法移动而设置的紧急救助出入口。为防止启用安全窗时电梯突然启动运行而造成人身伤害事故，安全窗具有打开即切断控制回路的功能。

5）超载保护装置。当负载达到限定值时，机械触头即与限位开关接触，发出电信号，切断控制回路，使电梯不能启动，避免电梯超载行驶。

6）盘车子轮和松闸扳手。盘车子轮是一种结构简单但能在电梯困人情况下通过人工操作对乘客进行安全解救的重要工具。扳手的主要功能就是增大杠杆的作用力臂，其次就是在某种情况下便于操作。

7）安全防护栅栏。是为了防止检修人员在轿厢顶进行检修操作时一旦失去重心或滑倒而坠入井道增设的，检修时维修人员切不可倚靠在护栏上，防止轿厢以检修速度运行时，不慎被对重装置碰伤。

8）护脚板。护脚板即轿厢地坎下面的以扁铁、角钢支撑的金属护板，是为了防止轿厢不平层时与厅门地坎间产生间隙后，乘客的脚不慎插入轿厢下面发生事故而设置的。

（4）电气安全装置的保护方式

1）电源主开关。在电梯停电、低压或运行中出现危急情况时，可以切断主电路，保证电梯及时停车。

2）过载短路及相序保护装置。防止电动机因超载、电路短路或供电线路出现相序错误或缺相而被烧毁。当运行中出现上述情况时，即可切断控制回路。

3）电磁制动器。电磁制动器也叫电磁抱闸，在前面曳引机部分已作过介绍，它是电梯安全装置中最重要的一种。在轿厢超速、越位、超载溜车或其他原因造成坠落等危急情况下都需要电磁制动器动作。电磁制动器具有得电松闸、失电抱闸的特点。

4）终端减速开关。终端减速开关也称强迫减速开关，是防止电梯失控造成冲顶或蹲底的第一道防线。当电梯失控使轿厢超越顶层或底层 50mm 而不能换速停车时，轿厢首先经过强迫减速开关，迫使其减速（换速）并停止运行。

5）终端限位开关。这是防止电梯失控造成冲顶或蹲底的第二道防线。轿厢在经过强迫减速后，若未能减速停驶，由终端限位开关作越位保护，通过断开安全回路电源，使轿厢在越位前停止运行，达到限位停车的目的。

6）终端极限开关。该开关是轿厢失控超越上、下极限工作位置时的最后一级电气安全保护装置。它在终端限位开关之后、轿厢或对重接触缓冲器之前起作用，并且在缓冲器被压缩期间保持其动作状态。

7）急停开关。根据需要分别安装在轿厢操纵盘、轿顶操纵盒及底坑内和机房控制柜上。在轿顶、底坑、机房处检修电梯时，关闭急停开关就可切断电源。在轿厢里遇到紧急情况只要按下急停按钮或扳动急停开关，即可及时停车。

8）轿门安全触板。该装置用于自动开关门的电梯中，通过安装在自动轿门两边沿上的机构，实现在关门过程中当安全触板触及人或物体时，通过门机电路使门打开，防止关门夹人。采用光电或电子式与机械式联用的安全触板，可靠性更高。

9）限速钢丝绳张紧保护。防止电梯在超速保护装置失灵的情况下运行的装置。

10）测速机断绳保护。测速发电机是一种测量转速信号的装置。当测速发电机断带时，断绳保护装置即可带动开关切断控制回路，避免轿厢在无控制的情况下运行。

11）电梯电气设备的接地保护。防止电梯中电气设备及线管、线槽一旦漏电对人身安全造成伤害。

12）报警装置。为方便因故停驶的轿厢中司机或乘客与外界联系或报警，轿厢操纵盘上装有报警开关或电话，这是电梯不可缺少的安全保护装置。

6.3　我国高层住宅电梯管理中存在的主要问题及解决方法

6.3.1　我国高层住宅电梯管理中存在的主要问题

随着我国经济水平的快速发展，高层住宅的不断增多，电梯的数量也在急剧的增加。伴随着电梯数量快速增加，有关电梯的使用、安装、维护、管理、检验和监管等问题，也随之而来。其中高层住宅电梯的使用现状最引人关注。电梯运行不正常、日常管理维护不到位、紧急按铃装置形同虚设等一系列问题，使得业主苦不堪言，怨声载道，常以拒缴物业费来表达诉求。那么，现有的高层住宅电梯到底存在哪些问题？经过调查分析，主要有以下几点：

1. 电梯安全管理责任主体不明确

电梯是由房地产开发商负责选购安装的，产权应归全体业主共有，而实际管理单位则是物业服务企业。业主作为电梯的所有者既没有电梯选择权，也难以行使电梯管理权。物业服务企业受雇于众多业主，管理职责的落实情况有时难以监督，使得电梯选择权、产权与实际管理权脱节。

而一些房地产开发商为了降低投入成本，赚取更多的利润，低价的电梯自然就成了开发商首选的对象。电梯制造厂往往在符合国家强制标准的前提下，能省则省，电梯的质量很难保证。这样的电梯随着使用时间的推移，故障率当然会越来越高，发生困人、关人事故的概率也就越大。

2. 电梯安全管理合同不明确

众多业主委托物业服务企业进行物业管理，而很多委托合同本身对电梯的管理职责不够明确，特别对相关管理制度、安全管理人员配备、维修保养费用、检验费支出等问题，合同中往往不够明确，造成一些小区物业服务企业和业主委员会之间的矛盾。

3. 安装队伍水平高低不齐，导致电梯运行存在安全隐患

电梯的安装是一个系统复杂的工程，它不是买来简单组装就可以投入使用的设备，电梯的安装需要相当高的技术含量和责任心。随着电梯数量的快速增加，导致安装人员数量出现了短缺，跟不上电梯发展的需求，这时候一些技术差、责任心不强的安装队伍乘虚而入。电梯的安装质量对电梯以后的正常运行有着很大的影响，这些安装队伍安装出来的电梯整体质量差，导致电梯运行状况不良，电梯运行以后的故障率高。

4. 电梯管理费用不到位造成维修保养不及时

电梯管理费用的收取一直以来都存在争议。一方面，业主认为已向物业服务企业交纳了管理费用，要求物业服务企业请维修保养单位对电梯进行日常维护和维修；另一方面，物业服务企业认为管理费不高且收费率低，无力及时支付电梯维修保养费用和检验费用，造成维修保养单位不能及时对电梯进行维护保养，使电梯"带病"运行或超期运行，或未经定期检验，从而不能取得有效的安全检验合格标志。

（1）由于物业费收缴不到位，物业服务企业为了压缩成本，低价聘用电梯维修保养单位，电梯维修保养单位为了利润，降低维护保养质量，小毛病不修，积累成大毛病，对电梯造成影响。

（2）我国在用电梯品牌多、型号复杂、技术水平参差不齐，为维修保养工作带来较大难度，多品牌、多型号、不同技术形式的电梯维修经验往往不能共享。对于某些进口部件，或者淘汰型号的部件，市场较难购买，物流周期较长，因此换件周期较长。客观上，一些老旧部件，由于产品更新换代已经不再生产了，新的替代部件有一定程度的不匹配，造成更换整机费用较高，而更换部件或影响整体运行的矛盾。

（3）由于某些维修保养单位对维修保养电梯品牌不熟悉，技术不过关，需要请原厂家的技术人员对其进行技术支持，需要较长的维修周期和维修成本。

5. 电梯的人为损坏和不当使用

目前，电梯由于不当使用和人为故意损坏的情况时有发生，具体体现在：

（1）新装电梯验收合格但未交付使用前，开发商和住户利用电梯违章拉载装运散装砂石、砖块和水泥等内部装修材料，这些杂物掉落在电梯内，容易造成电梯门保护失灵、门碰撞变形和门运行卡阻等故障，对电梯造成严重损坏。而装修过后交付使用前又不对其进行恢复性修理，造成新电梯存在安全隐患，客观上降低了电梯使用寿命。

（2）刚入住业主拉运装修材料、家具时，物业服务企业疏于管理。某些小区业主入住之初，在拉运装修材料、家具时，超载、刮碰电梯，物业服务企业对电梯既无任何防护又

无专人管理，对电梯正常运行造成一定损害。

（3）乘客不文明乘坐电梯。许多乘客不了解电梯的基本常识，在乘坐电梯时，存在不文明乘梯的行为，如有些小孩子在电梯内嬉戏打闹、乱涂乱画，喝醉酒的人闹事、携带宠物大小便等，都有可能造成电路板损坏。这些不文明乘梯行为容易造成安全装置误操作，致使电梯在使用过程中发生故障，甚至发生人身伤亡事故。

6. 电梯进行维修保养、大修、改造时资金难筹集

虽然国家没有规定电梯的使用寿命，但使用 15 年以上的电梯故障率会大大上升。据了解，目前我国对住宅电梯并没有强制报废规定，但根据电梯行业统计的住宅电梯运行情况分析，电梯运行 3-5 年以上，一般需要对主要设备进行大修；运行 10 年以上的电梯一般需要通过大修或改造才能保证其正常运行；运行 15 年以上的电梯则需要更换。当住宅电梯需要大修、更新，向电梯共有人收取费用时，其所需资金数目不小，导致很难一次筹集到位，从而处于住宅电梯修理、更新资金筹集难的困境。就电梯收费一事，各小区的收费标准不一，有的小区电梯费包含在物管费内，每半年收一次；甚至同一小区，因电梯品牌不同，电梯设备成本费不同，其收费标准也五花八门。电梯属于全体业主共同拥有的财产，其日常维修保养、年检费用、大修、改造、更新费用理应由全体业主共同承担。但是，很多业主只愿意承担其专有部分的维修责任，对于电梯等共有配套设施，缺乏承担义务的意识。这是高层住宅小区居民不愿承担电梯维修、改造和更新等相关费用的主要原因，也影响了电梯正常维修、改造和更新工作的正常展开。

7. 对电梯维修保养单位的监督不到位

由于对电梯维修保养单位的维修保养质量监管缺失，造成很多维护保养单位对电梯的保养流于形式，客观上降低了电梯使用寿命。由于电梯维护保养属于专业技术工作，使用单位管理人员通常不会具体监督其保养质量，政府监督管理也只看其保养记录，无人对其保养过程进行监督和检查，因此保养质量很难保证。当由于保养不到位，使得电梯发生严重损坏时，维修保养单位便申请更换部件或者大修，从而赚取价格不菲的维修和换件费。目前维修保养市场存在着一种畸形的现象，即维修保养质量越高的单位，其维修保养成本就越高，设备的损坏率就越低，从而维修换件的利润就越低。相反，维修保养质量越差的维修保养单位，由于其维修保养成本低，造成电梯故障率高，迫使使用单位支付更多的维修费用，进而从中赚取的利润也节节攀高。这样的机制，使得遵纪守法、认真负责的电梯维修保养单位的利润低于消极工作、投机取巧的电梯维修保养单位，因此造成整个行业风气和竞争环境日趋恶劣。

6.3.2　电梯的使用管理制度的建立

为使全国电梯使用管理和维护保养形成一个统一的、能满足电梯安全保障和正常运行的基本要求，以达到规范电梯使用管理与维修保养工作的目的，国务院出台了《特种设备安全监察条例》（国务院令第 549 号），国家质检总局于 2009 年 5 月 8 日批准颁布了《电梯使用管理与维护保养规则（TSG T5001—2009）》。

根据以上法律法规的有关规定，在电梯使用过程中，应建立相应的使用管理制度，明确电梯的制造、安装、改造和维修、使用管理职责。

1. 电梯制造厂家的职责

(1) 电梯的安装、改造、维修，必须由电梯制造单位或者其通过合同委托、同意的并取得许可的单位进行。电梯制造单位对电梯质量以及安全运行涉及的质量问题负责。

(2) 电梯制造单位委托或者同意其他单位进行电梯安装、改造、维修活动的，应当对其安装、改造、维修活动进行安全指导和监控。

(3) 电梯的安装、改造、维修活动结束后，电梯制造单位应当按照安全技术规范的要求对电梯进行校验和调试，并对校验和调试的结果负责。

(4) 电梯投入使用后，电梯制造单位应当对其制造的电梯的安全运行情况进行跟踪调查和了解，对电梯的日常维护保养单位或者电梯的使用单位在安全运行方面存在的问题，提出改进建议，并提供必要的技术帮助。发现电梯存在严重事故隐患的，应当及时向特种设备安全监督管理部门报告。电梯制造单位对调查和了解的情况，应当作出记录。

2. 物业服务企业的职责

(1) 物业服务企业应当委托取得相应电梯维修项目许可的单位（以下简称维修保养单位）进行维修保养，并且与维修保养单位签订维修保养合同，约定维修保养的期限、要求和双方的权利义务等。维修保养合同至少包括以下内容：

1) 维修保养的内容和要求；

2) 维修保养的时间频次与期限；

3) 维修保养单位和使用单位双方的权利、义务与责任。

(2) 物业服务企业应当设置电梯的安全管理机构或者配备电梯安全管理人员，至少有一名取得《特种设备作业人员证》的电梯安全管理人员承担相应的管理职责。

(3) 物业服务企业应当根据本单位实际情况，建立以岗位责任制为核心的电梯使用和运营安全管理制度，并且严格执行。安全管理制度应该包括以下内容：

1) 相关人员的职责；

2) 安全操作规程；

3) 日常检查制度；

4) 维修保养制度；

5) 定期报检制度；

6) 电梯钥匙使用管理制度；

7) 作业人员与相关运营服务人员的培训考核制度；

8) 意外事件或者事故的应急救援预案与应急救援演习制度；

9) 安全技术档案管理制度。

(4) 物业服务企业应当履行以下职责：

1) 保持电梯紧急报警装置能够随时与物业服务企业安全管理机构或者值班人员实现有效联系；

2) 在电梯轿厢内或者出入口的明显位置张贴有效的《安全检验合格》标志；

3) 将电梯使用的安全注意事项和警示标志置于乘客易于注意的显著位置；

4) 在电梯显著位置标明物业服务企业名称、应急救援电话和维修保养单位名称及其急修、投诉电话；

5) 制定出现突发事件或者事故的应急措施与救援预案；

6）电梯发生困人时，及时采取措施，安抚乘客，组织电梯维修作业人员实施救援。在电梯出现故障或者发生异常情况时，组织对其进行全面检查，消除电梯事故隐患后，方可重新投入使用并按照应急救援预案组织应急救援，排险和抢救，保护事故现场，并且立即报告事故所在地的特种设备安全监督管理部门和其他有关部门；

7）监督并且配合电梯安装、改造、维修和维修保养工作；

8）对电梯安全管理人员和操作人员进行电梯安全教育和培训；

9）按照安全技术规范的要求，及时采用新的安全与节能技术，对在用电梯进行必要的改造或者更新，提高在用电梯的安全与节能水平。

（5）物业服务企业的安全管理人员应当履行下列职责：

1）进行电梯运行的日常巡视，记录电梯日常使用状况；

2）制定和落实电梯的定期检验计划；

3）检查电梯安全注意事项和警示标志，确保齐全清晰；

4）妥善保管电梯钥匙及其安全提示牌；

5）发现电梯运行事故隐患需要停止使用的，有权作出停止使用的决定，并且立即报告本单位负责人；

6）接到故障报警后，立即赶赴现场，组织电梯维修作业人员实施救援；

7）实施对电梯安装、改造、维修和维修保养工作的监督，对维修保养单位的维修保养记录签字确认。

（6）物业服务企业应当建立电梯安全技术档案。安全技术档案至少包括以下内容：

1）《特种设备使用注册登记表》；

2）设备及其零部件、安全保护装置的产品技术文件；

3）安装、改造、重大维修的有关资料、报告；

4）日常检查与使用状况记录、维修保养记录、年度自行检查记录或者报告、应急救援演习记录；

5）安装、改造、重大维修监督检验报告，定期检验报告；

6）设备运行故障与事故记录。

日常检查与使用状况记录、维修保养记录、年度自行检查记录或者报告、应急救援演习记录，定期检验报告，设备运行故障记录至少保存 2 年，其他资料应当长期保存。

物业服务企业变更时，应当随之移交安全技术档案。

（7）物业服务企业应该对在用电梯每年进行一次定期检验。物业服务企业应当按照安全技术规范的要求，在《安全检验合格》标志规定的检验有效期届满前 1 个月，向特种设备检验检测机构提出定期检验申请。未经定期检验或者检验不合格的电梯，不得继续使用。

电梯报废时，物业服务企业应当在 30 日内到原使用登记机关办理注销手续。

电梯停用 1 年以上或者停用期跨过 1 次定期检验日期时，物业服务企业应当在 30 日内到原使用登记机关办理停用手续，重新启用前，应当办理启用手续。

3. 业主及使用人的职责

（1）遵守电梯安全注意事项和警示标志的要求；

（2）不乘坐明示处于非正常状态下的电梯；

（3）不采用非安全手段开启电梯层门；

（4）不拆除、破坏电梯的部件及其附属设施；

（5）不乘坐超过额定载重量的电梯，运送货物时不得超载；

（6）不做其他危及电梯安全运行或者危及他人安全乘坐的行为。

6.4　高层住宅电梯的日常维修保养

6.4.1　电梯日常安全使用的维护

电梯安全使用的有效维护措施，包括电梯行驶前的安全检查、行驶中的安全操作和紧急情况下的安全措施三个环节。

1. 电梯行驶前的安全检查

电梯能否安全合理地使用，与物业服务企业和维修人员的安全意识、工作责任心、掌握电梯的知识、维修电梯的技能及处理紧急情况的经验和能力有关。物业服务企业有关人员除了做好轿厢内部和层站部位的清洁卫生外，还应认真对电梯进行行驶前的安全检查。检查的主要项目有：

（1）对多班制运行的岗位，接班人员要详细了解上一班电梯的运行状况，做到心中有数。

（2）在开启厅门进入轿厢前，必须先确认轿厢实际停层位置，不能盲目直入。

（3）对电梯作上、下试运行，观察电梯从选层启动到平层销号及开关门是否正常，有无异常响声和晃动，各信号指示是否完好正确，急停按钮是否完好、可靠。

（4）检查确认门连锁的可靠性。厅门、轿门未完全关闭时，电梯应不能启动。厅门关闭后，应不能从外面将门随意扒开。对有安全触板的电梯，应检查其动作是否正常。

（5）检查确认轿厢内电话是否畅通，警铃是否好用。

（6）检查门地槛滑槽内有无垃圾，轿厢和门是否清洁。

（7）检查轿厢内照明和电风扇是否完好，开关是否好用。

（8）在试运行中注意轿厢运行时有无碰擦声和异常响声。

对检查中发现的问题，应通知维修人员尽快处理，正常后可以投入运行。对于连续停用 7 天以上的电梯，启用前应认真检查，无问题后方可使用。

2. 行驶中的安全操作

（1）控制电梯不能超载行驶。载货电梯的轿厢内负载应分布均匀，防止电梯倾斜行驶。

（2）引导乘客正确乘梯。

（3）电梯行驶中严禁对电梯进行清洁、维修，在清洗轿厢顶部照明隔光板（栅）时，严禁将其放在厅门、轿门之间的通道地面。在没有断电情况下，禁止在轿厢内做任何维护保养工作。

3. 紧急情况下的安全措施

（1）电梯在运行时出现失控、超速和异常响声或冲击等，应立即按急停按钮和警铃按钮。如果有司机操作，司机应保持镇静，控制轿厢内乘客秩序，劝阻乘客不要扒轿门，等待维修人员前来解救疏散。

（2）电梯运行中突然停车，应先切断轿厢内控制电源，并通知维修人员用盘车的办法将轿厢就近停车，打开轿门、厅门，安全疏散乘客。

（3）当发生火灾时，应立即停止电梯的运行。乘客应保持镇静，物业服务企业应尽快疏导乘客从安全楼梯撤离。除具有消防功能的电梯进入消防运行状态外，其余电梯应立即返至首层或停在远离火灾的楼层，并切断电源，关闭厅门、轿门，停止使用。若轿厢内电气设备出现火情，应立即切断轿内电源，用二氧化碳、干粉或 1211 灭火器进行灭火。

（4）当电梯在运行中发生地震时，应立即就近停梯，将轿厢内乘客迅速撤离，关闭厅门、轿门，停止使用。地震过后应对电梯进行全面细致的检查，对造成的损坏进行安全检验。确认一切正常后，方可投入使用。

（5）当电梯某一部位进水后，应立即停梯，切断总电源开关，防止短路、触电事故的发生。然后采用相应的除湿烘干措施，在确认一切正常后再投入运行。

6.4.2　电梯的维护管理

1. 电梯的日常检查和维护

电梯在运行过程中的日常检查，可根据电梯的使用性质及频繁程度，按每天或两天进行一次。每天对机房进行清扫和巡视检查，及时发现和排除各种不正常现象，保持轿厢内部与厅口的清洁卫生，以免影响门的正常开合，应设电梯工作日志等。

对于检查发现的问题，应及时处理．如补充润滑油、紧固螺丝等。对于一时不能处理的又可缓步进行的项目，应记录下来，但应尽快安排时间处理，避免电梯带隐患运行。

2. 周期性保养

（1）周保养。每周在日常检查的基础上，定期进行一次主要部件更细致的检查和必要的维护，保证其动作的可靠性和工作的准确性。

（2）月保养。重点是对电梯各安全装置和电气控制系统进行检查、清洁、润滑和必要的调整，使其动作灵活可靠。

（3）半年或季度保养。无论是采用半年定期保养还是季度保养，其内容都是对重要的机械装置和电气装置进行较详细的检查与调整，并做好必要的料理和清洗换油工作。

（4）年度保养。年度保养是在半年或季度保养基础上的一次全面保养过程，带有综合性、鉴定性的特点。通常与年度安全技术检验工作结合进行，修型、更换调整和测试的工作量较大。详见表 6-1～表 6-4。

乘客电梯、载货电梯半月维护保养项目内容和要求　　　　表 6-1

序号	维护保养项目内容	维护保养基本要求
1	机房、滑轮间环境	清洁，门窗完好、照明正常
2	手动紧急操作装置	齐全，在指定位置
3	曳引机	运行时无异常振动和异常声响
4	制动器各销轴部位	润滑，动作灵活
5	制动器间隙	打开时制动衬与制动轮不应发生摩擦
6	编码器	清洁，安装牢固
7	限速器各销轴部位	润滑、转动灵活；电气开关正常

续表

序号	维护保养项目内容	维护保养基本要求
8	轿顶	清洁，防护栏安全可靠
9	轿顶检修开关、急停开关	工作正常
10	导靴上油杯	吸油毛毡齐全，油量适宜，油杯无泄漏
11	对重块及其压板	对重块无松动，压板紧固
12	井道照明	齐全、正常
13	轿厢照明、风扇、应急照明	工作正常
14	轿厢检修开关、急停开关	工作正常
15	轿内报警装置、对讲系统	工作正常
16	轿内显示、指令按钮	齐全、有效
17	轿门安全装置（安全触板，光幕，光电等）	功能有效
18	轿门门锁电气触点	清洁，触点接触良好，接线可靠
19	轿门运行	开启和关闭工作正常
20	轿厢平层精度	符合标准
21	层站召唤、层楼显示	齐全、有效
22	层门地槛	清洁
23	层门自动关门装置	正常
24	层门门锁自动复位	用层门钥匙打开手动开锁装置释放后，层门门锁能自动复位
25	层门门锁电气触点	清洁，触点接触良好，接线可靠
26	层门锁紧元件啮合长度	不小于 7mm
27	底坑环境	清洁，无渗水、积水；照明正常
28	底坑急停开关	工作正常
29	合格标志、安全注意事项、锁孔警示标签	齐全有效

乘客电梯、载货电梯季度维护保养项目内容和要求　　　　　　　　表 6-2

序号	维护保养项目内容	维护保养基本要求
1	减速箱润滑油	油量适宜，除蜗杆伸出端外均无渗漏
2	制动衬	清洁，磨损量不超过制造单位要求
3	位置脉冲发生器	工作正常
4	选层器动静触点	清洁，无烧蚀
5	曳引轮槽、曳引钢丝绳	清洁、无严重油腻，张力均匀
6	限速器轮槽、限速器钢丝绳	清洁、无严重油腻
7	靴衬、滚轮	清洁，磨损量不超过制造单位要求
8	验证轿门关闭的电气安全装置	工作正常
9	层门、轿门系统中传动钢丝绳、链条、胶带	按制造单位要求进行清洁、调整
10	层门门导靴	磨损量不超过制造单位要求
11	消防开关	工作正常，功能有效
12	耗能缓冲器	电气安全装置功能有效，油量适宜，柱塞无锈蚀
13	限速器涨紧轮装置和电气安全装置	工作正常

乘客电梯、载货电梯半年维护保养项目内容和要求　　　　　　　表 6-3

序号	维护保养项目内容	维护保养基本要求
1	电动机与减速机联轴器螺栓	无松动
2	曳引轮、导向轮轴承部	无异常声，无振动，润滑良好
3	曳引轮槽	磨损量不超过制造单位要求
4	制动器上检测开关	工作正常，制动器动作可靠
5	控制柜内各接线端子	各接线紧固，整齐，线号齐全清晰
6	控制柜各仪表	显示正确
7	井道、对重、轿顶各反绳轮轴承部	无异常声，无振动，润滑良好
8	曳引绳、补偿绳	磨损量、断丝数不超过要求
9	曳引绳绳头组合	螺母无松动
10	限速器钢丝绳	磨损量、断丝数不超过制造单位要求
11	层门、轿门门扇	门扇各相关间隙符合标准
12	对重缓冲距	符合标准
13	补偿链（绳）与轿厢、对重接合处	固定、无松动
14	上下极限开关	工作正常

乘客电梯、载货电梯全年维护保养项目内容和要求　　　　　　　表 6-4

序号	维护保养（内容）	维护保养基本要求
8	减速箱润滑油	油量适宜，除蜗杆伸出端外均无渗漏
25	控制柜接触器，继电器触点	接触良好
26	制动器铁芯（柱塞）	进行清洁、润滑、检查，磨损量不超过制造单位要求
27	制动器制动弹簧压缩量	符合制造单位要求，保持有足够的制动力
28	导电回路绝缘性能测试	符合标准
29	限速器安全钳联动试验（每 2 年进行一次限速器动作速度校验）	工作正常
37	轿顶、轿厢架、轿门及附件安装螺栓	紧固
38	轿厢和对重的导轨支架	固定、无松动
39	轿厢及对重的导轨	清洁，压板牢固
40	随行电缆	无损伤
41	层门装置和地槛	无影响正常使用的变形，各安装螺栓紧固
64	轿厢称重装置	准确有效
65	安全钳钳座	固定、无松动
66	轿底各安装螺栓	紧固
67	缓冲器	固定、无松动

3. 计划性检修

电梯的计划性检修是在日常检查维护和周期性定期保养的基础上，根据保养中掌握的运行状态，结合电梯的使用保养现状，为恢复电梯原有的性能，延长其寿命而做出的计划性检修安排。通常包括中修、大修和专项修理三部分内容。

一般中修周期为 3 年，大修周期为 5 年，可根据电梯的实际性能状况和运行状态适当提前或延长。

6.4.3 高层建筑电梯常见故障及排除方法

高层建筑电梯常见故障通常有：在基站，打开钥匙开关后，电梯不开门；选层揿按钮后电梯不能启动运行；层门未关闭，电梯就启动；电梯启动困难，运行速度降低；电梯启动时，轿厢震动较大；电梯运行时，轿厢内听到摩擦声或震动等等。当这些故障出现时，需要排除，使电梯正常运行。详见表 6-5。

电梯常见故障及排除方法 表 6-5

故障现象	可能出现的原因	排除方法
在基站，打开钥匙开关后，电梯不开门	(1) 电源开关未接通； (2) 开关门电路的熔断器熔体烧断； (3) 钥匙开关接点接触不良或折断； (4) 钥匙开关继电器线圈损坏或继电器触电不良； (5) 开门电路中的继电器、开关触点接触不良或断线； (6) 开门电机励磁线圈未供电，短路或开路；开门电机炭刷磨损过度；电枢线短路或开路	(1) 接通电源开关； (2) 更换熔体； (3) 若接触不良，可用无水酒精清洗，并调整接点弹簧片，若接点折断则需要更换； (4) 若线圈损坏，需更换，若触点接触不良，可清洗修复； (5) 一次查找开门电路中各继电器、开关触点和线路； (6) 检查开门电机励磁、电枢线圈电压，检查炭刷后酌情处理
选层揿按钮后电梯不能启动运行	(1) 电源开关未接通；电源错相、缺相；电源电压过低； (2) 控制电路熔断器熔体烧断； (3) 轿门或层门未关闭或门锁触点接触不良、断线； (4) 急停（电压）继电器回路中所串联开关触点有的未接通或接触不良； (5) 电动机出现故障	(1) 查明原因，予以处理； (2) 更换熔体； (3) 管好层轿门，检查门锁开关； (4) 检查急停（电压）继电器回路各开关、继电器； (5) 检查电动机
层门未关闭，电梯就启动	(1) 门锁继电器卡死不释放； (2) 门锁开关接线路短、接地	(1) 修复或更新； (2) 检查短路、接地点、修复
电梯启动困难，运行速度降低	(1) 制动器未打开或松闸间隙小； (2) 电源电压太低或断相； (3) 电动机发生故障； (4) 导靴位置不垂直，严重整劲； (5) 减速机润滑不良或蜗杆副径向间隙小，产生胶合现象； (6) 导轨松动，导轨接头处发生错位，阻力增大甚至导靴不能通过	(1) 检查调整制动器； (2) 检查电源接头及电压，紧固各接头，电压不超过规定值±10%； (3) 检查发动机； (4) 检查调整导靴； (5) 按规定加注润滑油或调整轴承； (6) 校正导轨
电梯启动时，轿厢振动较大	(1) 电动机启动时阻力太小；切除阻抗接触器卡死不释放； (2) 减速器轴承磨损或蜗杆副齿侧间隙过大； (3) 曳引机地脚螺丝松动，或挡板松动	(1) 调整延时继电器串阻抗启动时间和阻抗大小，更换或修复接触器； (2) 更换轴承，调整齿侧间隙，更换蜗轮蜗杆； (3) 检查并紧固

故障现象	可能出现的原因	排除方法
电梯运行时，轿厢内听到摩擦声或振动	(1) 导轨润滑不良； (2) 导向轮或反绳轮轴与轴套润滑不良； (3) 导靴靴衬严重磨损； (4) 传感器与隔磁板有碰撞现象； (5) 滚轮式导靴轴承磨损； (6) 导靴与导轨间隙过大； (7) 门刀与层门地槛护脚板或门罩间隙过小或门刀与门锁滚轮碰擦； (8) 曳引轮绳槽磨损变形； (9) 曳引绳张力不均匀，或曳引绳断丝、断股； (10) 轿厢壁等部位固定螺丝松动； (11) 井道壁不垂直或有凸出部位与轿厢地坎摩擦； (12) 平衡链麻绳损坏；平衡链过长拖地，与对重导轨底座摩擦； (13) 全钳拉杆防晃器与导轨摩擦； (14) 轿厢歪斜，安全钳与导轨摩擦或安全钳镆块与导轨间隙过小	(1) 清洗导轨或加油； (2) 补油或清洗换油； (3) 更换靴衬； (4) 调整传感器或隔磁板位置； (5) 更换轴承； (6) 调整导靴弹簧压力； (7) 测量各层间隙，调整护脚板、门罩或门锁滚轮位置； (8) 更换或重车曳引轮绳槽； (9) 调整曳引绳张力，更换曳引绳； (10) 紧固螺栓； (11) 凿去井道凸出部位； (12) 修复或更换麻绳；适当缩短平衡； (13) 调整防晃器； (14) 校正轿厢，调整镆块与导轨间隙为 2～3mm
电梯由快速换慢速时有震动或台阶感严重	(1) 减速器轴承磨损或蜗轮杆磨损过度； (2) 换速后串阻抗未接入或切除时间过早； (3) 换速过晚	(1) 更换轴承；调整蜗轮杆中间距；更换蜗轮蜗杆； (2) 检查有关继电器，调整继电器延时动作时间； (3) 调整换速时间
轿厢平层误差大，达不到平层要求	(1) 选层器上换速触头与固定触头位置不合适； (2) 平层感应器与隔磁板的相对位置发生变化； (3) 制动器弹簧过松；制动带磨损；松闸间隙大；制动带或制动轮有油污； (4) 个别继电器、接触器有延时释放现象； (5) 电梯超载； (6) 换速过晚； (7) 曳引轮绳过度润滑，曳引轮绳槽磨损、曳引绳打滑	(1) 调整； (2) 调整； (3) 调整；更换制动带，调整抱闸间隙；清除油垢； (4) 修复或更换有关继电器； (5) 严禁过载； (6) 调整换速时间； (7) 拭去过多的润滑油；重车或更换曳引轮
在预选的层站不停车	(1) 轿内选层继电器失灵； (2) 选层器上减速动触头与预选静触头接触不良； (3) 预选层站的换速传感器损坏	(1) 修复或更换； (2) 调整或修复； (3) 更换
在未选的层站停车	(1) 快速保持回路接触不良； (2) 选层器上层间信号、隔离二极管击穿	(1) 检查、修复回路中继电器与接触器触点； (2) 更换二极管
电梯到站平层后，轿厢不开门	(1) 开门电机回路中保险丝过松或熔断； (2) 开门限位开关接点不闭合； (3) 开门继电器损坏或接线断； (4) 开门感应器损坏； (5) 平层器开门动、静滑块接触不良或未接触； (6) 开门机传动皮带松脱或断裂	(1) 拧紧；更换； (2) 检查调整或更换； (3) 检查更换； (4) 更换干簧管； (5) 检查调整； (6) 调整或更换皮带

续表

故障现象	可能出现的原因	排除方法
开门速度过慢或跳动	(1) 开门速度控制电路出现故障; (2) 开门机皮带打滑; (3) 地槛槽内有异物卡阻; (4) 吊门滚轮损坏、有异物卡阻; (5) 门导轨变形或松动偏斜	(1) 检查低速开门行程开关触点,若粘连则排除; (2) 张紧皮带; (3) 清除异物; (4) 更换滚轮,清除异物; (5) 校正导轨,紧固连接件
轿门关闭时夹人	(1) 安全触板微动开关出了故障; (2) 微动开关短路; (3) 安全触板传动机构损坏	(1) 排除或更换; (2) 检查电路,排除短路点; (3) 更换损坏零件
轿门开关速度过快,噪声大且不变速	(1) 开门、关门短接分压电阻的开关接触不良,使电枢两端电压高且不能改变; (2) 开、关门分压电阻的滑片与电阻接触不良; (3) 分压电路或分压电阻断路	(1) 修复接触不良的常开触点,损坏的予以更换; (2) 清洁滑动电阻表面,调整滑片,使其与电阻接触良好; (3) 查找断路处,接好,修复或更换电阻
摁下关门按钮后,门不关	(1) 关门按钮接触不良或损坏; (2) 关门限位开关未复位; (3) 关门继电器故障; (4) 关门继电器线圈所串继电器、开关触点处接触不良; (5) 门电机故障或门电机线路故障; (6) 门电机传动皮带打滑	(1) 检查更换; (2) 检查更换; (3) 适当更换; (4) 检查更换; (5) 检查门电机和线路,找出原因排除; (6) 调整皮带张力或更换传动皮带

第7章 高层住区其他设备的管理

本章关键词：

给水排水系统 供暖系统 供电设备 智能化设备

7.1 给水排水系统及管理

7.1.1 高层建筑给水排水工程的特点及存在的问题

1. 高层建筑给水排水工程的特点

由于高层建筑具有层数多、高度大、振动源多、用水要求高、排水量大等特点，因此，对建筑给水排水工程的设计、施工、材料及管理方面都提出了较高的要求。与低层建筑给水排水工程相比，高层建筑给水排水工程具有以下特点：

（1）高层建筑给水、热水、消防系统静水压力大，如果只采用一个区供水，不仅影响使用，而且管道及配件容易被破坏。因此，供水必须进行合理的竖向分区，使静水压力降低，保证供水系统的安全运行。

（2）高层建筑建筑标准高，功能复杂，火灾危险性大，必须设置安全可靠的室内消防给水系统，满足各类消防要求。

（3）高层建筑的排水量大，管道长，管道中压力波动较大。为了提高排水系统的排水能力，稳定管道中的压力。保护水封不被破坏，高层建筑的排水系统应设置通气管系统或采用新型的单立管排水系统，如苏维托排水系统、空气芯旋流排水系统等，另外，高层建筑的排水管道应采用机械强度较高的管道材料，并采用柔性接口。

（4）高层建筑给水排水设备使用人数多、瞬时的给水量和排水量大，一旦发生停水或排水管道堵塞事故，影响范围大。因此，高层建筑必须采取有效的技术措施，保证供水安全可靠，排水通畅。

（5）高层建筑动力设备多，管线长，易产生振动和噪声，系统必须考虑设备和管道的防振动和噪声的技术措施。

2. 高层建筑给水排水工程存在的问题

经过上百年的发展，高层建筑的给水排水技术已日趋成熟，但也存在许多亟待解决的问题，具体有以下几个方面：

（1）节水、节能的给水排水设备及附件的开发与应用。

（2）新型减压、稳压设备的研制与应用。

（3）安全可靠、经济实用、运行管理方便的供水技术与方式的推广与应用。

（4）高层建筑消防技术与自动控制技术。

（5）提高排水系统过水能力，稳定排水系统压力的技术措施

（6）低成本、高效能的新型管道材料开发与应用。

（7）热效率高、体积小的热水加热设备的研制与应用。

高速发展的建筑业，必将对建筑给水排水技术提出更高的要求，为了适应和推动高层建筑的发展，必须不断改进和提高高层建筑给水排水技术，使高层建筑给水排水技术达到一个新的水平。

7.1.2 高层建筑的给水系统

1. 高层建筑给水系统的分类和组成

（1）高层建筑给水系统的分类

高层建筑给水系统按供水用途可分为生活给水系统、生产给水系统、消防给水系统、中水系统、直饮水系统等。

1）高层建筑生活给水系统

主要是供给人们在生活方面的用水，如饮用、烹调、沐浴、盥洗、洗涤及冲洗等。该系统除水压、水量应满足要求外，水质必须严格满足国家现行的《生活饮用水卫生标准》。

2）高层建筑生产给水系统

主要满足生产用水要求，其中包括洗衣房、锅炉房的软化水系统，空调、冷库的循环冷却水系统，游泳池水处理系统等。生产给水系统对水质、水压、水量及安全方面的要求应视具体的生产工艺确定。

3）高层建筑消防给水系统

供建筑消防设备用水，包括消火栓给水系统、自动喷洒灭火系统、水幕消防给水系统等。高层建筑消防给水系统对水压、水量均有严格的要求。即要求给水系统必须具备较高的自救能力，设计独立的消防给水系统，主要包括室内外的消火栓给水系统和各种灭火系统。

4）高层建筑中水系统

该系统将建筑内排出的水质比较清洁的各类废水，经适当的处理使其水质达到回用标准后，再用中水管道输送到建筑内用于冲洗厕所、冲洗汽车、浇洒绿地和庭院等。用于中水的水源主要有盥洗废水、冷却废水等。

5）高层建筑直饮水系统

在标准比较高的宾馆、饭店以及住宅中有时设置宜饮水系统。宜饮水系统就是将自来水进行深度处理，然后用管道输送到建筑内的用水点供人们直接饮用。

由于高层建筑对用水的安全性要求比较高，特别是消防的要求特别严格，必须保证消防用水的安全可靠。因此，高层建筑各种给水系统一般宜设置独立的生活给水系统、消防给水系统、生产给水系统或生活—生产给水系统及独立的消防给水系统。

（2）高层建筑给水系统的组成

高层建筑给水系统与普通建筑给水系统一样，也是由引入管、水表节点、管道系统、给水附件、增压和储水设备、消防设备等组成。

2. 高层建筑给水系统的竖向分区

（1）高层建筑给水系统的竖向分区

高层建筑给水系统的竖向分区是指沿建筑物的垂直方向，依序将其划分为若干个供水

区域，每个供水区域都有其自己完整的供水设施。

（2）竖向分区的必要性

由于高层建筑物总高度大，仅靠室外管网的供水压力，通常无法满足较高楼层用水点的水压要求，工程中一般采用增压设备辅助供水，以产生更大的水压。如果给水系统不进行竖向分区，则底层卫生器具将承受较大的静水压力，从而带来一系列问题：一是下层给水龙头流量过大，水流呈喷溅状，不仅造成浪费，而且影响使用；二是上层给水龙头流量过小，甚至出现负压抽吸，造成回流污染；三是下层管网由于承受压力巨大，关阀时易产生水锤，轻则产生噪声和振动，重则使管网遭受破坏；四是下层阀件易磨损，造成渗漏，增加维修工作量。倘使压力超过管材和设备的额定工作压力，还会造成管材和设备的损坏。实践证明，对高层建筑实行分区供水，是解决上述问题的有效方法。

（3）竖向分区的原则

高层建筑的给水管网必须竖向划分成几个区域。通常分区的原则如下：

1）根据使用要求、管材质量、卫生器具配件所能承受的工作压力，结合建筑层数合理划分。

2）充分利用市政给水管网压力，用初估法来计算低区层数。

3）上区划分根据静水压力。《建筑给水排水设计规范》规定高层建筑生活给水系统竖向分区：对住宅旅馆医院宜为 $300\sim500kPa$；办公楼高层建筑竖向分区根据管道或设备所承受的静水压力为 $350\sim450kPa$。这样可以确定上区划分为几个区，每个区几层即可。

据国外文献资料介绍，美国采用的高层建筑给水压力分区范围值为：办公楼 500-600kPa，公寓、旅馆为 400kPa；日本高层建筑给水压力分区范围值为：办公楼 400-500kPa，公寓、旅馆 $300\sim350kPa$。

3. 高层建筑给水方式

（1）高位水箱给水方式

高位水箱供水方式包括水泵和水箱。该方式又可分并联供水式、串联供水式、减压水箱供水式、减压阀供水式。高位水箱的作用是存储调节本区的用水量和稳压。水箱内的水由设在泵房内的离心水泵供给。高位水箱给水方式具有以下优点：一是水箱内可储备一定水量，供水比较安全可靠；二是水压稳定；三是泵启动次数较少，效率较高；四是设备费和运营费较低。其主要缺点：一是水箱的设置占用了一些建筑面积；二是增加了高层建筑结构的复杂性，基建投资相对上升；三是水质较易受到污染；四是水箱进水时，产生噪声和振动。

（2）气压罐给水方式

气压罐的设备包括离心水泵和气压罐。其中气压罐为一钢制密闭容器，供水时利用容器内空气的可压缩性存储和调节水量，并将罐内储水压送到一定的几何高度，达到节能的目的；二是水泵机组采用软启动和循序启动，从而实现无塔供水。气压罐供水的主要优点：一是一般不需要水箱和水塔，荷载大大减小，尤其适用地震区的高层建筑；二是罐内水质不易受污染；三是基建投资较省；四是便于集中管理，较易实现自动控制。其主要缺点：一是供水压力不稳，常出现周期性的波动；二是气压罐容积有限，储水较少，因而水泵启动频繁，且水泵在变压状态下工作，不仅效率低，而且增加了设备的运行费用，缩短了水泵的使用寿命；三是由于气压罐的有效容积较少，其储水和调节水量的作用远不如高位水箱，因而供水可靠性较差。

（3）变频泵无水箱给水方式

变频调速水泵，是一种将单片机技术、变频技术和水泵机组相结合，通过变频器电源改变频率和电压，以控制交流电动机的转速，进而实现水压与流量可调的给水设备。由于变频泵的水压和流量可调，可取消高位水箱。该方式的主要优点：一是节能。二是在保持设定压力的前提下，根据用水量的变化情况随时调整电机的转速、运行，既可延长设备使用寿命，又能保证运行的可靠性；三是调速全自动化，使用方便；四是结构紧凑，占地省，安装方便，便于集中管理等。变频调速水泵的缺点：一是变频器价格贵，整机费用比其他给水设备昂贵；二是变频器对工作环境条件（包括温度湿度灰尘等）要求较高；三是变频器易受外界电池干扰，影响机组正常运行。

（4）减压分区给水方式

减压分区给水方式是利用减压阀或各区的减压水箱进行减压。水泵将水直接送入最上层的水箱，各区分别设置水箱，由上区的水箱向下区的水箱供水，利用水箱减压；或者上下区之间设置减压阀，用减压阀代替水箱，起减压的作用。向下区供水时，先通过干管上的减压阀，然后进入下一区的管网，依次向下区供水。特点是供水比较可靠，设备和管道系统简单，节约投资，维修管理方便。采用减压阀减压方式，各区不再设置水箱，可提高建筑面积的利用率。但下区供水压力损失较大，水泵能源消耗较大。设计时一般生活给水系统采用可调式减压阀；消防系统采用比例式减压阀。

总的来说，根据实际情况和各个地方的不同要求采用相应的供水方式，也可以是几种供水方式相结合。

4. 高层建筑内部给水管网布置方式

建筑内部给水通过引入管引入室内以后，根据管网形式不同可以分为：环状网、枝状网。根据横干管在建筑内部的位置不同，可以分为：下行上给式、上行下给式、中分式。

7.1.3 高层建筑排水系统

1. 高层建筑排水系统的组成及特点

（1）高层建筑排水的种类与性质

从高层建筑中排出的污水，按其来源和性质可分为粪便污水、生活废水、屋面雨雪水、冷却废水以及特殊排水等。

1）粪便污水。从大、小便器排出的污水，其中含有便纸和粪便等杂物。

2）生活废水。从盥洗、沐浴、洗涤等卫生器具排出的污水，其中含有洗涤剂和一些洗涤下来的细小悬浮颗粒杂质，污染程度比粪便污水轻。

3）屋面雨雪水。水中含有少量灰尘，比较干净。

4）冷却废水。从空调机、冷却机组等排出的冷却废水，水质未受污染。只是水温升高，经冷却后可循环使用。但长期使用需经水质稳定处理。

5）特殊排水。从公共厨房排出的含油废水和冲洗汽车的废水，含有较多油类物质，需单独收集局部处理后排放。

（2）高层建筑排水系统的组成

高层建筑内部排水系统，既要求能将污水安全迅速地排出室外，还要尽量减少管道内的气压波动，防止管道系统水封被破坏，避免排水管道中的有毒有害气体进入室内。

高层建筑内部排水系统一般由六大部分组成。

1）卫生器具。洗脸盆、污水盆、浴盆、淋浴器、大便器、小便器等。

2）排水管道系统。由器具排水管、排水横支管、排水立管、埋地总干管和排出管等组成。

a. 器具排水管。连接卫生器具和排水横支管之间的短管，除坐式大便器外其上均没水封装置。

b. 排水横支管。将卫生器具排出的污水转输到排水立管中去。

c. 排水立管。用来收集其上所接各横支管排来的污水，然后将这些污水送入埋地总干管。

d. 埋地总干管和排出管。用来收集排水立管排来的污水，将其排至室外排水管网。

3）通气管系统。设置通气管系统，可使排水管道系统与大气相通，减少排水管道中气压的波动，防止卫生器具水封的破坏，排出管道中的有毒有害气体，还可减轻管道中废气对管道的腐蚀危害。

4）消能器材。为减少高层建筑排水立管的污水下降流速，可装设乙字弯进行消能减压。

5）清通设备。一般有检查口、清扫口、检查井等，作为疏通管道之用。

6）抽升设备。高层建筑地下室内的污水，不能自行流至室外时，必须设置污水抽升设备。

7）室外排水管道。指自排出管接的第一个检查井后至城市下水道的管道即为室外排水管道。其任务是将室内的污水排送到市政的排水管道中去。

（3）高层建筑排水系统的特点

排水系统的作用主要是将户外的降雨雪、生活污水、废水排出去，这就需要借助管道和其他的辅助设备。高层建筑的排水系统由于楼层较多，排水落差大，多根横管同时向立管排水的几率较大，容易造成管道中压力的波动，卫生器具的水封容易遭到破坏。因此高层建筑的排水系统一定要保证排水的畅通和通气良好，一般采用设置专用通气管系统或采用新型单立管排水系统。建筑物底层排水管道内压力波动最大，为了防止发生水封破坏或因管道堵塞而引起的污水倒灌等情况，建筑物一层和地下室的排水管道与整幢建筑的排水系统分开，采用单独的排水系统，对不同的污水进行不同的处理，提高处理的效果。

通常来说，对室内污水采取 UPVC 管，而地下排水管受到的压力比较大，多采用镀锌钢管，对室外的排水管多运用塑料管和管箍进行连接。

2. 高层建筑排水系统的布置与敷设

（1）设置

高层建筑排出的污水，根据其性质的不同可采用分别设置管道系统予以排出的方式，称为分流制；对于其中两种以上的污水采用同一管道系统予以排出的方式，称为合流制。排水机制依据技术、经济两大因素决定排水采用分流制还是合流制，需做经济、技术比较。高层住宅建筑不产生生产废水和生产污水。在建筑内部排水系统中，必须单独设置雨水系统。冷却水多采用循环使用的方式，自成体系。合流制一般指粪便污水和生活废水合用一套管道系统，称为生活污水系统。因此住宅建筑排水系统可分为：粪便污水系统；生活废水系统；生活污水系统；屋面雨水系统；特殊排水系统。

（2）排水管道布置

以最短的距离排出室外；尽量不穿越变形缝；有利于安全和建筑物的使用、维修、清通。

（3）排水管道的敷设

管道之间、管道与墙要有一定的间距；管道穿墙、穿楼板、基础要预留洞；排水立管与排出管端部的连接宜采用两个45°弯头，或弯曲半径不小于4倍管径的90°弯头。

（4）通气管道系统

建筑内排水管道系统要设置通气管与大气相通，以排泄正压或补给空气减少负压，使管道内气流保持接近大气压力。排水管道有如下通气方式：伸顶通气管、专用通气管、环形通气管、主通气管、副通气立管、结合通气管、器具通气管。

7.1.4 高层建筑给水排水系统的管理

1. 管理范围界定

物业服务企业应与给水、排水等专业管理部门明确各自的管理职责，相互分工，通力合作。这种分工因城市而异，如北京市对居住小区物业服务企业与各专业管理部门职责分工为：

（1）给水设备

高层楼房以楼内供水泵房总计费水表为界，多层楼房以楼外自来水表为界。界限以外（含计费水表）的供水管线及设备，由供水部门负责维护、管理；界限以内（含水表井）至用户的供水管线及设备由物业服务企业负责维护、管理。

供水管线及管线上设置的地下消防井、消火栓等消防设施，由供水部门负责维护、管理，公安消防部门负责监督检查；高、低层消防供水系统，包括泵房、管道、室内消火栓等，由物业服务企业负责维修管理，并接受公安消防部门的监督检查。

（2）排水设备

室内排水系统由物业服务企业维护管理。居住小区内道路和市政排水设施的管理职责，以3.5m路宽为界，凡道路宽度在3.5m（含3.5m）以上的，其道路和埋设在道路下的市政排水设施，由市政工程管理部门负责维护、管理；道路宽度在3.5m以下的，由物业服务企业负责维护、管理。居住小区内各种地下设施检查井盖的维护、管理，由地下设施检查井的产权单位负责。有关产权单位也可委托物业服务企业维护、管理。

2. 给水排水管道的管理

给水排水系统的设备能否正常运行，关系着住户的切身利益，因此必须加强日常运行中的检查和维护管理工作。管理人员应事先全面了解设备的性能和用途、各管线走向和位置与相互关系等。建立正常供水、排水的管理制度，严格执行操作规程。

检修人员在检查过程中，应对重点部位进行检查，通常应注意以下几个方面：

（1）对供水管道、水表、水泵、水箱、水池、阀门进行经常性维护和定期检查，确保供水安全。定期对排水管道进行养护、清通，防止堵塞。

（2）重点检查厕所、厨房的盥洗室。看地面是否干净，地漏附件有无污物，洁具是否经常冲洗，管道是否刷防腐材料，水箱、脸盆、水龙头是否安稳好用，有无漏水现象。

（3）楼板、墙壁、地面等处有无滴水、积水等异常情况，发现管道滴漏要及时修理。

（4）给水阀门井和排水检查井封闭是否严密，防止杂物下落井中。

（5）雨水井及其附件有无石灰、沙子、碎砖、碎石等建筑材料，防止它们被雨水冲入管道而造成管道堵塞。

（6）露于空间的管道及设备须定期检查，补刷防腐材料。

（7）冬季前应做好室内、室外管道和设备的防冻保温工作。对室外盖子不严的阀门井、水表井都要在井中填入保温材料，对设在室外的冷水龙头、水箱、阀门、管道、消火栓等应有保温措施。

（8）每年对使用设备进行一次使用试验（如控制阀门每年至少进行试验，防止启动时开不开或关不严等）。

（9）对使用期限已到或残旧设备应及时更换，防止重大事故的发生。

（10）制定突发事故的处理方案，当发生跑水、断水等故障时，能及时处理，防止事故范围的扩大。

（11）经常普及使用常识，使住户正确使用给水排水设备。

7.1.5　高层建筑给水排水系统的维修

1. 给水管道的维修

（1）漏水

漏水是给水管道及配件的常见主要毛病，明装管道沿管线检查，即可发现渗漏部位。对于埋地管道，首先进行观察，对地面长期潮湿、积水和冒水的管段进行听漏，同时参考原设计图纸和现有的闸门箱位，准确确定渗漏位置，进行开挖修理。

（2）管道损坏

管道损坏的原因通常是由于使用年限太久，受酸、碱、废水的腐蚀和其他机械损伤。渗漏管道的维修，常见以下几种办法：

1）哈夫夹堵漏法。用铅楔或木楔打入洞眼内，然后垫以 2～3mm 厚的橡皮布，最后用尺寸合适的哈夫夹夹固。

2）换管法。对于锈蚀严重的管段需要进行更换。地下水管的更换有时需锯断管子的一头或两头，再截取长度合适的新水管，用活接头予以全新连接。

2. 阀门的修理

阀门的常见故障和修理有以下几种：

（1）螺盖漏水。多是填料受磨损。修理方法：关闭阀门，更换填料。

（2）开不动，对于长期不开动的阀门，容易锈住，可用小锤轻轻敲击阀杆或用扳手式管钳转动手轮。

（3）开启后不通水。如是阀杆滑扣，需更换阀杆或整个阀门。如是阀芯同阀杆脱节，需重新连接起来。

（4）关不住或关不严。多是阀芯与阀座间有异物，如水垢，砂粒等卡住或由于划伤、蚀伤等原因而造成，应拆开阀芯，取出异物或采用研磨的方法，消除伤痕，使之闭合严密。

3. 高位水箱及其浮球阀的维修

（1）屋顶高位水箱浮球阀的常见故障

1）关不严。浮球虽已升到最高点，仍然出水，原因是胶皮芯磨损变薄，修理时，根据具体情况更换阀芯胶皮垫，或连同阀芯一起更换。

2）浮球阀不出水。可能是阀芯挑杆锈蚀，阀座出水眼被堵，阀芯锈蚀不能自如活动等原因造成的。修理方法：除锈、用细铁丝进行疏通水眼，将阀芯用纱布打磨重新安装即可。

（2）高位水箱渗漏的修理

找出水箱渗水裂缝，在裂缝中心凿出或钻出灌注孔，可采用压力灌注环氧树脂进行补漏。

（3）高位水箱的清洗消毒

高位水箱由于多种原因导致异物侵入造成水质污染，达不到生活用水标准，故应每年进行一次水箱清洗工作，每三年进行一次水箱消毒工作。

4．给水管道的维护

（1）给水管道的检查

维修养护人员应十分熟悉给水系统，经常检查给水管道及阀门（包括地上、地下、屋顶等）的使用情况，经常注意地下有无漏水、渗水、积水等异常情况，如发现有漏水现象，应及时进行维修。

（2）保温防冻工作

在每年冬期来临之前，维修人员应注意做好水表箱、阀门井、消防栓、栓井及室内外管道、阀门等的防冻保温工作。根据当地气温情况分别采用不同的保温材料，以防冻坏。

（3）冻裂事故的处理

对已发生冰冻的上水管道，宜采用浇温水逐步升温，或包保温材料，让其自然化冻。对已冻裂的水管，可根据具体情况，采取电焊或换管的方法处理。马铁铸成的水嘴和阀门若被冻裂，则应予以换新。

5．室内排水管道的维修

室内排水管道的常见故障和修理：

（1）管道渗漏

多发生在横管或存水弯处，有砂眼、裂缝等。因砂眼渗漏，可采用打铅楔、木楔的办法堵漏；对于较小的裂缝，可采用哈夫夹堵漏；对于承插接口渗漏，可用水泥重新打封口；对于塑料管接口处渗漏，可用胶封；对管身开裂不大的，可采取热塑料焊接补漏。

（2）管道堵塞

管道堵塞造成流水不畅，排泄不通，严重的会在地漏、水池、马桶等处漫溢外淌。造成堵塞的原因，多为使用不当造成硬杂物进入管道，停滞在排水管中部、拐弯处、排水管末端，也有的是因为在施工过程中，砖块、木块、砂浆等进入管中。修理时，可根据具体情况判断堵塞物的位置，在靠近的检查口、清扫口、屋顶通气管等处，采用人工和机械疏通。如无效时，则采用尖錾剔凿疏通，或采用"开天窗"办法，进行大开挖，排除堵塞。

（3）雨水排除

屋面雨雪水的排除方式一般有三种：

1）檐沟排水（水落管排水）。多用于一般居住建筑、屋面面积较小的公共建筑。檐沟多为铝皮制成，水落管多用白铁皮管或 PR 管等。

2）天沟外排水。即利用屋面构造上所形成的天沟本身容量和坡度，使雨雪水向建筑物两端泄放，并经墙外主管排至地面或雨水道。

3）内排水。当屋面积大或曲折，尤其是屋面有天窗、多跨度、锯齿形屋面等，须在建筑物内部设置雨水管系统。内排水管系统的组成有雨水斗、悬吊管、主管及排出管、埋地横管及检查井等。

6. 室外排水管道的维修

（1）管道坡度搞反，形成倒返水。此类故障常见于新建的房屋中，原因多是未按图纸要求放坡，或沟底未做垫层，加上接口封闭不严，管道渗漏而造成不均匀下沉，造成排水不畅，严重时则会引水倒流，在检查处污水外溢。维修方法是按原设计图纸和规范要求返工重做。

（2）管道堵塞。维修时，首先应将检查井中的沉积物用钩勺掏清，随后用毛竹片进行疏通，再用中间扎有铁丝球的麻绳来回拉刷，同时放水冲淤。也可以使用疏通机疏通。如疏通不了，则要在堵塞位置上进行破土开挖，采用局部起管疏通、重新安管的办法。

7.2　高层住区供暖系统及管理

7.2.1　高层住区供暖系统

高层建筑由于高度较高，其供暖系统有它的特殊性。首先，高层建筑随着高度越高、室内外温差越大时热压和风压的影响越明显，因此在设计散热量时，要考热压和风压综合作用的影响。其次，由于高层建筑供暖系统的水静压力较大，应根据散热器的承压能力、外网的压力状况等因素来确定系统形式及其连接方式。此外，还要考虑由于楼层高而加大了系统垂直失调等问题。目前国内高层建筑供暖系统的主要型式有以下几种：

1. 分层式供暖系统

（1）换热器分层式供暖系统

换热器分层式供暖系统在热力站内另设一套完整的换热、循环、定压设备，采用一级管网热水（温度为 70～150℃）通过换热器加热高层供暖系统循环水，系统形式见图 7-1（每层 2 个房间）。该系统形式的特点为：将高、低层供暖系统完全分开，各自的运行互不干扰，保证了供暖的运行可靠；无论是高层还是低层供暖系统均可采用承压能

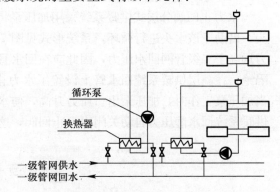

图 7-1　换热器分层式供暖系统

力较低的散热器；高、低层供暖系统均有换热、循环、定压设备，增加了热力站的造价，设备的增加也使热力站占地面积扩大，循环泵、补给水泵耗电量增加。

（2）双水箱分层式供暖系统

双水箱分层式供暖系统利用低层供暖系统二级管网热水（温度为 60～85℃）为高层区域供暖，系统形式见图 7-2（每层 2 个房间）。低层供暖系统通常按 6 层建筑定压，定压点一般设在热力站循环泵入口处，定压点压力约 0.25MPa，热力站二级管网供水管出口压力通常控制在 0.40MPa 以内。由于二级管网供水压力低于高层供暖系统静水压力，为了能

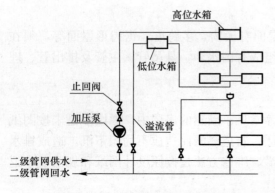

图 7-2　双水箱分层式供暖系统

使低层供暖系统二级管网热水为高层建筑供暖，就必须在用户供水管上设置加压泵，将低层供暖系统的热水提升至高位水箱，利用高、低位水箱的水位差实现高层建筑供暖。高层供暖系统通过低位水箱的非满管流动的溢流管与低层供暖系统的回水管相连，用双水箱代替换热器，也起到了隔绝压力作用。在选择加压泵时，流量、扬程不能太大，否则会抽走其他用户供水，造成供暖不足的情况。由于加压泵安装在供水侧，因此应选择

工作温度较高的热水泵。该系统形式的特点为：采用水箱，起压力隔绝作用，系统启停时，不会影响二级管网的水力工况；简化了循环系统，省去了加热、定压系统，系统造价远低于换热器分层式供暖系统；开式水箱和非满管流动的溢流管很容易使空气进入循环水中，易导致管道腐蚀；高、低位水箱均占用建筑物空间，减少了建筑物有效利用面积；低位水箱设置了溢流管，如果管理不善，很容易导致热水的流失；由于通常很难在建筑中找到合适位置安装高、低位水箱，因此实际施工较困难。

（3）单水箱分层式供暖系统

单水箱分层式供暖系统采用加压泵使二级管网热水（温度为 $60\sim85℃$）进行循环，回水则利用低位水箱溢流管与低层供暖系统隔绝，系统形式见图 7-3（每层 2 个房间）。与双水箱分层式供暖系统相比，虽然存在加压泵功率较大、运行费用较高的缺点，但其省去了高位水箱，节省了建筑物的有效使用面积。

（4）水力止回阀分层式供暖系统

水力止回阀分层式供暖系统采用加压泵将二级管网热水提升至最高点，且具有一定的水头，借助于该水头进行循环，系统形式见图 7-4（每层 2 个房间）。由于高层供暖系统回水压力远高于二级管网回水压力，因此应在回水管上设置减压阀。为使高层与低层供暖系统压力隔绝，在高层供暖系统回水管上设置了水力止回阀，该阀有一根信号管与加压泵出口相连。当加压泵工作时，加压泵出口压力升高，使水力止回阀打开；当加压泵突然关闭时，靠高层供暖系统回水静压力自动关闭水力止回阀，这样就将高层与低层供暖系统有效地隔绝。

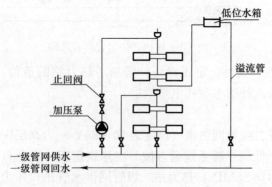

图 7-3　单水箱分层式供暖系统

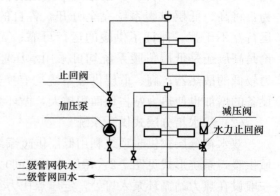

图 7-4　水力止回阀分层式供暖系统

2. 静压隔断式系统

静压隔断式系统采用直接连接，在原有低层供暖系统运行参数、运行方式不变的情况下，仅在高层供暖系统入口增设一台微型加压泵（如果二级管网压力满足要求，也可不增设加压泵），将热水加压送至高层散热器散热后，进入断流器，产生膜流形成断流减压。然后，进入阻旋器进行阻旋复原，并分离空气，此时就可以安全返回低层供暖系统。回水管上安装的断流器、阻旋器用于消除高层供暖系统回水势能，在供暖系统停止运行时，断流器与阻旋器间管道内的水流立即消失，自动使高层供暖系统与低层供暖系统断开，实现静止状态的高低层供暖系统压力隔绝。

3. 双线式供暖系统

（1）垂直双线式系统

垂直双线式系统在垂直方向上位于同一层用户内有一组上升和下降立管，因此各层散热器的平均温度近似相等。垂直双线式系统有利于避免系统垂直失调，但系统无压力隔绝措施，

高层供暖系统静水压力对低层散热器的影响仍然存在。因此，散热器应采用蛇形管或辐射板式等承压能力较高的结构。

（2）水平双线式系统

水平双线式系统与垂直双线式系统类似，只是在水平方向上各房间散热器平均温度近似相等，系统形式见图 7-5（每层 4 个房间）。由于各层分别设置调节阀调节，可改善垂直失调。

4. 分层水平串联式系统

分层水平串联式系统与水平双线式系统相同之处在于都采用调节各层调节阀改善垂直失调，不同之处在于水平管道数量不同，水平双线系统必须是两根水平管道，而该系统采用一根水平管道。

5. 单双管混合式系统

单双管混合式系统的主要作用是改善垂直失调，但仍然不能消除高层供暖系统静水压力对低层供暖系统的影响，系统形式见图 7-6（每层 2 个房间）。

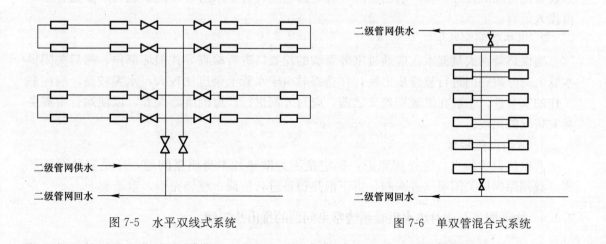

图 7-5　水平双线式系统　　　　图 7-6　单双管混合式系统

7.2.2　高层住区供暖系统的使用管理

1. 供暖系统及设施设备

（1）供暖系统设施设备的构成

供暖系统所涉及的设施设备很多，其中主要包括：锅炉房、室外供热网、室内供暖系统等。

（2）供暖系统的分类

供暖系统有很多种不同的分类方法，按照热媒的不同可以分为热水供暖系统、蒸汽供暖系统、热风供暖系统；按照热源的不同又分为热电厂供暖、区域锅炉房供暖、集中供暖三大类。

2. 供暖设施设备的管理

当供暖系统开始运行后，当值值班员每隔 2 小时巡视一次，巡视部位包括锅炉房及室外管网。锅炉房内要对锅炉本体、燃烧机、水泵机组、电气控制系统及各种附属装置（如闸阀、油箱、热水箱）进行巡视，巡视内容主要有：各连接处是否有漏油、漏水现象；是否有异常的声响和振动，是否有异常气味，观察排烟的颜色是否正常，燃烧火焰是否稳定，观察锅炉的水温是否变化正常，查看锅炉水位、油箱油位、水质机组的电机温度是否太高，风叶是否碰壳。水泵是否漏水成线，有无松弛的螺栓、螺母。控制箱内各指示灯是否正常，各元器件是否动作可靠，有无烧伤、过热、打火现象，

室外巡视主要是查看供暖沟有无大量渗漏水现象。在巡视过程中，出现不正常的情况值班员应及时处理，处理不了的问题，详细汇报给组长和管理组，请求维修组支援。值班员应根据用户或用热部门的要求，适当调整锅炉热水温度。

7.2.3　供暖系统常见故障处理

1. 锅炉房发生水浸

当这种情况发生时，视进水情况关掉运行中锅炉。拉下总电源开关，堵住漏水源，若漏水严重，尽力阻滞进水，并立即通知值班组长和管理处，漏水源堵住以后，应立即对漏水设备进行除湿处理，确认水已消除，各绝缘电阻符合要求后，开机试运行，如无异常即可投入运行。

2. 供热管网突然损坏

当供热管网大量漏水，应通过室外管沟的检查口进行检查寻找损坏部位，然后关闭供水管上的分段阀门进行整修或更换，在整修时由于水管上余压比较大，水温较高，应注意工作的安全性，一般在供暖期到来之前，应对外网进行严格的维修保养，以使运行中避免异常情况的出现。

3. 散热设备漏水

若散热设备漏水，应查找原因，确定是因为散热片本身质量问题，还是安装时不严密。找到原因后关闭暖气进水阀，拆下散热设备进行整修，整修完毕，重新装上。

7.2.4　物业服务企业对热水供暖系统常见问题的排出及管理

由于我国目前供暖系统主要以热水供暖为主，这里主要介绍热水供暖系统的常见问题

的排除及管理。

1. 局部散热器不热

引起此故障的基本原因主要包括：

（1）阀门失灵。当在阀座中发生阀盘脱落的现象，就会对热媒流动通道造成严重的堵塞，此刻可以将阀门压盖打开，对其进行修理，或者更换损坏的阀门。如果在集气罐中储存了很多气体，就会造成管路堵塞，从而导致局部散热器不热，此刻必须把系统里安装的放气附件打开，例如在散热器上安装的手动放风门以及在集气罐上安装的排气阀等等。

（2）管路堵塞。在具有非常短暂的送水时间时，能够手动触摸阀门前以及管线转弯位置的温度，同时可以进行敲击并且听取声音，在分析声音以及温度的基础上对此给予合理的判断；在系统非常大，并且送水时间十分长的时候，在堵塞位置的前后都会产生死水段，仅仅依靠人为的用手触摸是难以判定堵塞位置的，此刻应该借助放水法进行查找，应该在不热段管道的正中位置逐渐向两端选择防水点。在放水的过程中，如果来水段热水不会向前延伸，那么堵塞点就是存在于第一次与第二次的放水点间。在确定堵塞点以后，将管子打开，清除其中的污物，或者是直接更换此管段。

（3）管道坡度存在安装不科学的现象。这样就会造成管道鼓肚，在其中出现气塞，将此管段的流通截面积堵塞或者是减小，使得局部出现不热的现象。此刻必须要多管段的坡度进行合理的调整，保证其满足对坡向与坡度的基本设计要求。

（4）室外热网以及室内系统的回水以及送水管道接反，或者是都在回水（或送水）管上，这样室内系统就无法成为循环环路。必须要对此仔细的查找，根据外网的实际状况，及时纠正错误。

2. 用户私自改动供暖设施

一部分用户会按照个人意愿私自改建供暖设施，这样就会造成一些问题：

（1）将延长线连接到室内暖气上，将暖气安装在原来无暖气片的位置。尽管此做法在表面上好像可以帮助具有暖气的房间获得更多温度，然而事实上却将总供热系统的循环破坏掉，在私自接上暖气片的地方尚未获得较好的供暖效果。同时在连接管道以及暖气的时候，不能确保所用材料以及施工的质量，这样极易在供暖季节发生管道爆裂以及跑水等情况，为用户带来更多的困扰；而且还会导致成串的用户家里无法获得充足的供暖温度。

（2）在进行房屋装修的时候，一些用户为了美观，就会改变暖气片的原有位置。尽管表面上看更改暖气片的位置问题不大，然而在供热期，暖气片以及暖气管线都要承受着较高的压强与温度，所以在安装暖气的时候必须要进行高质量的施工，一旦暖气片的位置被用户私自更改以后，如果一些地方，例如管道接口等没有被严密的接合，那么极易发生破裂，出现跑水现象。

（3）"加粗"暖气管。为了获得更高的暖气片温度，一些用户将室内的暖气管更换为更加粗大的管道，这种行为不但极易导致管道发生破损，而且极易导致成串的用户家里无法获得足够的供暖温度。

（4）偷用供热水源。此做法会对水压造成严重影响。一部分用户将一个阀门安装在暖气片上，当其要使用热水时便打开阀门，使用其中的热水以满足日常生活所需。由于供暖系统是选用的闭水循环设计，锅炉房是提供热水的地方，在外管网的作用下，逐渐流进用户的暖气管道里，完成循环以后再回到锅炉房中，一些用户偷用供热水源的行为会导致片区水压不足，对其他用户的供暖造成严重影响。

对用户私自改动供暖设施的现象，物业服务企业要加强管理，尤其是装修过程中的巡视，发现问题及时处理。

7.3 房屋电气设备设计应考虑的内容及维修管理

高层住宅建筑供电系统分为强电和弱电两大部分，强电一般由供电中枢引入 10KV 高压电源，经接入高压柜后，经由变压器后改为 0.38kV 电压分配至低压柜，再由低压柜馈出至各个分配电箱，按照设计方案，分配至住户生活、水泵、电梯、风机等各个终端配电箱。随着高层建筑电力控制日趋智能化，目前二次控制也不断精细，即为弱电部分，主要应用在楼宇对讲、电视电话及消防、二次切换控制中。按照国标设计规范要求，高层建筑消防水泵、电梯、排烟送风机、应急照明、各项联动控制都为双电源供电，高层住宅建筑备用电源为自备发电机，遇到突发情况替代市政电网供电。

7.3.1 高层建筑电气设计应考虑的内容

1. 电量负荷的计算

高层建筑电气设计中有一个非常重要的部分——电力负荷，对电力负荷计算的精准程度，是合理选择用电设备，保障其安全、可靠和正常运行的基础，且在一定程度上决定了电力设计的合理性和电力运行的安全可靠性。

2. 高层建筑电气设备的供电的选择

因为高层建筑具有巨大的用电，因此，一般情况下，高层建筑都会采用两个电源，并且这两个电源是相互独立的，这两个电源一般同时供电，直到其中一个电源停止供电，那么另一个电源就会充当备用电源。如果两个电源同时断电，高层建筑中安装的柴油机组就开始工作，柴油机组在停电后的十五秒内恢复供电，保证高层建筑内的电梯、照明和消防设备等一级负荷用电。这样的设计不仅保证了高层建筑供电可靠性，也保证了供电居民的安全性。一般我国的高层建筑用电负荷和参数都是依据建筑的实际功能用电来设计的。

3. 高层建筑供电配电设备的选择

对于高层建筑而言，其供电配电的设备非常多，其中主要包括了变压设备、低压供电设备、高压供电设备和应急供电设备等。高压供电设备的开关柜选用真空开关手车式柜，低压供电设备的配电屏可设计为抽屉式的或固定式的，变压设备不能用油浸变压器，以避免火灾的发生。高层建筑的应急设备采用以燃油为动力的发电机，总的来说电气设备的设计要注重安全。

4. 高层建筑的照明设备的设计

照明系统对于任何一个建筑来说，都是非常重要的。照明设备的设计主要包括以下几点：灯具的选择、光源的选择和照度的计算与控制等。一般情况下，灯具的布置与选择不仅要节能环保、安全合理，还有外表上的要求，大多数情况下要选择较为简单大方的灯具。选择光源要依据不同的建筑需求而确定。在照明设备设计中，最为重要的是照度控制的环节，照度的控制应该最大程度做到节能与环保，节约电力。

5. 高层建筑的高低压配电系统的设计

在我国，高层建筑的配电计费方式多种多样，一般情况下，采用高供高计法比较多。在电压输出端一般都装有电度计费表，一般采用电价法计费。在高层建筑中一般采用大容量的变压器，这样可以减少变压器的数量，大大节省占地面积，为了保证供电可靠性，一般在低压母线之间装有联络装置。在高层建筑的配电线路选择上应该根据负荷情况合理选择电缆线路，还应注意不同电压线路敷设间距的考虑，在高层建筑的线缆选择上注意应根据负荷等级来选择。

6. 防雷与接地

对于现代高层建筑而言，防雷设计也是相当有必要的。目前，我国的高层建筑防雷设计，除了采取传统的针和接闪带的做法之外，近些年还出现了放射性避雷针和消雷器。虽然这两种防雷技术在工程中得到了较多的实际运用，但是关于这两者的理论还是存在争议的。现代高层建筑大多是钢筋混凝土剪力墙，和楼板之间的连接非常可靠，因此关键是要做好金属管线的接地。对于现代高层建筑而言，其电气设备的保护接地与工作接地、防雷接地这些工作都是合在一起的，它们组合成了联合接地系统。其接地电阻通常按照最小要求设计，一般都是 1Ω 以下。利用建筑物的钢筋混凝土基础作接地板。尽管基础钢筋等自然接地体已能满足接地电阻的要求，为更好达到接地电阻要求，还可装设水平的人工接地体，将主要的建筑物基础连接成接地网，这对均衡电位，提高安全性都有好处。

7. 电梯

电梯对于高层建筑而言，是必不可少的关键性的电气设备。对于高层建筑电气设备中的电梯而言，设计人员的主要任务就是确定电梯的功能与具体的台数。

7.3.2　房屋电气设备的管理

1. 管理范围的职责

（1）居住小区内的管理职责

居住小区内住宅楼低压供电设施管理职责：

1）使用架空线路供电的，高层楼以楼内配电箱为界，多层楼以楼外墙为界。界限以内（不包括配电箱和计费电度表）至用户的供电线路及设备，由物业服务企业负责维护、管理。

2）使用地下埋设线路供电的，以电缆进线 π 接箱（派接箱）为界。界限以内（不包括 π 接箱和计费电度表）至用户的供电线路及设备，由物业服务企业负责维护、管理。

3）上述界限以外供电线路及设备由供电部门与建设单位协商落实维护管理职责。

（2）非居住小区的管理职责

非居住小区的其他物业供电线的产权分界与维护管理的职责，一般按下列原则规定：

1）低压供电的，以供电接户线的最后（第一）支持物为分界点，支持物属供电局；

2）10kV 及以下高压供电的，以用户厂界外或配电室前的第一断路器或进线套管为分界点，第一断路器或进线套管的维护责任由双方协商确定；

3）35kV 及以上高压供电的，以用户厂界外或用户变电站外第一基电杆为分界点，第一基电杆属供电局；

4）采用电缆供电的，本着便于维护管理的原则，由供电局与用户协商确定；

5）产权属于用户的线路，以分支点或以供电局变电所外第一基电杆为分界点，第一基电杆维护管理责任由双方协商确定；

6）计费电表及附属件的购置、安装、移动、更换、校验、拆除、加封、启封等，均由供电局负责办理。

2. 电气设备管理原则

（1）先检后修

电气设备发生故障有一定的规律，为了提高电气设备检修效率，物业服务企业需要掌握电气设备的规律。当故障发生时应该：

1）检查故障发生的部位，对故障发生的原因进行分析，如果技术人员发现有些设备或者故障是自己没见过的，应该先查阅相关的资料，了解设备及故障的相关指标，再进行维修。

2）应该对电气设备的外观进行分析。检查其外观是否有损坏，如果外观良好，才能够检查设备内部。

3）应该检查设备的零部件。检查其是否能够正常使用，检查其是否发生位移或者破损，如果正常时才可以进行拆卸维修。此外检查维修时应该使用专业的方法和专门的机械，保证检测维修效果，提高质量。

（2）由简入繁

电气设备比较复杂，为了保证管理效果，应该从简单处入手。

1）在电气设备还没通电时，检查设备的各个零部件是否正常发挥作用，然后将设备通电，再进行检查，将检查结果与通电之前的数据进行对比，找出存在故障的具体位置，分析出现故障的原因，为设备的维护管理提供支持。

2）应该加强对设备的清洁。电气设备的使用寿命一般较长，经常长时间的使用，很容易堆积灰尘、发生污染，因此，必须加强对设备的清洁管理，保证电气设备容易出现污染的地方有工作人员及时清理，只有这样才能够发挥电气设备的作用。

3）应该加强对电源的管理。电源是重要的电气设备，如果电源出现故障，则会导致整个电气设备无法正常运行。配件是容易出现故障的电气设备，在对配件故障进行检测与分析时，应该首先检查其周围的电路情况，如果是因为电路故障造成配件无法使用，就可以避免更换配件，如果周围的电力线路不正常，则需要重点检查配件，必要时更换配件。

3. 做好电气设备管理工作的方法措施

（1）早期介入

最好能够在物业功能设计或设备选型阶段实施早期介入，因为有经验的物业管理人员最了解住户对物业功能的需求，为了使设备设施运行与后期维修更换、改造方便，更要满足住户使用方便的要求，这就需要在设计时予以综合考虑。现在的建筑物业内部几乎都使用了各种智能化设备，在维修保养期内，若这些设备由原厂家进行维护保养，对其安全、可靠的经济运行与延长使用寿命都有好处。若超过设备维保期后的厂家实行维保服务，厂家都会收取高额服务费，通常设备生产供应厂家为竞得本物业设备购销服务合同，会对超过维保期的服务费承诺给予优惠，若在设备招标订货时明确设备运行维保服务条款，将会有利于设备后期运行管理。由于科技发展迅速，自控设备与自控系统的软硬件更新换代快，若不在订购时对设备升级换代事宜提早约定，一旦出现部分器件损坏，难免又要支付高额的更换与更新升级费用。这些都是建设方、设计者、施工方、监理方容易忽视，而物业管理人员最为重视的问题。若物管部门能够前期介入，将会为物业设备运行提供有力保障。

（2）物业移交

物业移交是开展物业设备管理工作中必不可少的重要环节，是物业设备管理的基础工作和前提条件，也是设备管理工作真正开始的首要环节。物业移交目的是明确业主与物业服务单位双方的责、权、利，维护双方的合法权益，有利于提高物业设备管理的水平，确保物业设备安全可靠与平稳运行。移交时，移交双方要按照相关规定仔细查验，并经双方组织机构和成员签字确认。旧项目物业管理接管验收还应包括设施设备历史维修资料的档案交接等。

（3）运行管理

1）树立现代化物业管理思想，确立设备管理目标

设备管理现代化首先是管理思想现代化，明确设备管理在生产经营中的重要地位，使其与管理系统的各个方面形成有机的结合。运用系统的管理理论，改变过去孤立地看待设备管理的概念，做到与企业管理现代化同步发展。

2）完善物业设备管理组织，建立先进的物业设备管理体制

根据设备管理现代化的要求，不断调整和改革设备管理组织机构，健全规章制度，强化班组设备管理，健全设备前期管理、状态维修、改造更新和奖惩制度，以适应设备管理现代化的需要。

按照物业服务企业规模，考虑设备数量、复杂程度和设备集中程度、管理人员业务水平、检修人员技术力量和组织形式，结合企业的特性、工作特点等各种因素，规范设置物业设备管理组织机构，理顺关系，以提高工作效率。

物业设备管理规章制度一般有以下几种：设备管理岗位责任制度；设备基础资料管理制度；设备维护保养制度；设备运行交接班制度；设备巡回检查制度；设备检修制度；设备固定资产管理制度；教育培训制度；特殊设备管理及应急制度；各类机房、变配电房的出入登记制度等。要针对主要设备和特殊设备实行"三定"，即"定人、定机、定岗"，将人和设备的相对关系固定下来，使设备管理、使用、保修、维修等各个环节落实到人。做到单人操作的设备实行专人负责制，多人操作或多班作业的设备实行机长责任制，班公用的设备实行班长责任制，多班作业的设备要建立交接班制度。

3）做好物业设备资料管理工作

物业设备资料是物业设备管理工作的根本依据。设备资料管理状况基本可以反映物业设备管理水平，在设备设施管理中发挥着至关重要的作用。设备资料必须正确齐全，并使资料电子化、网络化，应由专人科学管理，使资料归档分类明确，切实提高设备管理水平。设备资料包括设备原始档案、设备台账、设备技术登记簿、设备系统资料等。

4）采用先进的物业管理方法和使用先进的物业设备管理工具

推广应用设备诊断技术，从设备故障维修向预知维修发展，缩短维修工期和维修费用，提高设备寿命周期。根据需要积极推广使用先进的设备管理工具，提高设备管理工作效率和质量，提高设备计算机信息管理水平，采用先进的设备诊断仪器对连续运行设备进行自动检测和控制，在设备管理中采用各种精密检测仪以提高维修精度等。

5）加强教育培训工作，做到专业管理与全员管理相结合

专职物业设备管理人员应具有一定的专业知识和业务水平。单纯依靠少数专职物业设

备管理人员来管好所有设备设施是不现实的，因此，对操作使用设备的人员要进行培训教育，提高员工的职业道德和业务水平。对管理人员实行岗位责任培训，对操作人员实行使用维护培训，对检修人员实行技能培训，并把各项培训工作列入设备管理工作计划中。要求操作使用人员懂设备用途、结构、原理、技术性能、使用要点、维护方法、故障排除及报告等基本知识，教育正确使用设备、爱护设备，做到操作人员会检修设备、维修人员会操作设备，并要求只有取得国家考核颁布的技术资格等级证书的人员才能上岗，全面提升从业人员的整体素质和业务水平。

7.3.3 常见故障及其检修方法

线路的常见故障一般包括：断路、短路、接触不良及漏电等。在检修时，首先应根据各种表面现象，加以综合分析判断，找出故障原因及故障所在，再按情况加以排除。

1. 断路

分相线和中线断路两种。

(1) 查熔断器内的熔丝是否已熔断。

(2) 用测电笔在总开关进线端查验是否有电。如无电，则为上级电路停电，不需修理；如接户线、进户线断线，则要请供电部门检修或配合检修。如有电，则应顺线路从前到后逐段测验，如电笔发光，则说明此点的前相线未断，再用校验灯测，若发光，则表示此点以前中性线未断，如此逐段向后测验，直到校验灯不亮，故障即在此点与前一点之间，再用电笔测，如发光，则说明断中性线，两根均不发光，则说明断相线。

(3) 再观察此段内有无明显的机械损伤，过墙拐角处有无松动等。

(4) 检查开关、灯头、接线盒及各接头处是否松动。

(5) 对接地线断路的检查，接地线对于保护人身安全及设备安全是非常重要的，任何时候都应处于良好状态。

(6) 查出断线处，可采取全新接头或拆除该段导线另换相同规格的新线。对于因负荷过大烧断的，应重新计算负荷，选择相应的新线接换。

2. 短路

是指相线与相线、相线与中线或相线与接地线之间短接的现象（即电阻等于或接近于零）。

检查短路的方法：

(1) 在该线路已熔断的熔丝上下端串接一功率较大（100～200W）的校验灯，切断该线路内的所有用电器开关，观察校验灯发光状况，如正常发光，则说明该线路短路。

(2) 切断电源进线和各用电器开关，拔下所有用电器插头，用兆欧表对线路分段测量其线与线、线与地之间的绝缘电阻，绝缘电阻接近于零，即为故障段。

(3) 检查线路上有无金属物使线路短路，交叉处因绝缘破损面碰线，检查电线管管口，接线盒内有无击穿灼痕或磨破绝缘层而短路等。

(4) 如检查线路无故障，则说明在灯具或用电器上有短路。查出短路后，根据情况分别给予换线、重新包扎等措施。

3. 接触不良

在正常使用中发现电压有较大的波动或照明灯发光发暗或忽明忽暗，则应重点检查：

（1）熔断丝是否压紧，接触是否良好；

（2）线路的接头是否因氧化而接触不良；

（3）开关的动静触点是否因电火花烧灼而损坏。

4. 漏电

是指因导线老化、受潮、绝缘层损坏或受环境破坏而造成电流泄漏，严重的能造成人身事故，或造成不能正常用电。

检查方法是用兆欧表测量线路或设置的绝缘电阻，然后按具体情况给予修复或更换。

5. 管内配线的绝缘电阻的测量及换线

由于管内导线在长期不通风、散热极差的状态下工作，导线的绝缘层极易发生粘连、变脆、老化，导致导线绝缘电阻下降，在此时，必须对管内导线进行更换。

6. 防雷设施的修缮

（1）建筑物防雷等级的划分

一类建筑物：是指存放爆炸物品或经常发生煤气、蒸气、尘埃与空气的混合物因电火花能够发生爆炸，致使建筑物损坏或人员伤亡的建筑物。

二类建筑物：凡贮存大量易燃物品的房屋或具有重要政治意义的民用建筑物。

（2）防雷装置的一般要求

一般建筑物的防雷设施有针式和带式两大类，避雷针又可分为单支、双支、多支保护等几种形式。

防雷设施一般由接闪器（避雷针、避雷带）、引下线和接地极三个部分组成。

接闪器、引下线、接地极等各防雷部分都要按照有关规范的具体要求装置，才能防止雷击的危害。

（3）其他要求

防雷接地极与电器设备的接地极作可靠的连接。为防止雷击时产生跨步电压，故接地装置与道路及建筑物的主要出入口距离一般不得小于 3m。

防雷设施各部分之间均应焊接牢固，其接地电阻应符合规范要求。一般不应小于 5～10Ω。

防雷装置的检查包括外观巡视检查和测量两个方面，一般可用接地摇表来测量各类建筑物的防雷接地电阻是否符合要求。接地电阻的测量每三年进行一次，外观检查主要包括对接闪器、引下线等各部分的连接是否可靠，有没有受机械损伤、腐蚀、锈蚀，支撑是否牢固等情况的检查。对检查出的不同问题，采取不同的修缮办法，如加固、补强、调整、涂刷保护漆膜、局部更换等，以经常保持其在正常状态下工作。对外观检查每年应进行一次。雷雨后也应注意对防雷保护装置进行巡视，发现问题，及时处理。

7.4　住宅小区的智能化管理

7.4.1　智能化设备

1. 智能化设备的概念

智能化设备是指将家庭中各种与信息相关的通信设备、家用电器和保安装置，通过家庭总线技术（HBS）连接到一个家庭智能化系统上，进行集中的或异地的监视、控制和家庭事务性管理，并保持这些家庭设施与住宅环境的和谐与协调。

智能小区即指在现代化的城乡住宅小区内综合采用目前国际上最先进的 4C 技术（即：计算机、自动控制，通信与网络和智能卡运用），建立一个由住宅小区综合物业中心与安防系统、信息通信服务与管理及家庭智能化系统组成的住宅小区服务与管理集成系统，使小区和每个家庭具有安全、舒适、温馨和便利的环境，最终目的是使每位住户得到满足其要求的最佳方案。

2. 智能化系统

智能化系统包括安防、物业管理、通信系统、家庭智能化系统等。

（1）安防系统

1）闭路监控系统、电子巡更系统。在小区的围墙上设置自动红外对射式探测器，防止罪犯由围墙翻入小区作案，保证小区内居民的生活安全。电子巡更系统是一种基于无线通信技术的智能化系统，系统结构采用模块化设计，由中央 CPU 模块自动协调系统的运行，系统的覆盖范围大小可变。目前主流技术要求使用发射机的基本覆盖范围半径为 1km。系统通过报警接口模块将系统与专用电脑连接，可对参数进行调整，对系统运行情况可进行测试和系统故障自动诊断。在系统工作时自动记录事件的时间、日期、位置等信息。用户可在系统中任意加入电子地图，并在电子地图上做任意标记。系统设有口令，可防止无关人员错误操作。

2）可视对讲系统。在每幢楼宇的每个单元入口设置可视对讲系统，住户可在户内通过可视对讲系统看到来访者，并与其通话，确认其身份后，方可进入楼宇。在每幢楼宇的入口处设置非接触式 IC 卡门禁系统，当系统感应到正确的非接触式 IC 卡后，门才能开启。该系统具有高保密性、使用方便等特点。

3）防灾及应急联动。防灾主要是指三防（防火、防盗、防燃气泄漏）。设在控制中心的监控主机通过报警接收机或者专用通信网络，接收来自家庭智能控制的告警信号，系统能马上识别告警类型及警报发生的住户位置，并产生声、像报警。小区火灾报警采用烟雾探测器为主，消防联动控制需与区消防站连岗；防盗报警系统可采用常规门磁开关、双鉴探测器、玻璃破碎报警器等；防煤气泄漏探测器安装在厨房内，离地面 1m 处，当煤气浓度高于国家规定标准时报警。三防设备以可靠为主。

4）小区停车场管理。其主流技术是采用较流行的感应式 IC 卡作为管理手段，同时具有红外遥控车库门开关（小于 8m）和防盗报警功能及倒车限位等功能。

（2）家庭智能化系统

智能小区的智能化最终体现在小区独立家庭运用多元信息技术（IT），并达到监控与信息交互的程度（或能力），因此实现家庭智能化是实现智能小区的基础和最终建设目标。

家庭智能化系统主要用最新的神经元科技和软件技术相结合，目前已有比较成熟的产品。我国智能化小区分为普及型、先进型、领先型三级，在使用产品时主要以小区智能化的级别程度来选择相应的产品技术。

（3）通信系统是小区智能化实现的基础，主要包括以下几个方面：

1）综合布线系统。为实现小区管理自动化、通信自动化、控制自动化，保证小区内各类信息传递准确、快捷、安全，最基础的设施就是小区综合布线系统，形象地讲，综合布线系统是智能小区的神经系统。其实质是将小区中计算机系统、电话系统、自控、监控系统、保安防盗报警系统、电力系统合成一个体系结构完整、设备接口规范、布线施工统一、管理协调方便的体系。

2）计算机网络服务。小区管理中心的主开放式计算机局域网，通过结构化布线系统等传输网络，将多元化信息服务管理与物业管理进行综合，为住宅小区的服务和管理提供高技术的智能化手段，以实现快捷高效的超值服务与管理。为充分利用社会资源，小区内局域网必须与小区外广域网连接。

随着信息技术（IT）和计算机网络技术等高科技的迅猛发展与广泛普及，将会有越来越多的家庭联入国际互联网或企业网来获取信息和资讯。作为一个现代化的智能化小区，向社区内广大居民家庭提供综合信息的资讯服务，将是智能小区所必须建立的中心服务设施。该中心所提供的信息与资讯服务通常包括以下几个方面：

a. 娱乐，例如影视点播、虚拟旅行、旅馆服务、多人游戏（不同地理位置）等；

b. 资讯，例如新闻、财经股市商情服务、旅馆服务、乘车与街道指南等；

c. 商业服务，例如购物指南、电子购物与转账、餐馆预订等；

d. 教育，例如函授课程、虚拟学院、虚拟实验室等；

e. 医疗保健，例如远程疾病诊断与会诊、电子病历、虚拟医院、保健咨询等；

f. 政府公共服务，例如申请条例咨询、会议通知、视像会议、所得税转账等。

3）有线电视及卫星接收系统。看电视是千家万户不可缺少的一项娱乐活动。电视信号的来源是多种多样的，有卫星电视、有线电视、共用天线电视、社区自办电视等。通过智能综合布线实现的电视系统，使住户共同面对一个"电视台"，即小区综合电视网，本系统布线简单，节目众多，且转换方便，通过增加用户终端设备可实现可寻址自动播放系统。

7.4.2　住宅小区的物业管理智能化

1. 建筑物业管理智能化的必要性

与普通建筑的物业管理相比智能化建筑的物业管理，除了实现管理基本目标，即为业主服务，使物业保值增值；为用户服务，创造舒适的空间和快捷的时间环境；为社会服务，使家庭、经济、社会、环境协调发展；为企业服务，管理者自身求生存、求发展、创形象外，还能真正实现通过物业管理，提供同时具有国际性、多功能性、舒适性、经济性、联结性以及安全性的生活和工作环境。

（1）国际性：指可应付全球性的业务，在国际市场上参与竞争。智能化管理提供每周7天，每天24小时连续运作的服务。

（2）多功能性：设备的功能齐全，使办公人员利用更多更强的知识产品成为可能。

（3）舒适性：能为办公室提供一个舒适而又便利的工作环境，不管是否在工作时间，都能满足任何一个工作场所的任何需要。

（4）经济性：智能化管理能解决有限的资源如何合理分配的问题，同时兼顾投资成本、运行成本和保养成本等。

（5）联结性：设备要求的功能把人和技术联结在一起，有效地利用通信系统和分配资源，改善系统综合运作能力。

（6）安全性：智能化管理可以提供不受外界干扰和避免人员受到伤害和财物损失的环境，保障人的生命财产安全。

2. 智能化建筑物业管理的特点

智能化管理即以智能型自动化管理系统取代落后的人工管理方式。运用现代计算机技术处理和调控建筑物内的空调、防火、照明、闭路电视监视、财务管理等系统，这是现代商业物业管理所必备的前提。近年来，随着新建筑智能化程度高，旧建筑的更新改造也在逐渐向智能化方向靠拢。这些建筑对智能化系统的引进与应用，必然引起物业管理方式的改变。在物业管理方面上，具有一些新的特点。

（1）变显性管理为显性、隐性综合管理

国际物业管理协会对物业设施管理（Facility Management，缩写为 FM）所下的定义为："以保持业务空间高品质的生活和提高投资效益为目的，以最新的技术对人类有效的生活环境进行规划、整备和维护管理的工作"。物业管理就是为建筑的使用者提供服务，使投资得到回报，使资产升值，为社会提供舒适安全的工作生活场所并为环境保护作出贡献。

智能建筑由于大量采用现代通信技术、计算机技术和控制技术，无论是工作性质，还是运行管理都与传统的机电设备有了较大的差异。传统的物业管理仅仅是要实现资产保值的目标，其主要目的就是对建筑物的维护保养。基本上是通过人工的手段，进行静态管理，技术含量低，通常是遵循出现问题、研究问题、解决问题的工作思路，是典型的显性管理，在工作中明显处于一种被动状况。

智能化建筑的物业管理是一种经营战略管理，它以资产增值为目标，通过对全部资产的管理，而不是仅对问题设备的显性管理，来达到设施运行的最优化与提供使用者最优质服务的目的。它是通过信息平台的手段进行动态的综合管理，出故障的地方要维护，没有出故障的也要定时地检测与储存数据，所有的设施都处在一种动态的监控之中，是一种典型的显性加隐性的综合管理。

（2）信息管理的重要性日益突出

大量现代技术的应用，使信息的提取、分析、保存处于重要的地位。物业管理人员不仅要对不正常的设备进行数据分析，提出对策，还要对隐性的正常设备进行运行数据分析，预先拟好对策。普遍实行的电子化管理，对用户信息资源、通信等方面的安全提出了更高的保障要求，要防止非法入侵、非法窃听、拷贝等行为对信息资源的破坏。现代化智能建筑物内的设备自动化系统通常包括冷暖空调、给水排水、供配电、照明、电梯消防、安全防范等系统，这些子系统可以通过程序设定参数统一管理、协调控制。例如火灾发生时，不仅仅是消防系统立即自动启动、投入工作，而且整个智能建筑物内所有有关系统都将自动转换方式，协同工作；供配电系统立即自动切断普通电源，确保消防电源；空调系统自动停止送风，启动排烟风机；电梯系统自动停止使用，普通电梯降至底层，自动启动消防电梯；照明系统自动接通事故照明等。整个智能建筑物内设备自动化系统自动实现一体化的协调运转，使火灾损失减到最低程度。一旦这些数据信息被错误设置或非法改动，则会产生严重后果。

（3）在能源管理上节能效果明显

智能建筑物内设备的能量消耗量巨大，在能源管理上实现自动化，自动提供最佳能源控制方案。如白天和夜晚的电能调配使用，以错开用电高峰，达到合理、经济地使用能源，自动监测、控制设备用量以实现节能。如下班后及节假日室内无人时，自动关闭空调及照明。

3. 住宅小区物业管理智能化内容

住宅小区物业管理智能化内容主要包括以下几个方面：

(1) 三表（水、电、煤气）的计量与统计

小区内家庭三表（电表、水表、煤气表）的计量与统计是小区智能化的一个重要指标，目前实现三表计量主要有两种方法：第一种是三表出户，住户买 IC 卡使用电、水与煤气，这种方法比较成熟，是目前广泛应用的技术。第二种方法是三表不出户，利用信号线将三表输出的信号引至户外计量保护箱内的采集板上，由数据总线电缆将采集、储存、处理好的信号引至物业管理中心计算机，自动结算、打印出用户数据清单，可防止人为破坏和盗电、水和煤气。该系统由抄表器、数字（电度、煤气、冷热水）表、中继器等组成，利用小区智能布线，将分散在各家各户的水、电、气表连接形成网络，实现中心实时监测。

(2) 小区公共机电设备集中监控

现代智能小区免不了有许多公共设施或设备，如水泵、发电机组、供冷、供热、照明、通风，电梯等设备。而这些设备本身既是管理监测的难点，又往往是耗能大户，因此如何通过科学手段加强对小区各种公共设备（施）的管理，降低管理成本，提高管理效率，创造舒适的生活环境是小区物业的重要内容之一。小区设备（施）控制管理系统的实现是小区公共设备（施）智能管理水平的体现，也是小区物业硬件上档次的表现，同时也是住户的需要。物业管理人员无需亲临现场，一切都可由系统自动完成。

如水压降低，监测系统自动通知水泵开启；停电时，发电机组自动开始工作；住宅楼集中供冷热时，外界温度发生变化，中央空调机组将自动随之变化；小区路灯和楼道灯管理系统是由控制中心器分别确定开关时间，而楼道灯是否开启由声控开关完成，这样可以确保照明设备白天不亮，晚上有人在楼道行走，楼道灯自动开启。

(3) 小区自控系统

主要包括：中央监控系统提供与小区网络系统接口；供配电监控。给水排水监控。公共照明包括小区公共场所照明及泛光照明和楼道照明（声控/红外感应/时间表/照度）的控制；背景音乐及紧急广播；要求与安保、消防联动；电梯运行监测；喷泉设施控制等。

(4) 大屏幕电子广告牌

大屏幕电子公告，每天可以向居民发布天气预报、报刊新闻、社区公告等。大屏幕显示的内容由中心计算机控制，通过专用软件，可方便修改显示的内容。

7.4.3　智能建筑的发展趋势

智能建筑是一个国家的综合国力和科技水平的具体体现之一，被认为是 21 世纪建筑发展的主流。人们对于建筑空间机能的要求，已不仅局限于一般作息，渐渐也包含了对外界资讯的联结以及食、衣、住、行、娱乐与健康方面的资讯等，因此将各种自动化设备，透过网络系统联结，使其发挥整体性且高效率的服务功能，以提升工作、居家生活的安全性、便利性和效率性，并提供舒适、健康的生活品质和居住环境，是智能化建筑的发展

趋势。

在 21 世纪的智能建筑领域里，信息网络技术、控制网络技术、智能卡技术、可视化技术、流动办公技术、家庭智能化技术、无线局域网技术、数据卫星通信技术、双向电视传输技术等，都将会有更加深入广泛的具体发展应用，尤其在电脑应用已深入家庭之后，透过电脑与外界沟通以取得所需的资讯，已逐渐成为日常生活中不可或缺的一环。透过无边无际的网络，更是让人类的视野变得无限宽广。智能化技术只是一种手段，就整体建筑物业产品的技术发展来说，"可持续发展技术"和"绿色建筑"是 21 世纪智能建筑技术发展的长远方向。因此新兴的环保生态学、生物工程学、生物电子学、仿生学、生物气候学、新材料学等等技术都会逐步渗透到建筑智能化多学科多技术领域中，实现人类聚居环境的可持续发展目标。

1. 重视程度的增强和多元化需求

国内外有关专家普遍认为：21 世纪新建的智能建筑一半在中国，21 世纪世界最大的智能建筑市场在中国，推动智能建筑发展的源头在中国。因此政府应在科研、资金和政策等方面积极地进行支持和引导，使智能建筑的发展朝着健康和规范化的方向发展。政府和各大学、科研机构以及有关厂商等正将智能建筑作为一个新的研究课题和商业机会，积极投入力量，开发相关的软硬件产品。

随着社会经济发展，用户对智能建筑功能要求有很大差异，智能建筑的设计也要分门别类，有针对性地设计出符合用户的功能需求，如将现有大楼改造成智能大楼，或从单体建筑物向综合性建筑群的发展。

2. 建立开放式的智能化建筑结构

智能建筑是一个动态的、发展的系统，在一个智能建筑的生命周期中，建筑结构具有最长的生命周期（约 60 年）。一般的硬件和软件设备有 5～7 年的生命周期，而办公自动化系统仅有 2～3 年的生命周期。如果智能建筑系统是开放式系统，就能不断吸收新的技术，更新旧的设备，从而使整个智能化系统设施运行得更好。因此，智能建筑结构工程的研究引起了国内外专家的广泛关注，这些研究对于保证智能化技术在建筑中安全使用和正常运行，提高智能化设备的工作效率具有十分重要的作用。

3. 智能建筑的个性化设计

个性化设计就是坚持以大系统、动态运行的角度进行建筑对象和使用对象的系统分析，针对特定建筑的具体需求，根据系统运行状态，深入到特定细节的设计。以大系统的角度进行个性化设计就是贴近环境条件的差异性，贴近用户能力的差异性，贴近应用需要的差异性，还要贴近管理的差异性，对不同管理模式采取不同设计，还应该细化到对同一幢建筑里不同功能区域的差异性。以动态运行的角度进行个性化设计就是研究实际运行的数量特征，不停留在一般的定性分析层面，立足最激烈的量的变化，也就是立足实际运行的离散性，注意把握无序状态和随意性。

4. 智能建筑的节能和绿色环保

如何采用高科技的手段，节约能源和降低污染应成为智能建筑永恒的主题，在某种意义上，智能建筑也可称为生态智能建筑或绿色智能建筑，生态智能建筑就应该处理好人、建筑和自然三者之间的关系，既要为人创造一个舒适的空间环境，同时又要保护好周围的大环境，绿色智能建筑则要符合"安全、舒适、方便、节能、环保"的原则。

5. 网络控制技术

从现场控制总线走向控制网络是一个必然趋势，使用网络控制，可以改善智能建筑内各系统异构网络环境的控制与联动结构，增强楼宇各实时监控计算机系统之间的互操作性与集成的相关信息，还可以使所有设备和安全监控信息进入各种计算机平台和桌面系统，大大改进对智能建筑内监控信息的利用和共享"群体环境"的综合数据，实现对智能建筑内的机电设备与安全报警管理的远程控制监控和数据采集。

6. 设备操作程序更加简化

目前国人对智能住宅的认识不深，不少家庭对家庭自动化设备的使用仍不太了解，甚至有不知是否已装设的情况发生。而之所以会产生此种现象，是因为家庭自动化设施的使用者为一般大众，具有机电及工程背景或应用经验者极少。故智能住宅应尽量做到居家环境中的各种设备系统的操作使用，都如同傻瓜相机般地被大众接受且易于使用。简化设备系统的操作程序，使其更人性化，是智能化住宅的一大发展趋势。

就目前的设备系统而言，各品牌之间的相容性低，各家有各家的规格，在产品相互间无法兼容情形下，使得业主及使用者因品牌而受限。无法自行增加其他设备，这对于未来家庭自动化的发展及推广，是一大影响因素。因此，末端机器设备的规格化与标准化，以及产品的规格化，以降低机器成本并确保其互换性，使各项产品之间的规格相兼容而不受限于品牌的因素，是未来的发展方向。智能建筑的发展趋势远远不止以上几点，随着科学技术的发展，其内容将越来越完善。

第二篇　实　务　篇

第 8 章　入住及装修常用表格

1. 某物业服务企业入住管理控制程序表，见表 8-1。

某物业服务企业入住管理控制程序表

表 8-1

程序名称	入住管理控制程序	受控状态	
		编　　号	

一、目的

规范业主入住管理工作，确保业主顺利入住。

二、适用范围

适用于业主入住的管理工作。

三、职责

1. 客户服务部经理负责业主/住户入住全面管理工作。

2. 客户服务主管负责协助经理安排业主/住户入住工作。

3. 客户服务专员负责具体办理入住手续。

4. 财务部负责核收各项入住费用。

四、办理入住的前提条件

1. 小区（大厦）已经通过接管验收，达到入住条件。

2. 接管验收标准如下。

(1) 房屋无重大质量问题。

(2) 工程遗留问题基本得到解决。

(3) 工程资料已经齐备。

(4) 业主档案资料已经移交完毕，产权确认工作已经结束。

(5) 达到入住的条件，具体条件包括以下几点：

1) 小区实现通路、通水、通电、通气、通信、通邮、排水、排污等基本使用功能，可以满足日常生活所需；

2) 配套设施基本齐备，建成并能够使用；

3) 客户服务部有固定的办公场所并开始办公。

3. 物业服务企业已经同委托方签订《物业管理委托合同》。

五、入住准备工作

1. 入住资料准备

(1) 根据小区的实际情况编写和印制《业主公约》、《住户手册》、《服务指南》、《消防安全责任书》、《入住通知书》。

(2)《入住通知书》的内容要求写明物业服务企业办公地点、业主办理入住手续时应带的资料、证件及交纳的费用明细，并附简明扼要的入住流程等。

(3) 印刷以下各类入住表格：

1)《〈业主证〉领用登记表》；

2)《住宅使用说明书》；

3)《住宅质量保证书》；

4)《钥匙领用登记表》；

5) 开发商提供的《入住验房表》；

6)《业主家庭情况登记表》；

7)《入住登记表》。

2. 设计办理入住手续流程图。

程序名称	入住管理控制程序	受控状态	
		编　号	

3. 入住时的环境布置：涉及服务标识区别的按《服务标识管理标准作业规程》有关规定办理。

（1）区内环境

1）入口处挂欢迎横幅，插彩旗，营造热烈的气氛；

2）设指路牌，由入口处到客户服务部沿途设指路牌，指路牌标明"×××客户服务部"字样；

3）入口处标明客户服务部办公地址和办公时间。

（2）客户服务部办公环境

1）挂灯笼，飘小彩带，摆放花篮、盆景，给人以隆重、喜庆的感觉；

2）张贴醒目的"办理入住手续流程图"，办理手续窗口设置要求做到"一条龙服务"，各窗口标识清楚，一目了然；

3）管理人员着装整洁，精神饱满；

4）办公室内资料摆放整齐有序。

六、发出入住通知

1. 客户服务部依据议定的入住时间，会同开发商联合向业主发出入住通知，内容包括：

（1）《关于办理入住手续的通知》；

（2）《致广大业主的慰问信》。

2. 业主收到入住通知后，应当在规定的时间内带齐有关证件和资料到客户服务部办理入住手续。如果在规定截止期限到来的前3天内，业主尚未办理入住手续的，客户服务专员应再次发函或致电通知尚未办理入住手续的业主前来办理入住手续；超过规定期限未办理入住手续的，客户服务部应将情况向客户服务部经理汇报决定是否登报催办。业主办理入住手续须带以下证件：

（1）《关于办理入住手续的通知》；

（2）《购房合同》原件和复印件各一份；

（3）业主及家庭成员的身份证原件及复印件各一份，小一寸彩照每人两张；

（4）单位购房的尚须带齐营业执照副本及复印件各一份；

（5）委托他人办理的，须带业主委托书。

七、入住手续办理

1. 验证

客户服务专员在业主前来办理入住手续时，应首先对以下证件进行检查：

（1）《购房合同》原件；

（2）业主的身份证原件；

（3）单位购房的还须检查其单位营业执照副本；

（4）委托他人办理的，还须检查业主的委托书。

2. 检查无误后，客户服务专员将《购房合同》原件、业主及家庭成员的身份证原件、单位营业执照副本返还业主，证件复印件及业主委托书存入业主档案。

3. 将业主提供的照片一张贴在《业主家庭情况登记表》内，另一张为业主办理《业主证》。

4. 交纳入住费用

客户服务部指引业主到财务部缴纳入住费用，财务部根据收款项目开具收款收据。一般情况下，入住费用包括以下项目。

（1）煤气开户费

属代收代缴费用，小区无此配套项目的不予收费。

（2）有线电视初装费

属代收代缴费用，小区无此配套项目的不予收费。

（3）水电押金

实行抄表到户的小区不需收取，未实行抄表到户的可适当收取。

（4）装修保证金

业主可选择入住时交纳或等申请二次装修时再交纳。

（5）装修垃圾清运费

（略）。

程序名称	入住管理控制程序	受控状态	
		编　　号	

（6）管理费

以入住之日起计算当月管理费。

八、验房收楼

1. 客户服务专员在业主交完入住费用后带业主验房，并请业主将房屋存在的问题填入《业主入住验房表》中。

2. 房屋验收合格的，客户服务专员应请业主在《业主入住验房表》中签字确认。

3. 验收中发现问题，业主要求搬入或二次装修前维修的，客户服务部应通知开发商在一周内给予解决，并将整改结果通知业主：

（1）开发商一周内未整改完毕的，应将整改情况反馈给业主，并告之具体再验收时间；

（2）整改完毕后，由客户服务专员通知业主二次验收，二次验收不合格的，由客户服务主管进行跟进，并依据物业服务企业同发展商签订的《物业管理委托管理合同》中的保修条款要求发展商尽快解决。

4. 发放钥匙

（1）业主房屋验收无问题或要求在搬入后再行维修的，客户服务专员应将业主房屋钥匙全部交给业主。

（2）业主房屋验收有问题，客户服务专员在将钥匙交给业主的同时，应留下一把大门钥匙以供维修时用；

（3）业主在领取钥匙时，客户服务专员应要求业主在《钥匙领用表》内签名确认。

5. 签署《业主公约》和《消防安全责任书》

（1）客户服务专员将《业主公约》、《消防安全责任书》（一式两份）交给业主并请业主详细阅读。

（2）请业主签署《业主公约》、《消防安全责任书》。

（3）客户服务专员将签署后的《业主公约》、《消防安全责任书》其中一份存入业主档案，另一份随其他资料交业主保存。

6. 资料发放

客户服务专员将以下资料发给业主保存并要求业主在《资料领取清单》上签名：

（1）《住户手册》；

（2）《住户指南》；

（3）签署后的《业主公约》；

（4）签署后的《消防安全责任书》；

（5）《住宅使用说明书》；

（6）《住宅质量保证书》。

7. 开通水电

（1）客户服务专员应邀请业主一起将水电表读数抄录在《业主入住验房表》中。

（2）客户服务专员通知工程管理部开通该业主房屋的水电。

九、相关表格

1.《业主家庭情况登记表》。

2.《业主入住验房表》。

3.《钥匙领用登记表》。

4.《业主证领用登记表》

相关说明				
编制人员		审核人员		批准人员
编制日期		审核日期		批准日期

2. 入住通知书，见表 8-2。

入住通知书   表 8-2

文件名	入 住 通 知		
电子文件编码		页码	版次

公司/女士/先生：

您好！您所认购的　　大楼　层　室已于　年　月经　　省/市　　单位验收部门和　　　　房地产开发公司、　　　　建筑工程公司、　　　　物业服务企业等组成的验收小组验收合格，准予入住。

一、请您接到本通知后按附表规定的时间前来办理入伙手续。在此期间内，房产公司财务部、地产部、物业管理公司等有关部门将到现场办公，一次办完手续，为您提供快捷方便的服务。

二、如果您因公事繁忙，不能亲自前来，可委托他人代办。代办时，除应带齐相关的文件外，还应带上您的委托书、公（私）章和身份证。

三、如果您不能在附件中规定的时间内前来办理手续，可以在　　月　　日后，到房地产开发公司（地点）先办财务及收楼手续，再到物业管理

公司（地点：　　　　）办理入住手续。

在您来办理各项手续前，请仔细阅读《入住手续书》、《收楼须知》、《缴款通知书》。

特此通知

房地产开发有限公司
物业服务企业

年　　月　　日

3. 入住须知，见表 8-3。

入 住 须 知 表 8-3

文件名	入 住 须 知

公司/女士/先生：

欢迎您成为　　　业主！为减少您的麻烦，请按以下提示办理入住手续。

一、持购房合同、本人身份证及复印件前往物业管理部交验，登记后领取入住手续书。

二、请持入住手续书到办公室交清下列费用，并请办公室盖上已交费印章。

序　号	项　目	收费标准	金　额	备　注
1	综合押金			
2	预交管理费			
3	水电保证金			
4				

三、持入住手续书到物业服务部领取用户手册等资料，听取情况介绍，签订入住（租）议书。

四、物业服务部查验入住手续书后发放钥匙，与业主验收交接。

五、如有疑问请向管理人员咨询。

4. 收楼须知，见表 8-4。

收 楼 须 知 表 8-4

文件名	收 楼 须 知

欢迎阁下成为　　　　楼宇新业主：

我公司为提供良好的管理服务，兹先介绍有关收楼事项和有关收楼程序，避免您在接收新楼时，产生遗漏而引致不便。

一、业主在接到楼宇入住通知书之日起（以邮戳为准）　　个月内，到本公司办理产权登记和入住手续。逾期办理者，每逾期一天，应缴纳人民币　　元的逾期金。超过半年不办理登记手续的房产，由房产管理单位代管；代管 3 年仍不办理登记手续，视为无主房产，交由有关部门依法处理。

二、收楼时，请认真查看室内设备、土建装修等是否损坏或未尽妥善。如有投诉，请在收楼时书面告知管理处。管理处将代表业主利益就提出的投诉与楼宇承建单位协商解决。

三、根据楼宇承建合同，楼宇维修保养期为 2 年。维修保养期间，如因工程质量所致，承建单位将为业主免费修理。如因业主使用不当，则由业主自行支付费用。

四、业主有权对其住宅单元进行装修、维修，但应保证绝对不影响楼宇结构和公共设施。装修、维修前，业主需向管理处提出书面申请，获准后方可进行，并按规定时间和要求进行装修。

五、在房地产开发公司财务部办理的手续

1. 付清购楼余款（分期付款购楼者，办理按揭手续）。

2. 携带已缴款的各期收据换取正式发票。

3. 在入住手续书（1）上盖章。

六、在房地产开发公司地产部办理的手续

1. 验清业主身份。业主最好能亲临地盘接受楼宇。并请带上：

（1）入住手续书。

（2）业主身份证或护照。

（3）买卖合同。

2. 若业主不能亲临收楼，可委托他人代理。所委托的代表除了带上入住手续书、买卖合同外，还应出具：

（1）业主的授权书（由律师签证）。

（2）业主身份证或护照复印本。

（3）代理人的身份证或护照。

在入住手续书证（2）上盖章。

七、应在物业管理公司财务部办理手续

1. 缴付下列各项管理费用：

（1）预收管理费　　个月（模拟收费）。

（2）水电管理备用金　　元（用于供水、供电、机电、电梯、消防设备等重要设备的更新及突发事故抢修时的储备资金）。

（3）第一年的供暖费　　元（按建筑面积收取，　　元/m²）。

（4）建筑垃圾清运费　　元（清理业主入住装修时产生的建筑垃圾所预收的押金，半年后或装修完毕后，按规定清退）。

2. 缴付其他费用：

（1）安装防盗门，　　元/户。

（2）安装防盗窗花，　　元/户。

在入伙手续书（3）上盖章。

文件名	收 楼 须 知

八、在管理处应办的手续

1. 管理处工作人员带领业主验收其所购物业并由业主签字。

2. 管理处介绍入住的有关事项以及接受业主的查询，并将《住户手册》、《管理规约》发给业主。

3. 业主在入伙手续书（4）上盖章或签字，然后交由管理处保存。

4. 管理处正式把业主所购物业的钥匙交给业主。

5. 入住验房表，见表 8-5。

某物业服务企业业主入住验房表 表 8-5

座　单元　室　　　　　　　　　　　　　　　　　　　　　验收日期：　　年　　月　　日

业户姓名			工作单位			联系电话			备注	

验收详细内容

验收项目	顶棚	墙面	地面	门	门锁	窗	天线插座	照明灯	开关	插座	防盗窗花	备注
客厅												
餐厅												
主卧												
次卧												
厨房												
卫生间												

验收项目	天棚		外墙面		地面		地漏	防盗网		照明灯		排水管	晾衣钩
主阳台													
次阳台													

验收项目	地漏	排水管	给水管	给水闸阀	洗涤盒	洗涤龙头	厕所坐便	坐便水箱	花洒	水龙头	煤气管道	煤气阀门
厨房												
卫生间												

验收项目	室内配电箱	电气开关	门铃		电子对讲器	煤气表（底数）		水表（度数）		电表（底数）		

业主验收意见：	客户服务人员意见：
业户签字：	楼管员签字：

填写说明：以上项目合格的打"√"，存在问题和异议的简要说明。

6. 房（铺）交接书，见表 8-6。

房（铺）交接书

表 8-6

文件名	房（铺）交接书

甲方：　　　　房地产开发公司

乙方：　　　　业主

　　鉴于甲方所开发的物业　　　　已竣工，并且经市有关部门鉴定合格。业主购买的楼　　层室已具备入住条件，可以入住。开发商和业主双方均同意签署本房（铺）交接书，以便开发商将业主所购买的该单元房屋通过本房（铺）交接书正式移交给业主。业主已检查了该单元的建筑质量和初装修情况，双方一致认为，该单元可以交付给业主，业主可以接收该单元。因此，双方签订本交接书，并确认下列条款：

　　一、双方确认，自　　年　　月　　日起，该单元由开发商交付给业主。

　　二、业主在此确认，确已收到该单元钥匙。

　　三、开发商确认，尽管该单元已交付业主，但其仍负有《房（铺）销售合同》中规定的保修义务。

　　四、业主同时确认，该单元的建筑质量和初装修质量符合双方所签《房（铺）销售合同》的规定，业主并无异议。

　　五、双方一致同意，有关业主购买的该单元产权登记事宜，均委托　　　　律师事务所办理，开发商予以协助，有关税费按国家规定分别由双方各自承担。

　　六、本交接书自双方签字之日起生效。

　　七、本交接书一式两份，双方各执一份。

开发商（代表）签字：

业主签字：

年　　月　　日

7. 房屋装修协议书，见表 8-7。

某物业服务企业房屋装修协议书　　　　　　　　　　表 8-7

文本名称	房屋装修协议书	受控状态	
		编　　号	

甲方：_____物业管理有限公司

乙方（装修人）：_____

为了维护楼宇建筑结构的安全，保证小区（大厦）建筑风格的统一和美观，使装修操作规范化，双方同意签订如下协议。

1. 装修地点：_____小区（大厦）_____幢_____单元_____室。

2. 装修工期：从_____年___月___日起至_____年___月___日止。因特殊情况，需要延长装修工期的，乙方另行向甲方申请。

3. 乙方装修应聘请有一定资质的装修施工单位进行。

4. 乙方装修中应严格遵守业主/住户公约、装修管理规定及其他管理规定。

5. 装修施工时间为 7：00～12：00，14：00～21：00。

6. 乙方装修施工不得改动承重墙、柱、梁等主体结构，不得擅自改动水、电管线走向，不得违章搭建。

7. 装修垃圾必须袋装集中堆放于指定的位置，不得将垃圾倒入下水道内，严禁从楼上抛弃垃圾等任何物品。

8. 空调室外机安装在指定的统一位置。

9. 大件装修工具及超长、超宽装修材料不得进入电梯，必须从楼梯上下。

10. 乙方委托的施工单位的施工人员必须办理临时出入证。需要留宿的，应到管理处办理登记手续。

11. 乙方在装修过程中，必须接受甲方的检查与监督。乙方聘请的施工单位违反有关规定，不听劝阻和安排的，甲方有权责令其停止装修。

12. 乙方装修结束，应及时通知甲方验收。双方办理竣工验收手续。

13. 乙方向甲方缴纳装修保证金_____元（按照物价局规定执行）。乙方装修符合装修方案的要求，施工中没有违规现象，经验收通过，甲方及时退回装修保证金。

14. 乙方应向甲方缴纳装修垃圾清运费_____元（按照市物价局规定执行）。

15. 甲方负责清运乙方在指定地点堆放的装修垃圾。

16. 甲方应帮助协调处理乙方在装修过程中出现的问题。

17. 因乙方装修造成房屋开裂、管道堵塞、渗漏水、停电、损坏公共设备设施和他人财产物品的，因乙方装修施工不慎造成安全事故及人身伤害的，均由乙方负责赔偿。属于装修施工单位责任的，由乙方向装修施工单位追加赔偿。

18. 本协议一式两份，双方各执一份，未尽事宜，由双方协商解决。

19. 本协议经双方签字或章后生效。

甲方　　　　　　　　　　（盖章）　　　　乙方　　　　　　　　　（签字）

日期：_____年___月___日　　　　　日期：_____年___月___日

相关说明			
编制人员		审核人员		批准人员
编制日期		审核日期		批准日期

8. 装修管理控制程序，见表 8-8。

某物业服务企业装修管理控制程序　　　　表 8-8

程序 名称	装修管理控制程序	受控状态	
		编　　号	

一、目的

规范房屋装修管理工作，严格控制业主/住户的装修过程，确保装修符合规定要求，特制定本制度。

二、适用范围

适用于住宅小区、别墅、商住区、写字楼物业装修管理工作。

三、相关职责

1. 物业服务企业经理负责装修申请的审批及重大违章装修的处理。

2. 物业管理处主任负责外立面装修申请的审批、审批跟进、一般装修方案的审批、具体装修手续的办理、装修现场的监管，并组织相关部门对装修过程各环节进行控制；指定物业助理受理业主/住户的装修申报以及装修资料的收集、整理、归档。

3. 工程管理部负责制定《建筑装饰装修管理手册》，负责业主/住户的装修初审及结构、室内管线等重大改动装修方案的审批，并于装修期间进行不定期的检查。

4. 秩序管理部负责装修消防安全的审批及安全巡查。

5. 物业财务部负责装修相关费用的收取、扣缴、退还。

6. 商场、写字楼装修方案由消防局主管部门审批。

四、程序内容

（一）装修申请

1. 业主/住户提出装修申请时，物业助理应要求业主/住户如实填写《房屋装修施工申请表》各款内容，并提供装修施工设计图（平面设计图、单元立面图、空调安装图、电力照明设计及用量图、给水排水设计图等）和相关技术资料。

2. 如业主/住户自请装修施工单位，需附装修施工单位营业执照、资质证书复印件（需加盖公章）各一份；如是住户要求装修，需出具业主同意的有关证明。

3. 如业主/住户自行装修，需与物业服务企业签订自行装修保证书。

4. 装修较大商铺、娱乐场所时，需提供城市消防部门的审批文件。

5. 工程管理部主管确认业主/住户的身份后，向业主/住户提供《装修管理规定》。

（二）装修申请审批

1. 装修申请的审批。

（1）无违反相关规定的一般装修方案（如：无结构、管线、外观的变更，无防水层的破坏等），物业管理处可进行审批。

（2）结构、管线、外观等有重大变动的装修，物业管理处需将相关资料报工程管理部审批。工程管理部审批时需审查如下事项：审查装修设计是否对房屋结构、外墙立面、公共设施设备造成改动、破坏；装修是否存在严重的消防隐患；是否有其他违章情况。

（3）商场、写字楼部位的装修需报消防局主管部门审批。

2. 装修施工单位的审查。业主/住户装修前携带装修施工单位营业执照、资质证书、施工人员身份证明等资料报物业管理处审批，物业管理处对相关资料进行审查。

3. 物业管理处将审批后的装修申请通知业主/住户，对需要业主/住户修改装修设计的，应告之业主/住户修改。

4. 装修申请获得批准后，物业管理处应通知业主/住户带领装修施工队一同到物业管理处办理有关手续，缴纳相关费用。

（1）业主/住户应缴纳一定数额的装修押金和垃圾清运费（业主/住户委托）；

（2）装修施工单位缴纳一定数额的装修押金和施工人员证件工本费；

（3）装修施工单位将施工人员照片两张和身份证复印件交物业管理处；

（4）物业管理处将其中一张照片和身份证复印件及施工人员基本情况登记在《施工人员登记表》；

（5）施工人员的另一张照片制作成施工人员的《施工出入证》。

5. 物业管理处在业主/住户和装修施工单位办理完上述手续后，与业主/住户签订《房屋装修协议书》。《房屋装修协议书》的内容一般包括装修工程的实施内容、装修工程的实施期限、允许施工的时间、垃圾的清运与处置、房屋外立面设施及防盗网的安装要求、禁止行为和注意事项、装修押金和保证金的约定、垃圾费和水电费等费用的约定，违约责任及其他需要约定的事项等。

6. 物业管理处通知有关人员开通业主/住户水电，并向业主/住户发放《施工许可证》及装修施工人员出入证等相关手续，同时并告知业主/住户可进场装修。

续表

程序 名称	装修管理控制程序	受控状态	
		编 号	

（三）装修施工过程管理

1. 施工期间，物业管理处需派人每日至少巡查一次装修施工情况，检查情况记录于《装修施工巡查记录表》，保安人员严格按人员进出小区（大厦）有关管理规定对施工人员进行管理。

2. 如发现下列情况，物业助理按《违章装修的处理办法》办理。

（1）未按规定张贴《施工许可证》。

（2）未按规定的施工时间施工。

（3）超出申报范围内的装修项目。

（4）违反装修管理规定及国家相关的其他规定。

3. 业主/住户就装修事项提出请求协助或帮助时，物业管理处应予积极考虑并给予协助处理。

（四）装修施工的竣工验收

1. 装修施工结束后，由业主/住户和施工单位共同向物业服务企业提出验收申请。

2. 物业管理处、工程管理部、业主/住户和施工单位共同对装修进行现场验收。

3. 竣工验收合格的，由物业管理处、工程管理部负责人在《装修完工检查验收表》内签署"初验合格"，并签署姓名和日期。如发现违章装修情况，按《违章装修的处理办法》处理。

4. 物业管理处收回施工证，如有丢失，原交押金不予退还。

5. 施工队当日清场离开。

6. 装修验收合格并使用三个月后，物业管理处应对装修施工组织复验，复验无问题，由物业管理处、工程管理部负责人在《装修完工检查验收表》内签署"复验合格"后报物业经理审批。

（五）违章装修的处理办法

1. 装修施工期间发现违章装修的，物业管理处应立即要求业主/住户停止违章装修，并视情况采取以下方式进行处理：

（1）批评教育，立即整改；

（2）出具《违反装修规定整改通知书》，限期整改；

（3）出具《装修验收整改通知书》，对装修竣工验收中发现的问题限期整改；

（4）停水停电（报物业经理批准）；

（5）要求赔偿损失（报物业经理批准）。

2. 装修施工验收时，如发现业主/住户违章装修的，物业管理处、工程管理部协同对违章装修给楼宇安全、美观造成的危害程度做出评估，并视情况征得物业经理同意后，列清扣款数额，由财务内勤按以下方法进行扣款，扣款顺序为：

（1）首先从装修施工单位装修押金中扣款；

（2）装修施工单位装修押金不足以补偿扣款的，再从业主/住户装修押金中予以补扣；

（3）扣完业主/住户装修押金仍不能补偿扣款的，要求业主/住户给予赔偿。

（六）退还押金、保证金

《装修完工检查验收表》经物业服务企业经理审批后，由财务内勤退还业主/住户、装修施工单位的装修押金、保证金。

（七）装修档案管理

1. 装修完工，通过验收，由物业助理收集、整理各装修单元装修资料，统一归档。

2. 对装修档案的管理应放入业主/住户档案内，保存期至业主/住户搬迁后。

五、相关文件

1. 原建设部110号令《住宅室内装饰装修管理办法》。

2. 发放给业主/住户的《装修管理规定》。

相关说明					
编制人员		审核人员		批准人员	
编制日期		审核日期		批准日期	

第9章 物业管理方案实例

根据"某某佳园"的设计特点，现拟出"某某佳园"物业管理方案。真诚希望在与贵方合作中，能使业主和住户能充分享受到物业管理所带来的方便、温馨和周到的服务，使"某某佳园"物业持续升值，为住户营造一个安全、整洁、优美、方便的阳光社区，提升生活品质，实现业主、开发商、物业服务企业和谐、多赢的经营目标。

一、某某佳园物业概况

"某某佳园"位于福厦路、环城西路与 205 国道交汇处，总建筑面积约 2 万 m²，小区以多层住宅为主，配有较高价值的店面，其中 A 区、B 区占据交通"黄金点"，交通便捷，银行、学校、超市、酒店、邮局等生活设施齐全，是居家置业的理想物业。美丽的社区，更需要"阳光物业"这样较耐心、细致、负责任的物业公司去用心呵护。

二、公司接管后将采取的管理档次及服务标准

根据某某佳园的实况，我司确定某某佳园物业为中高档管理。其服务标准如下：

（一）建立 24h 值班制度，设立服务电话，接受业主和使用人对物业管理服务报修、求助、建议、问询、质疑、投诉等各类信息的收集和反馈，及时处理并有回访记录。

（二）定期向住用户发放物业管理服务工作征求意见单，对合理建议及时整改。满意率达 95％以上。

（三）建立落实维修承诺制，零修急修及时率 100％，返修率不高于 1％。

（四）每半年公开一次物业管理服务费用收支情况。

（五）物业档案、业主楼案、设备设施档案齐全。

（六）常规性公共服务

1. 房屋管理及维修养护

（1）栋号、楼层、房号等标志明显，设立引路方向平面图。

（2）物业外观完好、整洁、外墙无脱落，无乱贴、乱涂、乱画现象。

（3）空调安装统一。

2. 共用设备管理，保证设备与机房环境整洁，设备良好，定期保养无事故隐患。

（1）供电系统

保证正常供电，停电提前 1 天通知用户，备用应急发电机可随时起用。接地电阻每 3 年检测 1 次。

（2）弱电系统。保证系统正常工作。故障及时排除。

（3）消防系统。24h 值班；设备设施齐全、完好无损，可随时起用；组织开展消防法规及消防知识的宣传教育，明确各区域防火责任人；消防疏散通道畅通；保证无火灾安全隐患。

（4）给水排水系统。每半年清洗水池 1 次，保证水质符合国家标准；水池、水泵周围清洁卫生，无二次污染；停水提前 1 天通知；消防泵每月进行 1 次操作，每年进行 1 次全面检查；排水系统通畅，汛期道路无积水，地下室、车库、设备房无积水、浸泡发生；遇有事故，维修人员在 20min 内到达现场抢修，并无长时间停水；制有应急处理方案。

3. 共用设施管理。共用配套服务设施完好，道路、楼道等公共照明完好，道路通畅，路面平坦。

4. 保安及车辆管理。

(1) 专业保安队伍，24h 值班及巡逻，保安文明执勤，言语规范，处理突发事件。

(2) 出入车辆有序，无堵塞交通现象，不影响行人通行。

(3) 车辆出入管理严格，有登记。

(4) 停车场停放整齐，场地整洁。

(5) 危及人身安全处设有明显标志和防范措施。

(6) 联系群众，搞好群防群治。

(7) 在公安派出所指导下搞好治安管理。

5. 环境卫生管理。做到定人、定地点、定时间、定任务、定质量。

(1) 环卫设施完备。

(2) 实行标准化清扫保洁。

(3) 垃圾日产日清，定期进行卫生消毒灭杀。

(4) 共用部位保持清洁，无乱贴、乱画现象，大堂、楼梯、扶栏、天台、屋面等保持洁净，共用场地无纸屑、烟头等废弃物。

(5) 做好环卫宣传工作，提高人的清洁卫生意识。

6. 绿化管理

(1) 绿地无改变使用用途和破坏、践踏、占用现象。

(2) 花草树木修剪整齐美观，无病虫害，无折损。

(3) 绿地无纸屑、烟头、石块等杂物。

(4) 绿化完好率达到 95% 以上。

7. 室内装饰装修管理（二次装修）。全过程监控，保证房屋的整体性，抗震性和结构安全。

(1) 受理本小区二次装修咨询与审批。

(2) 所有装修人员到管理处办理出入证。

8. 房屋租售管理。

(1) 督促外来人员在 3d 内办理《暂住证》手续。

(2) 配合派出所、居委会对小区内租户、流动人员的调查，并登记在册，确保小区的生活安全。

9. 社区文化

(1) 设立学习宣传园地，开展健康向上的活动。

(2) 制有居民精神文明建设公约。

(3) 配合街道办事处、居委会、派出所开展各项工作。

(4) 业主满意率 95% 以上。

(七) 针对性的专项服务（代理业务）

1. 代住户进行室内卫生清扫、室内装修、搬家等。

2. 提供空房代管、房屋中介等服务。

3. 代定报刊、邮件报刊的代收代发。

4. 提供维修服务并做到小修不过夜，中修 3d 完成。

5. 安装、维护和修理各种家用电器和生活用品等。

三、公司拟采取的管理方式

"对物业进行严格管理，为业主、开发商提供优质服务"是本公司的根本理念，规范化管理，贴心服务，铸造品牌物业公司的信誉与形象。

（一）标准化管理

物业管理涉及面广，一般住用户对物业管理服务内容、标准、档次很难进行全面了解，业主对服务质量与收费关系的误解是当前物业公司与业主关系僵化的一个主要原因。房屋及设备保养不及时、日常管理松懈、随意是物业管理水平低下、业主怨声载道的根本原因。本公司从项目前期管理、入住、二次装修、房屋维修与养护、给水排水及电气设备管理、消防、安全、保洁、绿化以及便民服务，均实施全面的、标准化质量管理，使本公司物业管理行为向规范化的国际惯例靠拢，在内部管理上自律、制度上创新，以达到管理严格有序、服务质量高的管理目标，使开发商放心、业主满意、公司信誉度得到提高。

（二）沟通服务至上

组织、沟通、协调能力是物管服务企业的一项不可或缺的重要素质，具备这项素质，工作中的各项矛盾往往可以大事化小、小事化无；反之，则误会重重，隔阂加深。目前大多数物业服务企业受投诉主要在于沟通不畅所致。为此，本公司专门设置业主联络处，通过礼貌走访、接待业主投诉、较好解决业主提出的问题（合理要求）、答复业主疑问、设置业主交流箱、公示栏、宣传栏等方式，发展与业主的良好关系。同时，鉴于物业管理是一项具体、繁琐的业务，公司要求管理人员亲力亲为，实行走动式管理，亲临服务一线，直接了解业主需求，认真负责，讲道德，重诚实，对业主有求必应，保证服务质量。凡是业主对入住交房时提出的涉及与开发商有关的问题，我们将利用规范物业服务企业的耐心、亲切的服务优势对业主进行沟通、疏导和抚慰，有效化解部分业主似懂非懂的怨气、误解或投诉，并按物业管理的规范要求登记下来，书面呈报开发商。绝对禁止加剧业主与开发商、开发商与物业服务企业、物业服务企业与业主之间错综复杂矛盾的做法与行为。

（三）缔造亲善的社区文化

创造一个和谐、文明、舒适、优美的生活与工作环境是我公司与业主的共同愿望。因此，本公司提倡文明、礼貌、亲善的社区文化，与业主共建共荣、友好相处、相互信任，主导公司员工发展与业主、派出所、社区居民委员会以及政府部门的友好协作关系。不论员工在工作期间或在工作区域之外，业主或员工的难处是否关系到本人，都要热心助人、温善相待，主动构架良好的人际关系，为小区、为业主、为自己、为这个物欲横流的社会开辟一方文明的净土。

四、为开展某某佳园物业管理所配置的人力、物力资源

（一）人员设置。

根据所确定的管理档次及实地考察，按物业管理面积 2 万 m² 计算，本公司"某某佳园"管理处拟设置工作人员 11 人。

管理主任兼业主联络处主任 1 人，负责总体工作安排、业主沟通；

工程人员 1 人，负责设备、设施维修、保养；

车管员/收银员 2 人，停车场管理、出纳、收费；

保洁绿化人员 1 人，负责保洁绿化；

保安人员 6 人，负责岗亭、车辆出入、巡逻；

注：财务人员由总公司兼任。

（二）综合效益简要分析

某某佳园综合管理费及维修金收费标准可为（以上收费标准仅供参考，最后的收费标准以物价局批复标准收费）：

管理费	维修金
多层住宅 0.50 元/（m²·月）；	0.20 元/（m²·月）；
商场 1.50 元/（m²·月）；	0.25 元/（m²·月）。
地上车位 40 元/（位·月）；	
地下车位 60 元/（位·月）。	

五、某某佳园物业管理的具体操作

公司贯彻"以人为本、业主至上"的服务理念，从项目前期管理、入住、二次装修、房屋维修与养护、给水排水及电气设备管理、消防、安全、保洁、绿化以及便民服务，均实施全面的、标准化质量管理。逐步建立完善的安全保卫系统、设备设施维护系统、环境保护系统、绿化维护系统、共用设施管理系统、社区文化活动组织系统。

（一）前期准备

公司派出专业人员对待承接项目进行深入研究，了解项目规划、物业特点以及周边地区物业分布情况、安全状况，结合本方案拟定特定物业项目的管理方案；进驻前 2 个月开始筹建物业管理队伍，进行人员选拔、培训，针对项目特点制定各项管理规定及工作流程，拟定用户手册、业主公约及前期物业管理协议；进驻前一星期必须安排好管理用房、员工宿舍及管理处相关办公设备；物业接管必须进行验收评估，妥善进行钥匙、图纸资料的交接。

1. 内部机构的设置与拟定人员编制

2. 物业管理人员的选聘和培训

开展管理工作前 3 个月。培训内容为：专业管理概念，紧急应变的处置，业主及用户投诉的处理，特别电梯配电应取得上岗证方可上岗。

3. 规章制度制定

（1）根据政府有关部门的法律、法令、文件和示范文体，编写《业主公约》、《用户手册》并在入住时发放。

（2）制定严谨、科学的管理文件（各项守则、管理规定，各级员工岗位职责及工作程序）并在入住前完成。

（二）物业管理的启动

1. 物业的接管验收

（1）产权资料（项目批准文件、用地批准文件、建筑执照）。

（2）技术资料（竣工图、设备的检验合格证书等）。

2. 入住管理

（1）房屋验收、交接执行公司严谨、科学的"入住管理系统"。发放入住通知书、住户手册，明确入住验收手续、收费标准，签署"管理规约"，礼貌、热忱接待业主，主动解释有关疑问；签订物业管理委托合同、业主公约；通过宣传使用户了解和配合物业管理工作；向用户发放《用户须知》、《用户手册》；配合用户搬迁，应打扫好室内外卫生、清扫进出道路、协助用户搬迁以及交通指挥等；做好用户搬迁阶段的安全工作，合理协调保安人员值班、巡逻，适当增加保安力量。

（2）建立业主档案和产权备案。在办理移交手续中，系统了解业主相关资料，建立顾客档案，界定每个产权人拥有产权的范围和比例，建立产权备案制度，为今后顺利管理打好基础。

3. 二次装修施工全过程监控

二次装修管理攸关楼宇的建筑风格、品质，因此，为了保证楼房长期正常使用，公司将依《某某市住宅区物业管理条例》、建设部第 46 号令《建筑装饰装修管理规定》、《家庭居室装饰装修管理试行办法》、《某某市建筑外墙装饰管理规定》、《家庭居室装饰二次装修管理试行办法》、《某某市物业管理服务收费办法》等有关法规以及《前期物业管理协议》、《用户手册》、《管理规约》执行管理。

作业现场管理时，管理处将采取必要的安全防护和消防措施，保障作业人员和相邻居民的安全，控制现场的各种粉类、废气、固体废物以及噪声、振动对环境的污染和危害，减轻或避免对相邻居民的日常生活造成影响。

安全防范管理。二次装修施工人员须按政府规定办理证件，接受管理处管理，留宿施工人员由业主或代理人书面担保，防范治安事件发生；进行二次装修中对电、煤气、明火安全管理，消除消防隐患；二次装修与入住并存期间，加强安全防范重点宣传，有针对性地采取措施，确保不遗留安全隐患。

环境卫生管理。规范二次装修材料及垃圾的运输和堆放，严禁投入下水道，确保楼宇内道路通畅及环境整洁；加强噪声控制，限定二次装修施工时间或进行噪声隔离，最大限度降低对周边居民正常生活及工作的影响，控制入住和二次装修期交叉时造成的环境影响。

共用设备设施管理。确保二次装修中水电主干线、消防设施等户内外设备设施不受破坏，严禁任意动用消防设施，使其正常运行。

室外二次装修管理。严禁破坏外墙整体美观，不得在外墙凿洞；禁止安装雨阳蓬或做任何形式的封闭；窗户、落地窗防护栅应设在窗扇内侧；公共部位严禁安装、架设私家物品及构筑物，尤其是私自在楼梯口加装铁门。

土建二次装修管理。不得用重磅大锤进行野蛮施工，以防止破坏楼板结构；不得变更或破坏房屋的柱、梁、板、承重墙等建筑主体结构、外墙、屋面防水、厨卫防水；外墙体埋设管线，须进行防水处理，以防止外墙渗水；不得在无梁板上砌筑墙体。

水电设施二次装修管理。严禁在结构楼板凿沟埋管、在公共墙体埋设水管；厨卫下水主管检查口不得封死；二次装修前堵塞好下水口，以防止二次装修砖头、杂物造成堵塞；墙体及吊顶内埋设电线应使用套管；动员住户在进行吊顶装饰时留出检查口。

装修工程完工后，由装修户通知管理处工程部对工程进行验收，出具竣工验收单并办理相关手续。

（三）完善的日常物业管理服务

1. 安全保卫系统

（1）总体安全环境管理

在社区四周、车床进出口、社区出入口，电梯轿厢内设置闭路监控系统，建立 24h 不间断监控资料；结合公安 110 报警系统，对突发安全事件及时解决，依法办事。

培训专业保安巡查员队伍，保安巡查员统一着装、佩戴明显标志，文明值勤，言语规范，认真负责，对社区进行 24h 值班及巡逻，制定详尽巡逻路线及频次；对危及人身安全处设有明显标志和防范措施并及时消除安全隐患。

在出入口处对来访客人进行登记，控制楼宇内流动人员数量，防止推销人员散发广告传单或无关人员流窜；建立我公司覆盖全某某市的物业保安呼叫系统，遇有突发事态，可以立即调配全公司人力和物力集中支援；制定应急准备和应急措施，如防台风、防地震方案等。

（2）对出租户管理

租户的社区角色不同，人员流动性大，社会背景、身份也极为复杂，因此，出租户管理成为当今物业管理中较难处理的问题。我公司将从提倡亲和社区文化入手，对租户进行分类拜访与重点关注；配合派出所、居委会对小区内租户、流动人员的调查。确保楼宇内业主、租户的生活安全与人际和谐。

（3）车辆交通及道路管理

楼宇停车场有专人疏导，管理有序，排列整齐，机动车辆出入有登记；非机动车车辆按规定位置停放；每天巡查楼宇内道路，确保道路通畅，路面平整；井盖无缺损、无丢失，路面井盖不影响车辆和行人通行及业主的日常生活。

（4）科学管理

记录全面的事件日志，针对事故多发地加强巡逻及监控，消灭安全隐患。

2. 设备设施维护系统

（1）房屋管理与维修养护

主出入口设楼宇平面示意图，幢、单元（门）、户标号标志明显；定期检查外墙，发现破损及时修补，确保房屋外观完好、整洁，外墙面砖、涂料等装饰材料无脱落、无污迹；空调安装位置统一，冷凝水集中收集；设立小告示板，开展与业主交流，及时通报相关事项。

（2）共用设备管理

本公司设备保养与维修，一是以预防为主，坚持日常保养与计划维修并重，使设备始终处于良好状态；二是对房屋设备做到"三好"，"四会"和"五定"。三好是指用好、修好和管理好重要的房屋设备。"四会"是指物业维修人员对房屋设备要会使用、会保养、会检查、会排除故障。"五定"是对房屋主要设备的清洁、润滑、检修要做到定量、定人、定点、定时和定质；三是实行专业人员修理与使用操作人员修理相结合。以专业修理为主，同时设备的使用操作人员参加日常的维护保养和进行部分的小型维修。四是完善设备管理和定期维修制度。制度科学的保养规程，完善设备资料和维修登记卡片管理，合理制定定期维修计划。

1）给水排水设备管理

管理目标：细心保养，确保给水排水设备、阀门、管道工作正常，无跑冒滴漏，方便住用户生活。

供水设备（包括蓄水池、供水泵、管网、屋顶水箱、水表、阀门等）。对生活水泵、给水管网定期检修及防腐保养，确保供水设备运行正常、设施完好、无渗漏、无污染；每天 2 次巡视水泵房、给水管网、屋顶水箱；水泵、水池、水箱有严格管理措施，无污染隐患；生活用水的水质符合卫生标准；对二次供水蓄水池、屋顶水箱每半年清洗、消毒一次，无二次污染，保存二次供水卫生许可证、水质化验单；停水提前一天通知住用户。

排水管理。每天巡视排水管道等设施，确保排水、排污管理通畅，无堵塞、外溢现象；汛期道路、车库、设备房无积水、浸泡发生；每年一次清理化粪池、污水井；遇有事故，维修人员在规定时间内进行抢修，无大面积跑水、泛水、长时间停水现象。

2）供电设备管理

供电设备（变压器、电表、供电线路、总开关、户外型负荷开关、户内型漏电保护自动开关、避雷针等）。建立 24h 运行和维修值班制度，及时排除故障；每天检查供电线路，确保正常供电，道路、楼道等公共照明完好；建立配电室巡查制度（每班巡查一次，每月细查一次，半年大检修一次），并做好运行记录；停电提前一天通知各用户；临时施工及住（用）户装修制定临时用电管理措施；发生地震、火灾、水灾等情况及时切断电源；备用应急发电机随时起用。

配电房管理。由机电技术人员管理和值班，无关人员禁止入内；建立配电运行记录，每班巡查 1 次，每月细查 1 次，半年大检修 1 次，查出问题及时处理，并做好记录；室内照明、通风保持良好；操作开关的标志明显，停电拉闸要挂标志牌，检修停电，更应挂牌；操作及检验时，必须按规定使用电工绝缘工具、绝缘鞋、绝缘手套等。

供电设备的正常维护和保养。观察各种仪表、电压是否正常，使用电流的变化情况，高峰用电时的电流数值，三相电流是否平衡，对照值班记录检查分析有关差异；核对各个支路的实际负荷是否与装设的保护元件整定值相符合；配电箱固定是否牢固，箱内器件是否完好无损，各闸具的接头有无松动，操作是否灵活，刀刃及接点有无烧伤，导线绝缘是否老化、变脆、熔断器有无焦痕；导线绝缘是否良好，各类绝缘导线的绝缘是否老化，各接头处无烧焦、变脆、绝缘包布有无失效，接头之间有无腐蚀现象；金属管连接的地线是否良好，有无虚脱或腐蚀，各种管路固定是否牢固。管子接头有无脱扣拔节现象，管路有无塌腰变形；各用电器具是否牢固；各种地板的接地电阻是否符合规定。

3）弱电设备管理

每天对门禁对讲系统进行维修保养，确保故障能及时排除。

4）消防管理

消防控制中心 24h 值班，消防系统设施设备齐全，完好无损，可随时起用；制订突发事件应急方案；消防管理员接受严格正规的培训。

建立日常防火检查制度，每周一次检查消防系统设施设备，每月全部检查一次，及时发现并消除火灾安全隐患，确保消防设施齐全、完好，标识完整，可随时起用；在明显处设立消防疏散示意图。照明设施、引路标志完好，紧急疏散通道畅通无阻；全体管理人员掌握消防设施设备的使用方法并能及时处理各种问题；组织开展消防法规及消防知识的宣传教育，明确各区域防火责任人；建立义务消防队，制订突发火灾应急方案；每年举行一次消防演习，增强应急技能、提高业主消防意识。

3. 环境保结系统

环境卫生管理的目的是净化环境，给业主和使用人提供一个清洁宜人的工作、生活环境。我司对清洁卫生工作将严格"五定"管理，即定人、定地点、定时间、定任务、定质量。

管理标准：垃圾箱、果皮箱等环卫设备完备；标准化保洁（专职人员及清洁卫生责任制）；垃圾日产日清，定期进行卫生消毒灭杀；房屋公共部门共用设施无蚁害；楼宇内道路等共用场地无纸屑、烟头等废弃物；房屋共用部位保持清洁，无乱贴、乱画；楼梯扶栏、天台、公共玻璃窗等保持洁净。

（1）日常保洁

范围	工作内容	频次	标准
楼道	收垃圾，洗垃圾桶	2次/天	无遗留物、臭味
	扫地板及楼梯	1次/天	无杂物，无积水
	冲洗楼梯	1次/周	无杂物，无积水
	擦公寓口信报箱	1次/天	无灰尘，无手印
	擦电梯	2次/天	无灰尘，无手印
	擦公共防盗门	1次/周	无灰尘
	擦楼梯扶手	1次/周	无灰尘
	擦公共天花板	1次/周	无灰尘、蜘蛛丝
	擦消火栓	1次/月	无灰尘
	擦窗户	2次/月	无灰尘
道路	路面	循环清扫	无杂物
	路边绿地	2次/天	无杂物
	水泵结合器	1次/周	无灰尘
	路灯柱	1次/周	无灰尘
绿地	清理	2次/天	无灰尘、枯叶

（2）四害消灭

在楼道、道路、绿地等公共区域，每月定期一次采取措施消灭老鼠、蟑螂，二次消灭蚊子、苍蝇，配合周围区域对四害滋生地消毒处理。

4. 绿化维护系统

制定绿化管理标准，定期对楼宇绿化进行浇水、施肥、修剪、杀虫等工作；对楼宇绿化进行改进、栽种；绿地无改变使用用途和破坏、践踏、占用现象；花草树木长势良好，修剪整齐美观，无病虫害，无折损，无斑秃；绿地无纸屑、烟头、石块等杂物。

项目	措施	标准
绿化浇水	浇水（依气候变化）	浇足浇透
草皮	修剪（按季节进行）	草皮美观平整
杂草	清除（每周一次）	确保基本无杂草
防虫	病虫害防治（一年2次）	无病虫害

| 养护 | 施肥（一年 4 次） | 绿化生长旺盛 |
| 乔灌木 | 修剪造型一年 4 次 | |

5. 共用设施管理系统

制定共用设施管理标准，对业主的共用设施：篮球场、网球场、羽毛球场等制定相应的管理办法，定期对共用设施进行维护保养；开发收益性服务项目，借助专业的物业管理服务对共用设施进行有效管理，并引入良好的运营机制充分发挥物业的使用价值，为业主及开发商获取收益也为良好的物业管理注入动力。

6. 社区文化活动组织系统

（1）社区文化建设

创造一个和谐、文明、舒适的生活与工作环境是我公司与业主的共同愿望。在一年里，特别是节日，如春节、中秋节等，管理处腾出活动空间，与社区居委员会一道，组织社区居民参与开展各种积极向上的文艺活动，使业主及使用人拥有一份归属感；各项活动事先计划，争取政府有关部门支持，并发展与业主委员会、社区居委会以及政府有关部门的良好合作关系；在楼宇告示栏上设立学习宣传园地；配合、支持、参与社区文化建设，提倡高雅的社区文化。

（2）便民服务

"不出社区门，照样过日子"是本公司服务的一项重要目标，当住户遇到生活上或工作上的多方面问题而难以应对时，全公司员工都能够有求必应地提供服务，主动为住户排忧解难，积极开展临时性的、专项性的、业主及使用人自愿选择的特约服务方式。

1）日常服务

设置业主联络处、服务专线，开辟为业主/业主委员会与本公司沟通交流场所，不但要接受住户的质疑、问询、投诉、求助、报修，还要求公司员工必须热情相待，及时处理和反馈住户的各种要求；建立回访制度并记录，定期向业主及使用人发放物业管理服务工作征求意见单，对合理化建议及时整改；每半年公开一次物业管理服务费用收支情况；代定报刊，邮件报刊代收代发。

2）特约服务

提供有偿特约维修服务。室内维修装潢业务，小修不过夜，中修三天完成；空房代管，房屋中介；委托代装家用电器；代办家庭清洁、消毒、打蜡；委托代聘各种类型的保姆、家教和医疗护理；信息咨询服务等

六、物业接管事项说明

（一）我公司一旦接受委托进行物业管理，保安、环境卫生等关系小区基本生活秩序的工作立即入场开展，各项接管工作一周内完成，以保障小区业主的切身利益。

（二）为了高效完成接管工作，公司领导成立以陈副总经理为首的接管验收小组（具 9 年物业管理工作经验）。成员包括 2 名工程师、1 名会计师。

第10章 住宅专项维修资金的缴纳和管理

10.1 住宅专项维修资金的含义

《住宅专项维修资金管理办法》中规定，住宅专项维修资金，是指专项用于住宅共用部位、共用设施设备保修期满后的维修、更新和改造的资金。

住宅共用部位，是指根据法律、法规和房屋买卖合同，由单幢住宅内业主或者单幢住宅内业主及与之结构相连的非住宅业主共有的部位，一般包括：住宅的基础、承重墙体、柱、梁、楼板、屋顶以及户外的墙面、门厅、楼梯间、走廊通道等。

共用设施设备，是指根据法律、法规和房屋买卖合同，由住宅业主或者住宅业主及有关非住宅业主共有的附属设施设备，一般包括电梯、天线、照明、消防设施、绿地、道路、路灯、沟渠、池、井、非经营性车场车库、公益性文体设施和共用设施设备使用的房屋等。

10.2 住宅专项维修资金的缴存

10.2.1 缴存比例

商品住宅的业主、非住宅的业主按照所拥有物业的建筑面积缴存住宅专项维修资金，每平方米建筑面积缴存首期住宅专项维修资金的数额为当地住宅建筑安装工程每平方米造价的5%～8%。

10.2.2 住宅专项维修资金的管理

1. 业主大会成立前

业主大会成立前，商品住宅业主、非住宅业主缴存的住宅专项维修资金，由物业所在地直辖市、市、县人民政府建设（房地产）主管部门代管。

2. 业主大会成立

业主大会成立后，应当按照下列规定划转业主交存的住宅专项维修资金：

（1）业主大会应当委托所在地一家商业银行作为本物业管理区域内住宅专项维修资金的专户管理银行，并在专户管理银行开立住宅专项维修资金专户。

开立住宅专项维修资金专户，应当以物业管理区域为单位设账，按房屋户门号设分户账。

（2）业主委员会应当通知所在地直辖市、市、县人民政府建设（房地产）主管部门；涉及已售公有住房的，应当通知负责管理公有住房住宅专项维修资金的部门。

（3）直辖市、市、县人民政府建设（房地产）主管部门或者负责管理公有住房住宅专项维修资金的部门应当在收到通知之日起 30 日内，通知专户管理银行将该物业管理区域内业主交存的住宅专项维修资金账面余额划转至业主大会开立的住宅专项维修资金账户，并将有关账目等移交业主委员会。

10.3　住宅专项维修资金的使用

住宅专项维修资金应当专项用于住宅共用部位、共用设施设备保修期满后的维修和更新、改造，不得挪作他用。

10.3.1　住宅共用部位、共用设施设备的维修和更新、改造费用的分摊规定

（1）商品住宅之间或者商品住宅与非住宅之间共用部位、共用设施设备的维修和更新、改造费用，由相关业主按照各自拥有物业建筑面积的比例分摊。

（2）售后公有住房之间共用部位、共用设施设备的维修和更新、改造费用，由相关业主和公有住房售房单位按照所缴存住宅专项维修资金的比例分摊；其中，应由业主承担的，再由相关业主按照各自拥有物业建筑面积的比例分摊。

（3）售后公有住房与商品住宅或者非住宅之间共用部位、共用设施设备的维修和更新、改造费用，先按照建筑面积比例分摊到各相关物业。其中，售后公有住房应分摊的费用，再由相关业主和公有住房售房单位按照所交存住宅专项维修资金的比例分摊。

10.3.2　住宅专项维修资金划转业主大会前的使用程序

（1）物业服务企业根据维修和更新、改造项目提出使用建议；没有物业服务企业的，由相关业主提出使用建议；

（2）住宅专项维修资金列支范围内专有部分占建筑物总面积 2/3 以上的业主且占总人数 2/3 以上的业主讨论通过使用建议；

（3）物业服务企业或者相关业主组织实施使用方案；

（4）物业服务企业或者相关业主持有关材料，向所在地直辖市、市、县人民政府建设（房地产）主管部门申请列支；其中，动用公有住房住宅专项维修资金的，向负责管理公有住房住宅专项维修资金的部门申请列支；

（5）直辖市、市、县人民政府建设（房地产）主管部门或者负责管理公有住房住宅专项维修资金的部门审核同意后，向专户管理银行发出划转住宅专项维修资金的通知；

（6）专户管理银行将所需住宅专项维修资金划转至维修单位。

10.3.3　住宅专项维修资金划转业主大会管理后的使用程序

（1）物业服务企业提出使用方案，使用方案应当包括拟维修和更新、改造的项目、费用预算、列支范围、发生危及房屋安全等紧急情况以及其他需临时使用住宅专项维修资金的情况的处置办法等；

（2）业主大会依法通过使用方案；

（3）物业服务企业组织实施使用方案；

（4）物业服务企业持有关材料向业主委员会提出列支住宅专项维修资金；其中，动用公有住房住宅专项维修资金的，向负责管理公有住房住宅专项维修资金的部门申请列支；

（5）业主委员会依据使用方案审核同意，并报直辖市、市、县人民政府建设（房地产）主管部门备案；动用公有住房住宅专项维修资金的，经负责管理公有住房住宅专项维修资金的部门审核同意；直辖市、市、县人民政府建设（房地产）主管部门或者负责管理公有住房住宅专项维修资金的部门发现不符合有关法律、法规、规章和使用方案的，应当责令改正；

（6）业主委员会、负责管理公有住房住宅专项维修资金的部门向专户管理银行发出划转住宅专项维修资金的通知；

（7）专户管理银行将所需住宅专项维修资金划转至维修单位。

10.4 住宅专项维修资金的监督管理

10.4.1 房屋所有权转让时

房屋所有权转让时，业主应当向受让人说明住宅专项维修资金交缴和结余情况并出具有效证明，该房屋分户账中结余的住宅专项维修资金随房屋所有权同时过户。

受让人应当持住宅专项维修资金过户的协议、房屋权属证书、身份证等到专户管理银行办理分户账更名手续。

10.4.2 房屋灭失时

房屋灭失的，按照以下规定返还住宅专项维修资金：

（1）房屋分户账中结余的住宅专项维修资金返还业主；

（2）售房单位缴存的住宅专项维修资金账面余额返还售房单位；售房单位不存在的，按照售房单位财务隶属关系，收缴同级国库。

10.4.3 住宅专项维修资金的定期公布

直辖市、市、县人民政府建设（房地产）主管部门，负责管理公有住房住宅专项维修资金的部门及业主委员会，应当每年至少一次与专户管理银行核对住宅专项维修资金账目，并向业主、公有住房售房单位公布下列情况：

（1）住宅专项维修资金交存、使用、增值收益和结存的总额；

（2）发生列支的项目、费用和分摊情况；

（3）业主、公有住房售房单位分户账中住宅专项维修资金交存、使用、增值收益和结存的金额；

（4）其他有关住宅专项维修资金使用和管理的情况。

第11章 物业费的收缴及管理

11.1 物业管理服务费的含义及构成

11.1.1 物业服务费的含义

物业服务费是指物业服务企业按照物业服务合同的约定，对房屋及配套的设施设备和相关场地进行维修、养护、管理，维护相关区域内的环境卫生和秩序，向业主收取的费用。

11.1.2 物业服务费的构成

按照《物业服务收费管理办法》，物业服务成本或者物业服务支出构成，应包括以下几个部分：

1. 管理服务人员的工资、社会保险和按规定提取的福利费等。
2. 物业共用部位、共用设施设备的日常运行、维护费用。
3. 物业管理区域清洁卫生费用。
4. 物业管理区域绿化养护费用。
5. 物业管理区域秩序维护费用。
6. 办公费用。
7. 物业服务企业固定资产折旧。
8. 物业共用部位、共用设施设备及公众责任保险费用。
9. 经业主同意的其他费用。

以上物业管理区域指的是物业管理的公共区域。

实行物业服务费用包干制的，物业服务费用的构成不仅包括物业服务成本，还包括法定税费和物业服务企业的利润；实行物业服务费用酬金制的，在收取物业服务资金中不仅包括物业服务支出，还包括物业服务企业的酬金。

11.2 收取物业服务费的方法和程序

11.2.1 收取物业服务费的方法

1. 设置收费处

为方便业主和使用人交费，物业服务企业通常设置收费处进行收费服务，业主和使用人交费时，收费人员及时、准确记录，核对应收费用项目，提供收费项目查询，办理收费手续。

2. 上门收费

物业服务企业的财务部门对每户业主应交费用进行计算、统计，发放收费通知书，注明上门收费日期，由专职收费人员到客户家中进行收费服务，方便业主和使用人。有时这种上门收费可以集中于楼宇单元门栋入口处。

3. 银行划扣或利用智能化系统收取

可以委托银行按照收取电货、水费类似的方法统一从活期存折账户或银行卡账户中定期划扣。有条件的物业管理区域，也可以利用智能化系统或计算机网络提供查询和收费服务。

11.2.2 物业服务费收取的程序

1. 送发收费通知单

物业服务费一般由管理处专门收费员负责向业主收取。通常管理处应在每月某日前，指派人员将上月物业服务费明细账及收费通知单及时地送达业主或使用人，并接受其查询。无法送达业主或使用人时，财务人员应将收费通知单妥善保管，登记备案。

2. 进行收费服务

物业服务企业财务部门应按工作流程规范收缴物业服务费，在规定时间、由规定人员佩戴专门胸卡在指定地点或上门收取，开具发票。也可在指定的存折账户中统一扣取，或由业主刷卡交费，再寄送或上门送交发票。

11.2.3 催缴物业服务费的程序和方法

物业服务费收取与追缴的工作流程如图 11-1 所示。

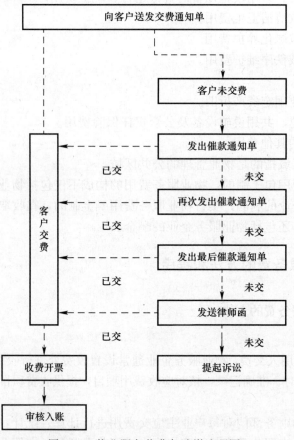

图 11-1 物业服务收费与追缴流程图

业主享受物业服务企业提供的物业服务，就有承担、缴纳物业服务费用的义务。但在物业服务过程中，因沟通不畅、业主疏忽、存在纠纷争议等原因，总有一定数量的业主、使用人拖欠或拒交物业服务费，影响物业服务的质量和工作正常开展。按规定逾期欠费业主将一定按每日一定比率计算缴纳滞纳金。企业对欠费业主应及时催缴追讨，且企业有权对欠费期超过一定期限仍不缴费的业主提起诉讼，索赔欠费。

追讨欠费主要有以下几种不同的方法：

（1）一般性追缴。当上月费用拖欠后，物业服务企业在下一次收费时向业主（使用人）发催款通知单，此单将上次费用以及本次费用一起通知业主（使用人）。如果第二次仍拖欠，物业服务企业将在第三次再次发催款通知单，将前两次的费用和当次费用一并通知，并限期交清。

（2）针对性追缴。物业服务企业对拖欠费用的业主（使用人）应针对不同情况，采取相应措施。对于业主由于工作繁忙没时间及时交款的情况，企业财务部门一方面要及时提醒补交，另一方面应尽可能配合业主的工作时间，采用上门收缴，预约时间等方法，给予业主方便，业主一般也会乐于配合；对于费用大户，要亲自登门拜访进行劝导和解释，争取用户的理解和支持；对于对服务不满的业主，若企业自身服务确有不足的地方，应尽快改正，满足业主的要求。若业主提出的要求不合理，也应向业主耐心解释。若业主依然如故，物业服务企业可以根据管理制度、服务合同采取停止服务、发律师函，或相应的法律程序解决。这种情况下要特别注意保存好催款工作的书面记录和相关物证。

第 12 章 停车位（库）的权属问题

根据《物权法》第七十四条的规定：建筑区划内，规划用于停放汽车的车库（位）应当首先满足业主的需要。建筑区划内，规划用于停放汽车的车库（位）的归属，由当事人通过出售、附赠或者出租等方式约定。占用业主共有的道路或者其他场地用于停放汽车的车位，属于业主共有。因此小区车库（位）的权属问题，先要区分不同车库（位）的性质。

首先是小区内的地面车位，小区的地面车位主要分两种情况。

一种是敞开式的，如小区道路临时划线的车位，是将小区的公共部位临时用作停车用途，由于小区的公共道路所有权归全体业主，所以这种停车位上收取的停车费应当归全体业主所有，一般是用于弥补物业管理费用开支，物管服务企业可以收取适当的车辆看管费用。

另一种是有围护的地上车位或者立体停车位，如果开发商在开发申报规划时明确了该类车位有独立的用地面积和建筑面积，就拥有了车位的所有权，可将车位出售。可以考虑小区的土地使用权面积和分摊面积是否相等。如相等，说明土地面积全部分摊到全体业主，小区的土地使用权归业主共有，作为小区配套的停车位也应当归全体业主所有，如小区的土地使用权面积大于分摊面积，则该部分土地使用权未纳入分摊，开发商可以利用该部分土地建立车位进行出售。

相对小区内的地面车位，小区内地下车库（位）情况比较复杂。由于小区的地下车库（位）性质各不相同，占用的土地的情况各不相同，因此区分地下车库（位）的权属问题要将小区的地下车库（位）分类区别，目前主要的小区附属地下车库（位）有三类：

第一类是开发商设计时就将其作为小区配套设施，并且将整个地下车库（位）面积都分摊给业主，这种情况下车库（位）的所有权属于全体业主共有，一般只限于小区业主出租，不能出售。

第二类是开发商自建的地下车库（位）并且面积未计入业主公摊面积的，这类车库、车库属于开发商所有，可以出售，但一般应当优先出售给小区业主。

第三类是人防工程的地下车库，按法律规定，人防工程的投资者可以取得人防工程的所有权，因此开发商投资后可以取得所有权并进行转让和出租，由于这类车库（位）没有限制出租期限，所以很多开发商就变相以出租使用权 70 年来所谓"出售"车库（位）。

目前开发商与业主产生纠纷主要有以下两种：一种是重复处分，开发商在出售房屋时已将车库（位）面积计入了公摊面积即车库（位）已被开发商出售给全体业主了。而此后开发商又将车库（位）单独卖给业主，还美其名曰"车库使用费"。实际上，既然车库（位）属于全体业主共有，使用车库（位）产生的收益也归全体业主共有。另一种无权处分：在开发商开发，规划部门审查容积率时，没有将车库（位）面积计入建筑面积即车库（位）不占有法律意义上的土地使用权。这种情况下，由于车库（位）不占有法律意义上的土地使用面积，就应该属于对小区土地享有使用权的全体业主共同。若开发商出售或出租车库（位），则应看作是无权处分。

第 13 章　物业服务企业人员培训及管理实训

13.1　培训体系的建立

物业服务企业培训体系包括一级培训体系和二级培训体系。

1. 一级培训体系

企业培训由公司统一领导、计划和组织实施。只在公司一级设立专职培训机构，项目机构不设置培训机构。

一级培训体系有利于充分利用企业的培训资源，有利于统一公司的培训标准和培训要求，有利于降低培训成本，但其针对性相对较差。

2. 二级培训体系

项目机构也可设置相应机构并配备相应人员，在公司统一规划、领导下，按照分类管理、分级实施的原则运作。

二级培训体系有利于加强培训的针对性、适应性、及时性，加强项目机构培训的责任感，但不利于培训标准和要求的统一。

13.2　培训的分类及内容

如果项目机构的数量较多且分布较散，所管物业类型结构复杂，员工整体素质较高，培训资源比较充裕，宜建立二级培训体系。如果企业员工集中，且培训资源较紧缺，则宜建立一级培训体系。

13.2.1　入职培训

入职培训一般包括职前培训和试用培训两个环节。职前培训是指在新员工上岗前，为其提供基本的知识培训。培训的目的是使新员工了解公司的基本情况，熟悉公司的各项规章制度，掌握基本的服务知识。试用培训是对新员工在试用期内，对岗位基本操作技能的培训，以使新员工了解和掌握所在岗位工作的具体要求。

职前培训的内容包括公司发展史、公司概况及规章制度、公司组织架构、公司企业文化、职业礼节礼貌、物业管理基础知识、安全常识等。试用培训的内容为岗位工作职责及工作要求。

13.2.2　操作层员工的知识和能力培训

物业服务企业操作层员工包括保安员（也有称安防员或公共秩序维持员）、保洁员、维修员、绿化员、设备管理员。针对不同岗位，操作层员工的培训内容是不同的。

1. 保安员的培训

（1）知识培训

保安员知识培训的主要内容包括：物业管理基础知识、所管理物业的基本情况、保安员的职责和权力、保安员处理问题的原则和方法、职业纪律、职业礼貌、职业道德、仪容仪表、着装要求、内务卫生、对讲机的保养和使用、上岗执勤、交班接班、停车场管理、交通常识、消防知识、防卫制度等。

（2）能力培训

保安员能力培训的主要内容包括：巡逻岗岗位能力、大堂岗（固定岗）岗位能力、交通岗岗位能力、车库（场）岗岗位能力、内务岗岗位能力、物品出入管理能力、盗窃、匪警应急事件处理能力、发生斗殴事件的处理能力、巡逻中发现可疑分子的处理能力、发现住户醉酒闹事或精神病人的处理能力、遇到急症病人的处理能力、突发水浸事故的处理能力、火灾事件的应急处理能力、煤气泄漏事故的处理能力、执勤中遇到不执行规定、不听劝阻事件的处理能力、业主/物业使用人家中发生刑事或治安案件时的处理能力、车辆冲卡事件的处理能力等。

2. 保洁员的培训

（1）知识培训

保洁员知识培训的主要内容包括：物业管理基础知识、各种清洁工具和清洁材料的功能及使用知识等。

（2）能力培训

保洁员能力培训的主要内容包括：楼道的清洁能力、高层大厦的清洁能力、多层住宅的清洁能力、玻璃门、窗、镜面、玻璃幕墙的清洁能力、绿地的清洁能力、灯具的清洁能力、公共场地和马路的清洁能力、室外地面的清洁能力、房屋顶棚和雨棚的清洁能力、地下室、天台、转换层的清洁能力、住宅区大堂的清洁能力、清洁工作的应急能力等。

3. 维修员的培训

（1）知识培训

识培训的主要内容包括：物业管理基础知识、供水供电基本知识、房屋日常养护知识及房屋维修知识等。

（2）技能培训

能培训的主要内容包括：室内地面的维修能力、室内墙面的维修能力、室内顶棚的维修能力、室内门窗的维修能力、住户室内给水排水管道及附件的维修能力、住户家线路故障的处理能力、室外梁、板、柱的维修能力、室外墙体、楼梯、屋顶维修能力、室外公用设施、地下排水沟道、绿化水管等管网的维修能力等。

4. 绿化员的培训

（1）知识培训

绿化员知识培训的主要内容包括：物业管理基础知识、绿地花木养护知识、花卉植物虫害防治知识及绿化工作检验标准、室内、阳台、屋顶绿化管理标准等。

（2）能力培训

绿化员能力培训的主要内容包括：植物保洁能力、施肥操作能力、机械设备的使用及保养能力、花卉植物摆设能力、花卉植物浇水及管理能力、草坪的施工与保养能力、植物的修剪能力、自然破坏防护能力、除草的操作能力等。

5. 设备管理员

（1）知识培训

设备管理员知识培训的主要内容包括：物业管理基础知识、房屋附属设备的构成及分类、三级保养制度、房屋附属设备维修的类型、给水排水设备的验收接管、水泵房的管理、房屋装饰性设备等。

（2）能力培训

设备管理员能力培训的主要内容包括：房屋附属设备的日常保养能力、给水排水设备的管理与维护能力、消防设备的维修管理能力、卫生设备的维修管理能力、电力设备的维修管理能力、电梯设备的维修管理能力、制冷供暖设备的维修管理能力、避雷设施的维护能力等。

13.2.3　管理层员工的知识和能力培训

1. 中高级管理人员的岗位培训

（1）知识培训

中高级管理人员知识培训的主要内容包括：经济学、组织行为学、心理学、公共关系学、行政管理学、市场营销相关知识，物业服务企业财务管理、物业管理法规、房地产经营等知识。

（2）能力培训

中高级管理人员能力培训的主要内容包括：物业管理各项活动的组织、内外沟通协调、经营服务的策划、物业服务企业运作制度的订立、物业管理拓展和物业管理方案的制订、突发事件的处理等能力。

2. 项目管理负责人的知识和能力培训

（1）知识培训

项目管理负责人知识培训的主要内容包括：经济学、组织行为学、市场营销、公共关系、物业服务企业财务管理、物业管理法规与房地产经营等知识。

（2）能力培训

项目管理负责人能力培训的主要内容包括：制订物业管理方案的能力、制订物业管理制度的能力、编制费用预算的能力、制订物业维修方案的能力、策划经营服务项目的能力、创优达标等能力。

3. 一般管理层员工的知识和能力培训

（1）知识培训

一般管理层员工知识培训的主要内容包括：物业管理基础知识、物业管理法规知识、房屋结构构造与识图知识、物业管理收费知识、房屋维护与管理知识、房屋附属设备维护与管理知识、环境管理知识等。

（2）能力培训

一般管理层员工能力培训的主要内容包括：楼宇巡查能力、处理投诉问题的能力、物业接管验收能力、装修监管能力、物业管理常用公文的写作能力等。

13.2.4 专题培训

专题培训是为达到某一专门目的或解决某一专门问题而对员工进行的培训。这类培训主要包括以下几个方面的内容。

1. 更新观念的培训

更新观念的培训是指物业服务企业在外部环境、发展目标、组织结构、服务宗旨、经营方向、经营规模、经营状况等发生重大变化时，对员工进行的专门培训，使员工转变不合时宜的观念。

2. 专项管理培训

专项管理培训是指物业服务企业为了推行某些新的管理方式或方法而对员工进行的专门培训。

3. 专项技术培训

专项技术培训是指物业服务企业为了完成某些新项目，需要员工掌握某一技术或技能，而针对有关员工进行的培训（如电脑知识与应用培训等）。

13.2.5 晋升培训

晋升培训是为了使晋升者具备晋升职位所需要知识和能力而开展的针对性培训。

13.2.6 外派培训

外派培训是提高物业服务企业员工素质的一个重要途径。物业服务企业的外训包括："企业性外训"，即企业工作发展需要所需的外派培训；"岗位性外训"，即员工工作岗位性质所需的外派培训；"个人性外训"，即员工个人发展需要所需的外派培训；"奖励性外训"，即企业为奖励员工而外派其参加的培训。

13.3 年度培训计划

年度培训计划主要是根据企业经营战略和经营目标、企业人力资源规划、员工绩效考核结果以及本企业实际情况来制订。

年度培训计划的主要内容包括：培训目标、对象、类型、课程、师资、内容、场地、时间、实践操作和培训经费等。

13.4 培训的组织与实施

1. 培训员工的管理

一要严格管理，严格要求，强化奖惩；二要采取灵活多样的培训和考试方式；三要为被培训的员工创造良好的学习环境；四要采取各种措施，培养员工主动参与培训的意识，调动员工参加培训的积极性，增强培训效果。

2. 培训师资的管理

要通过多种途径建立一支合格的培训师资队伍，针对物业管理运作出现的新情况、新问题不断开发培训课程，研究新的教学形式和教学方法。在培训实施过程中要严格要求、精心准备，充分运用现代化教学手段和方式组织教学培训，切实增强培训效果。

3. 培训方法的运用

物业服务企业培训方法有很多，常用的培训方法有：

（1）堂教学法

课堂教学法是物业服务企业培训中常用的培训方法，具有系统性、连贯性特点，多用于知识培训。如物业管理相关法规、专业知识等培训。

（2）现场教学法

现场教学法是一种情景式和直观式教学，多用于能力培训。如将培训学员带至物业管理现场，指定被培训者扮演角色，借助角色的演练来使被培训者理解角色的内涵，从而提高解决问题的能力。

（3）师徒式培训法

师徒式培训是一种传统的培训方式，一般由项目机构选派一名"师傅"在操作技能方面对"徒弟"进行一对一或一对多的指导性培训，主要适用于操作性较强岗位的员工培训。

4. 培训效果的评估

培训效果评估的主要目的是研究和分析员工在经过培训后其行为是否发生了变化，素质是否得到了提高，工作效率是否得到了改善，企业目标的实现是否得到了促进。培训效果的评估主要包含以下层次的内容：

（1）评估被培训者对培训知识的掌握程度。

（2）评估被培训者工作行为的改进程度。

（3）评估企业的经营绩效是否得到了改善。

第14章 物业管理人员的职业礼仪

礼仪是在人际交往中，以一定的、约定俗成的程序、方式来表现的律己、敬人的过程。也就是一切表示尊重对方的过程和手段，都可以认为是"礼仪"。礼仪不是一种形式，而是从心底产生的对他人的尊敬；当您真心关心他人，重视他人的自尊与感受，发自内心且表现在外的待人处事的方式就是礼仪。现代礼仪就是把无形的服务有形化的重要手段之一，是有形服务过程完美的展示。

14.1 通用礼仪规范

礼仪包含仪容和行为举止两个方面。仪容仪表展现了职业要求的静态美；行为举止表现工作要求的动态美，二者相互促进，缺一不可。通用礼仪规范适用于物业服务企业各岗位全体员工。

14.1.1 仪表仪容规范

1. 整体形象
（1）整体形象
简单、大方、整洁、明快；符合工作需要及场合要求。
（2）精神状态精神饱满，面带微笑，充满干劲与活力。
（3）头发
洁净、整齐、无头屑、色泽自然。不染与工作身份不符的特殊色调。
（4）发型
男职员为短发，不烫发。清洁、庄重、梳理齐整。女职员的发型，要求大方、文雅、庄重、梳理齐整。在一线岗位上以统一发式为最佳。
（5）面容、手、身体
脸、颈及五官干净清爽。男职员：要求每日剃刮胡须。女职员：上班不得浓妆艳抹，以淡妆为宜。手：随时保持清洁；指甲整齐，不留长指甲及涂有色指甲油。身体：注意个人卫生，勤洗澡，无异味；上班前不吃异味食物，保持口腔清洁；在工作场所内不吸烟、不饮酒和吃零食。
2. 着装要求
（1）工装整体要求
工作时间必须着本岗位规定工装；工装应干净、平整，无明显污迹、破损。工作时间以外不得着工装；不得擅自改变工装的穿着形式，私自增减饰物；衣、裤口袋整理平整，不得卷起裤脚、衣袖。工装按规范扣好，衬衣袖口可长出西装外套袖口的 $0.5\sim1cm$。裤子要烫直，裤线笔挺，长及鞋面。工牌佩戴：按规定佩戴在左胸上方居中位置。

（2）男职员着装要求

工作时间必须着本岗位规定工装。西装、衬衣必须平整、整齐，领口、袖口无污迹，西装外侧口袋不放物品。领带：工作时间必须系公司配发的领带，平整端正，领带大箭头以正好盖过皮带扣为宜；如佩戴领带夹，需夹在衬衣自上而下第四个扣子处。皮鞋：着黑色皮鞋，袜子颜色为黑，深蓝或深灰色，皮鞋每日必须擦抹光亮，无灰尘。

（3）女职员着装要求

工作时间必须着本岗位规定工装。套装、衬衣必须平整、整齐、领口、袖口无污迹，西装口袋不放物品。皮鞋：自配黑或深棕色皮鞋，着深色或肤色袜子，皮鞋每日必须擦抹光亮，无灰尘。穿套装时，须穿无图案肤色丝袜，并保持丝袜完好无破损；女职员衬衫要束进西裙。饰物：上班时间不佩戴影响工作的首饰及饰物。

14.1.2　行为举止规范

1. 整体要求

（1）仪态的整体要求

在办公场所内保持正确的坐姿、站姿或走姿，身体不懒散，双手不叉腰。体态保持端正、自然，工作中做到走路轻、动作稳、会话使用礼貌用语。

（2）站姿

男职员站立时，抬头，目视前方，挺胸直腰，双肩摆平，双臂自然下垂，双脚并拢直立，也可以双脚打开与肩同宽。女职员站立时，抬头，目视前方，收腹挺胸，双腿并拢直立，脚尖分开呈"V"字形或丁字形。

（3）坐姿

从椅子的左侧入座，入座时要轻，两膝自然并拢，身体稍向前倾，表示尊重和谦虚；男职员两腿可略为分开，但不要超过肩宽。女职员入座后将裙角收拢，两腿并拢，双脚同时向左或向右放，或一前一后；双手叠放于腿上。如长时间端坐，可将双腿交叉重叠，但要注意上面的腿向回收，脚尖向下。

（4）行姿

收腹挺胸，目光平视，步伐坚定，手臂前后摆动适中均匀，精神抖擞，忌低头。

（5）蹲姿

一脚在前，一脚在后，两腿向下蹲，前脚着地，小腿基本垂直于地面，后脚脚跟提起，脚尖着地，臀部向下。

（6）手势

手势属肢体语言，是谈话的必要辅助手段，手势的幅度和频率不要过大过多，要特别注意手势的规范和含义。在示意方向或人物时，应用掌心，掌心斜向上，四指并拢，切不可用手指；在示意他人过来时，应用手掌，掌心向下，切不可掌心向上。

（7）微笑

真诚亲切、自然大方。要求"三米之内见微笑，一米之内听问候"。与业主客户见面时，眼睛要正视对方，并保持自然的微笑；同时也要接受对方的目光，微笑应贯穿礼仪行为的整个过程。微笑要合乎标准：笑肌打开，牙齿微露，眼睛有笑意，保持一段时间。注意微笑的尺度。还要注意掌握交流沟通时的距离和位置。尽量选择侧面位置，避开完全正面的位置，不能在后面微笑和说话。目光：柔和亲切。与人说话时，大部分时间应看着对方；不能左顾右盼，也不能紧盯着对方；道别或握手时，应该注视着对方的眼睛。

（8）语言

提倡普通话，声音清晰、悦耳、自然、友善。礼貌用语：您好、请、对不起、谢谢、再见。语言文明，讲究礼貌；语速适中，表达清晰；语调平和，不过激伤人。当接受别人的帮助或称赞时，应及时致谢，因自身原因给对方造成不便，应及时道歉。禁止用"喂"招呼客人，应使用"您好！"。

（9）称呼

按职务称呼，或通称男性为"先生"，女性视年龄称呼"小姐"或"女士"，老年人称呼视地区习惯（尊重和礼貌的方言）。对儿童可称呼"小朋友"。

2. 对客礼仪

（1）遇见客人

遇见客人或领导时，应停下手中工作，站立，面带微笑。交谈时，应态度诚恳，耐心倾听，不轻易打断别人的谈话。如与领导或客户在较窄过道中相遇，应侧身向对方通行方向做出"请"的手势，并说"您先请"。如遇急事需超越前方领导或客户时，需放慢速度，在接近对方时，轻声示意："对不起！"、"劳驾！"等，然后从对方身旁侧身通过。对客人提出的中肯建议，应向客人致谢。

（2）投诉接待

面对客人投诉时，冷静，积极倾听。态度要亲善，语调要温和，用词要恰当，要在和谐的气氛下将事情圆满解决。执行"首接负责制"。当客人咨询和遇到困难时，要积极帮助客人解决，永远不说"不知道"或"不归我们管"、"这是领导的事"之类的言语。面对客人发脾气时，应耐心忍让，友善劝解和说明，注意语气语调。与客人意见发生分歧时，不予当面争论，更不应说客人错、自己正确之类的言语。当客人有过激行为时，应巧妙地化解，不得与客人发生正面冲突，尤其避免发生过激行为。

（3）迎送客人

1）迎宾：对重要客人应提前作好接待准备，根据来宾身份，指派合适身份的人提前5min在约定地点等候。客人到来时应主动迎上，初次见面时应主动作自我介绍，并引领客人至接待处或参观地点。

2）引路：在为客人引导时，应走在客人左前方1~2步处，让客人走在路中央，并适当地做些介绍。

3）乘电梯：等候电梯时，应替客人按下"▲"或"▼"键；进电梯时，在电梯外按住"▲"或"▼"键，并以手势请客人先进；进入电梯后，按下相应楼层号；出电梯人多时，在电梯内按住"＜｜｜＞"（开门）键，以手势请客人先出。电梯内不可大声喧哗。电梯内人多时，后进的人应面向电梯门站立。严禁用锁匙、雨伞等物件按电梯按钮。

4）乘扶梯：应请客人先上梯，靠右站立，以便行人在左侧行走，避免并排站立。

5）走楼梯：引导客人上楼梯时，让客人走在前，下楼梯，让客人走在后，多人同行时，应让客人走在中间，以便随时提供服务；上下楼梯时，应端正头部，挺胸，弯膝，伸直脊背，轻移脚步；经过拐弯或有楼梯台阶的地方应使用手势，提醒客人"这边请"或"注意楼梯"等。

6）开门：先敲门，开门后把住门把手，站在门旁，对客人说："请进"，并施礼，进入房间后，轻轻把门关上，请客人入座。

7）送客：送客时级别低者应主动为客人开门，待客人和领导走出后，再紧随其后。可在适当的地点与客人握别，级别低的代级别高的送客到合适的地点。

8）接送客人：上车时按先主宾后随员、先女宾后男宾的顺序，并主动为客人拉车门；到过目的地后，随员先下车后，再请客人下车；客人上下车时要用手示意客人注意避免碰到车顶或车门。

9）安排座位：小卧车司机后排右侧是主宾座．但若主人亲自驾车，则副驾驶位置为主宾席。另外，主宾首先上车，则任其所坐，不必请客人再移位。

3. 鞠躬礼仪

（1）鞠躬礼仪规范要求

欠身礼：头颈背成一条直线，目视对方，身体稍向前倾。15°鞠躬礼：头颈背成一条直线，双手自然放在裤缝两边（女职员双手交叉放在体前），前倾15°，目光约落在体前1m处，再慢慢抬起，注视对方。鞠躬礼行礼的距离：行鞠躬礼一般在距对方2～3m的地方，在与对方目光交流的时候行礼，面带微笑。没有微笑的鞠躬礼是失礼的。

（2）各种场合的鞠躬礼仪

在公司内遇见贵宾，行15°鞠躬礼。当客人和领导经过你的工作岗位时，问候"您好!"、行欠身礼。在电梯门口和电梯内遇见客人，问候"您好!"、行欠身礼。

4. 电话礼仪

（1）电话铃响在3声之内接起。

（2）必须使用规范应答语："您好，××物业服务企业"、"您好，××部门＼服务中心＼管理处"；电话铃响3声以上时，回答："对不起，让您久等了，我是××"。接电话时，不使用"喂--"回答。

（3）在电话结束时应简明地重复一下要点以核实自己的理解是否正确，确认后再挂电话。

（4）在通话完毕后要礼貌地道别，确认对方挂机后，才能挂机，以示礼貌；

（5）拨打办公电话最好在对方上班10min后或下班10min前，通话要简明扼要，表达清楚。

（6）使用普通话。语音清晰，电话中的语速稍慢，音调要亲切柔和。接转电话时，应轻拿轻放。

（7）接听电话时，应让对方感受到精神状态良好而非懒散。

（8）电话机旁备纸、笔，随时准备记录客人提出的要求和帮助解决的事项。尤其对时间、地点、事由等重要事项认真记录并及时转达有关部门和责任人。

（9）在接听投诉电话时，更要注意使用礼貌用语，积极帮助客户解决遇到的困难和问题，态度和蔼。

（10）代转电话时，如果对方打错了电话，或不清楚应该找谁时，应礼貌解释，并热情的为对方转接给相关人员。转接来电时，确认对方接听后，方可挂机，如无人接听，应切换回来向来电者说明。

（11）邻座无人时，主动在铃响三声内接听邻座的电话。

（12）通话过程中若需对方等候时，等候时间不能超过 30s。

（13）热线电话接听人离开岗位前，必须设定电话转移。

（14）当正在听电话，而又有客人来到面前时，应做到：要点头示意，以示与客人打招呼，让客人稍等之意；同时要尽快结束通话，以免让客人久等；放下话筒后，首先要向客人道歉"对不起，让您久等了"；不能因为自己正在听电话，而客人来到面前也视而不见，毫无表示；冷落客人。

（15）通话时应注意控制环境的背景声音，不要大声喧哗、吵闹。

（16）如拨错号码要道歉。

5. 社交礼仪

（1）介绍

介绍别人：受尊敬的一方有优先了解权，首先把年轻者、男性、资历较浅者、未婚女子和儿童，介绍给年长者的、女性、资历较深者、已婚女子和成人；把主方介绍给客方。之后，再向另一方介绍。自我介绍：面带微笑问好，得到回应后再向对方介绍自己的姓名、身份和单位。当他人为您做介绍时，要面带微笑、点头致意，介绍完毕后，握手并问候，可重复一下对方的姓名，称呼"您好，××先生/小姐！"。

（2）握手

握手时强调"五到"即：身到、笑到、手到、眼到、问候到。握手时双方的上身应微微向前倾斜，面带微笑，同时伸出右手和对方的右手握手，可上下抖动几下，眼睛平视对方的眼睛，同时寒暄问候。握手时，伸手的先后顺序：贵宾先，长者先，主人先，女士先。握手时间一般在 3～5s 之间为宜；握手力度必须适中。握手时注意：不要交叉握手，不要在握手时与他人交谈，不要摆动幅度过大，不要戴手套，不要用不清洁的手与人握手。

（3）名片礼仪

递送名片时：用拇指压住名片边缘，正面朝上，文字正对对方，双手递上，高度以自己胸部为宜，并做自我介绍，同时可讲"请多关照"。接受名片时：须起身双手接受，认真阅看，并称呼对方的职务，以示对赠送者的尊敬，并将客人的名片暂放在桌前，切忌马虎瞟一眼，或随意放进衣袋里，也不可来回摆弄和遗忘在桌上。互换名片时：右手拿自己的名片在下，左手接对方的名片在上，互换后用双手托住对方名片。

6. 会议礼仪

（1）与会者必须提前 5min 到达会场，将手机关闭或设置静音状态。

（2）会议中应集中注意力，不做与会议无关的事，不随意走动及发出不必要的声响。

（3）主持人或发言者上台讲话时，先向与会者行欠身礼。

（4）会议迟到者须向与会者行欠身礼表示歉意、会议中途离开者须向与会者行欠身礼示意离开。

（5）会议中不可随意打断对方的发言。

（6）主持人或发言者讲完话，应向与会者行欠身礼，与会者应鼓掌回礼。

（7）离开会场时，要将个人用过的纸杯、饮料瓶、纸屑等杂物带离会场。

7. 办公礼仪

（1）每天与同事第一次见面、和久未见面的同事相遇时，问候"你好！"、点头示意。

（2）与经常见面的同事相遇，微笑、点头示意。

（3）到领导或同事办公室时，敲门，听到回应后进门。

（4）在公司内遇到领导，微笑、问候"您好!"、点头示意。

8. 办公场所礼仪

（1）办公场所应保持安静有序的工作环境，不在办公室内大声喧哗。

（2）上班时间不做与工作无关的事情，控制打私人电话。

（3）办公用品摆放有序，办公文件、资料按照密级及时归档和保存。

（4）使用公司的电脑、复印机、传真机等自动化设备，要严格按照公司的有关规定执行。

（5）正确使用和认真保管好公司配置的办公用品，爱护公共财产。

（6）下班后应保持工作台面的干净整齐，椅子要归位。随时保持工作场所的整洁。

（7）在工作中对待同事应互相关心、帮助和尊重，态度和蔼和坦诚，学会沟通，不因意见分歧而发生争吵。

（8）对待上级领导应尊重。工作中有不同意见时，应及时与领导沟通，阐述自己的意见和建议，一旦领导决定后就要坚决执行。工作完成情况要及时向领导汇报。

（9）要关心、尊重下级。对于下级的成绩或进步，应及时给予肯定或表扬；对于下级的过错，应及时指出，并予以纠正，不可不闻不问，任其发展，更不可只追究过错，不关心进步。要注意倾听下级的意见和建议，注意团队建设。

14.2　相关岗位人员行为规范

14.2.1　管理人员行为规范

1. 办公室人员行为规范

（1）仪容仪表：参照通用行为规范中要求。

（2）行为举止：参照通用行为规范中要求。

（3）工作场所：自己的工作台收拾得干净，特别注意卫生死角的清洁。经常检点自己的桌面、文件柜、抽屉等，不要因疏忽而失落文件，给公司带来麻烦与损失。资料、备用材料用完以后，要放回原处。离开工作位时，文件收存好，保持工作场所的整洁，椅子要归位。

（4）面对投诉：按通用行为规范中"投诉接待"处理，对客户的投诉，应立即放下手头上的工作，第一时间向客户致歉，请客户入座，并聚精会神聆听投诉内容，以友善目光与投诉者接触，切勿东张西望，敷衍了事，适当时做出简单的复述，以示了解问题所在。如果无法处理投诉，应尽快转交上级或委托人员跟进，无论投诉跟进情况如何，应给予客户初步回复及定期汇报跟进情况。

（5）使用订书机

订书机订在左上方，横拿或竖拿都比较方便，也比较容易存档。

（6）使用电脑

使用电脑完毕后，应将新打开的程序或文档关闭，回到初始状态，在制作重要文件时，要小心处理，以免泄密，文件存档时应注意存放地点，并作好登记工作，磁盘应经过病毒检查后方可在他人电脑上使用。

（7）使用传真机

要注明收件人全名、传真号及发件人的全名、传真号，注明传真件页码、顺序，传真件发完后须确认。

（8）使用复印机

使用前确认纸张大小、方向，墨色的浓淡（以免浪费纸张），复印后机器还原，复印件上注明来源（便于查询）。

2. 前台接待人员行为规范

（1）仪容仪表：参照通用行为仪容仪表规范中要求。

（2）行为举止：参照通用行为规范中行为举止要求。

（3）电话接听：电话在三声内接听，先说："您好，××物业"，待来电者报上转接号码后说："请稍候"，并立即转接。如转接电话占线说："您好，先生/小姐，电话占线，请稍后打来"。转接电话无人接听，线路回响时应说："您好，总机，电话无人接听，请您稍后再拨"。如对方要求转接其他人，再请其稍候再转接相关人员。接到长途呼叫要求，应及时与被呼叫方联系，并做好长途呼叫记录。接通长途呼叫方电话时，应对被呼叫方说："您好，这里是××长途，请稍等"并将其电话迅速转接致呼叫方，如遇忙或无人接听时应及时通知要求呼叫者。

（4）访客接待：当有客人来访时，应面带微笑起身，热情、主动问候："您好，有什么可以帮到您吗？"与客户沟通时，须起身站立，身体略微前倾、眼望对方，面带微笑，耐心的倾听客人的来意，根据客人的需求予以安排。对客人的咨询，应细心倾听后再做解答，解答问题要耐心，不能准确解答的应表示歉意："对不起，请您稍等，我了解一下再告诉您好吗？"

（5）访客指引：有来访客人时，要先询问被访对象，然后微笑有礼貌地询问来访者姓名："请问您贵姓？"或"请问怎么称呼您？是否已与××先生/（女士）联系好"，再告之"请稍候，我马上帮您联系"，在与被访者联系前，作相关登记工作。当得到被访者的确认同意后，对来访客人说"先生/（女士）马上来见您，请您在前台接待厅稍等片刻"或："让您久等了，请从这里坐电梯上××楼"，并以手势示意方向。如果被访者不在，应向来访者表示歉意"对不起，××先生/小姐不在公司，请您稍后与他联系"。如果被访者要求等候时，应热情接待客人并安排休息等候，并提供送茶水服务。

（6）送客服务：当有访客离去时，应主动起立微笑示意，并说"请慢走"。

（7）文件及资料的收发与传递：当接到顾客发送传真资料时，需有礼貌地向顾客明确发送地址、传真号码、收件人、联系电话，并与收件方电话予以确认，同时作好相关登记工作。代顾客收发的任何文件、资料、信件、传真件，在未经得顾客本人同意的情况下，不能给第三人传阅。收到内、外部需转交代送的文件、资料、物品等，需尽快转交给物品接收人，并作好相关登记工作。

14.2.2 服务人员行为规范

1. 客户服务中心服务人员行为规范

（1）仪容仪表：参照通用行为仪容仪表规范中要求。

（2）行为举止：参照通用行为规范中行为举止要求。

（3）接待来访：客户来访时，应面带微笑起身，热情、主动问候："您好，有什么可以帮到您吗？"与客户沟通时，须起身站立、身体略微前倾、眼望对方，面带微笑，耐心的倾听，并点头致意表示认真倾听。对所有客户应一视同仁，友好相处，热情亲切。办事讲究方法，做到条理清晰，不急不躁。与客户道别主动讲："先生/小姐，再见！"、"欢迎您再来"等。

（4）接受电话咨询：严格遵守接听电话的礼仪。对客户服务口径专业、一致，避免不同工作人员对同一问题给客户的解释出现偏差。

（5）接受投诉：接受客户投诉时，应首先站在客户的角度思考问题，急客户之所急，想客户之所想，尽量考虑周到。与客户约定好的服务事项，应按时赴约，言行一致。不轻易对客户许诺，一旦许诺就必须守信，按约定期限解决，不能解决的，应立即向上级或相关部门反映，并及时跟踪和向客户反馈问题进展的程度，直到问题解决。处理问题时，如客户觉得不满意，要及时道歉，请求对方谅解，可说"请您原谅"、"请您多包涵"、"请您别介意"。同时要配合适当的补偿行为。对客户的表扬要婉言感谢。

（6）熟悉业务操作规程，办事迅速，工作认真细致，不忽视任何影响服务质量的细小环节。

（7）请客户交费，将开具的发票收据和零钱以双手奉上，并说："这是您的发票和零钱，请收好"，同时微笑注视客户，等客户确认无误后，向客户表示感谢。

（8）收取拖欠物业管理服务费。首先电话预约客户，请其约定来交费的时间，并在电话中清楚地告之其拖欠费用的款项和数目。如特殊情况要上门收费时，要尊重客户的生活习惯和个人喜好，因工作造成的打扰应诚恳道歉，同时也不能对客户家里有任何评价。客户交费时，要及时出具相关费用明细表，如客户有疑问，要做好相关的解释工作，对客户的意见应诚挚道歉并虚心接受。客户交费后，将开具的发票和找零用双手奉上给客户，同时微笑注视客户，等客户确认无误后，向客户表示感谢。

2. 维修人员行为规范

（1）仪容仪表：参照通用行为仪容仪表规范中要求。

（2）行为举止：参照通用行为规范中行为举止要求。

（3）工作时间内穿本岗位规定制服及相关饰物，不可擅自改变制服的穿着形式，私自增减饰物等。并保持制服干净、平整，无汗味，无明显油污、破损、褶皱。正确佩戴工牌。对讲机统一佩戴在身体右侧腰带上，对讲时统一用左手持对讲机。工具包统一挎在右肩处，并保持整洁。

（4）敲门。进入客户家中前，先穿好鞋套，按门铃或敲门三声（敲门声音应适中），若没有应答，应等候10s左右进行第二次按门铃或敲门。

（5）问候。客户开门后，应表现主动，态度热情，面带微笑说："先生/小姐，您好！"同时行欠身礼。"我是管理处的维修员，请问是您预约了维修吗？"。

（6）进入客户家中，得到客户确认后，主动说："请问现在可以开始吗？"。得到客户的许可后，说"谢谢"后，进入客户家中。

（7）开始服务。进入客户家中后，主动询问："请问您需要我做些什么？"或重复已知的服务事项。在客户交代完工作内容后，重复一遍服务内容，客户认为无误后说："谢谢，我会尽快做完"。戴好鞋套，准备相关防脏措施，开始服务。

（8）服务完毕。服务完毕后，先收拾好服务工具，清理现场。然后找到客户说："先生/小姐，您好！您安排的工作我已经完成，麻烦您检查一下。"同时介绍使用时应注意事项。客户确认后若满意，应说："谢谢，麻烦您确认一下。"请客户签单。若客户有异议，服务人员应尽量满足客户意见，并主动道歉："对不起，我马上处理好。"

客户签完单后，主动说："谢谢，请问还有其他事情需要帮忙吗?"告别客户应答没有后，主动讲"再见。"拿起工具出门，关门时，应面向客户主动讲："打扰您了，再见!"并点头致意。替客户关好门后（注意关门声响），脱下鞋套。

14.2.3 物业安全管理人员行为规范

1. 门岗（大堂岗）行为规范

（1）仪容仪表：参照通用行为仪容仪表规范中要求。

（2）行为举止：参照通用行为规范中行为举止要求。

（3）问询登记：主动向来访人员打招呼问好，面带微笑。与客户沟通时保持一米以外的距离，不直接拒绝客户，不说"不知道"等模糊的话。陌生客人来访时，有礼貌地询问客人来意后进行登记，登记时态度诚恳，使用礼貌语言，并用正确手势向客户指引方向。当客户有不礼貌的言行时，不与之理论和还击，婉转解释。

（4）物资放行接待。主动要客户填写"物资放行条"，认真核对物资无误后，对客户表示感谢。客户离开，要有礼貌地告别。

（5）接待客户投诉。当值时接到顾客投诉，在处理时应热情大方，举止得体，文明礼貌，认真听取顾客投诉的内容，必要时进行记录。自己能正确解决或回答的情况下，自己予以解决或回答。并将处理情况反映给领导或部门客户服务人员。如自己不能解决顾客投诉要及时反馈相关人员进行处理。

（6）特殊情况处理。如遇到特殊情况下顾客的投诉，如：业主没有预约且非常不理性的投诉到访；被辞退或被批评的员工没有预约且非常不理性的投诉到访；未经预约的媒体采访；公检法、工商、税务等政府部门人员的突然到访检查等，应做如下的接待：报告上级领导和客户服务人员，并积极维持现场秩序，现场应作到礼貌、得体，不得表现出反感和敌对情绪，不对顾客的言行进行讨论和指点，以免引起顾客的误会，激化矛盾。同时在接待过程中，对外围的情况应保持警惕，特别关注是否存在媒体现场采访、摄影摄像等活动，一经发现，及时通知上级领导或授权人员，由其负责处理。

2. 巡逻岗行为规范

（1）仪容仪表：参照通用行为仪容仪表规范中要求。

（2）行为举止：参照通用行为规范中行为举止要求。

（3）巡逻

1）行走时应昂首挺胸，正视前方，保持中速，手臂要摆直线，肘关节略屈，前臂不要向上甩动。向后摆动时，手臂外开不超过30度，随步伐自由、协调摆动，前后摆动的幅度为30—40厘米。手不能插入口袋。

2）巡逻行走时头可微摆，主要以眼睛余光巡视四周。

（4）路遇客户：巡逻行走时遇到客户，要面带微笑，点头致意。在小区或大厦内见到需要帮助者，应主动上前询问并帮忙。

（5）遇见可疑人物，通知中心进行监视。进行跟进，严密注意对方行为。上前询问前，要先通告同伴，再近距离接触。有礼貌地询问对方："您好，是否有什么可以帮到您"，如确定对方是外来无关人员，要委婉地告诉对方，这是私人住宅小区或办公场所，谢绝参观。

（6）保持小区卫生。巡逻时主动拾捡途中见到的垃圾，做到人过地净。

3. 车辆管理岗

（1）仪容仪表：参照通用行为仪容仪表规范中要求。

（2）行为举止：参照通用行为规范中行为举止要求。

（3）交通引导：用正确手势引导车辆进出，与车主沟通时应礼貌用语。

（4）交通手势。交通手势、车辆交通指挥手势分为：直行手势与直行辅助手势、左转弯、右转弯、停车手势、慢行手势与前车避让后车手势。

1）直行手势：身体保持立正姿势，以左手平行伸出与身体呈 90°，掌心朝外，五指并拢，并且目跟臂走。

2）直行辅助手势：在直行手势前提下，由目随右臂伸出与身体成 90°，然后手臂由右至左摆动，小臂与身体平行，小臂与大臂成 90°，距胸前约 20cm。

3）左（右）转弯：以身体保持立正姿势下，左（右）手臂朝前方伸出，手臂与身体约 120°，手呈立掌，掌心向前，五指并拢，随即左（右）手向前伸出，手臂与身体成 45°，距右小腹部约 30cm，目光随左（右）手掌进行左右摆动。

4. 停车手势动作要领：以身体保持立正姿势下，左手臂向前方伸出，手呈立掌，掌心朝前，手臂与身体呈 120°。

5. 请您靠边手势动作要领：以身体保持立正姿势下，左手臂向前方伸出，掌心朝下，右手臂与身体约 60°，目光随右手臂上下摆动。

6. 前车避让后车动作要领：请您靠边手势操作，身体保持立正姿势，以左手臂向前伸出与身体呈 90°，掌心朝左同时向左摆动、随即右手向前伸出与身体呈 90°，掌心向上，小手臂后折与大手臂呈 90°，掌心朝后同时向后摆动。

14.2.4　绿化、保洁人员行为规范

（1）仪容仪表：参照通用行为仪容仪表规范中要求。

（2）行为举止：参照通用行为规范中行为举止要求。

（3）工具：保洁、绿化工具应放置在规定位置，并摆放整齐。

（4）在楼道内等区域进行清洁服务时，应放置或悬挂"此区域正在清洁中"的标识，以知会相关人员。

（5）遇到客户。在保洁过程中，如遇客户迎面而来，应暂时停止清洁，主动让路，并向客户点头问好。保洁时遇到客户询问问题，要立刻停止工作，耐心仔细地回答客户提问。不大声说话、聊天。

（6）浇灌水。浇灌水时，摆放相关标识，以提醒顾客。路上不能留有积水，以免影响顾客行走，也不利于节约用水。有业主路过，及时停止工作让路，并可点头致意或问好。

（7）施肥、除虫害。洒药时要摆放消杀标识。不使用有强烈气味或臭味的用料。有客

户经过，要停止工作。药水不能遗留在马路或者叶片上，如有遗留，需及时清扫干净。喷洒药水时，须戴口罩。如药水有气味，须向业主作好相关解释工作，说明是没有毒性的药物。不在炎热的时候喷洒药水。

（8）修剪和除草。准备和检查使用设备能正常使用，避免有漏油等情况发生。及时清除绿化垃圾，不能摆放在路边影响景观顾客方便。节假日及中午休息时间不能进行操作，以免影响顾客休息。有客户经过，要停止工作。

第15章 物业合同的内容

15.1 前期物业管理委托合同

前期物业管理委托合同（大连市官方范本）

第一章 总 则

第一条 本合同当事人

委托方（以下简称甲方）：＿＿＿＿＿＿＿＿

企业名称：＿＿＿＿＿＿＿＿＿＿＿＿＿＿＿＿＿

法定代表人：＿＿＿＿＿＿＿＿＿＿＿＿＿＿＿

注册地址：＿＿＿＿＿＿＿＿＿＿＿＿＿＿＿＿＿

联系电话：＿＿＿＿＿＿＿＿＿＿＿＿＿＿＿＿＿

受委托方（以下简称乙方）：＿＿＿＿＿＿＿＿

企业名称：＿＿＿＿＿＿＿＿＿＿＿＿＿＿＿＿＿

法定代表人：＿＿＿＿＿＿＿＿＿＿＿＿＿＿＿

注册地址：＿＿＿＿＿＿＿＿＿＿＿＿＿＿＿＿＿

联系电话：＿＿＿＿＿＿＿＿＿＿＿＿＿＿＿＿＿

据有关法律、法规及《前期物业管理服务协议》的有关约定，在自愿、平等、协商一致的基础上，甲方将大物业委托乙方实行前期物业管理，订立本合同。

第二条 物业基本情况

物业类型：＿＿＿＿＿＿＿＿＿＿＿＿＿＿＿＿＿

坐落位置：＿＿＿＿＿＿市＿＿＿＿区＿＿＿＿路（街道）＿＿＿＿号。

管理界限：东至＿＿＿＿＿＿＿＿＿＿；南至＿＿＿＿＿＿＿＿＿＿；

西至＿＿＿＿＿＿＿＿＿＿；北至＿＿＿＿＿＿＿＿＿＿。

占地面积：＿＿＿＿＿＿＿＿＿＿＿＿平方米

建筑面积：＿＿＿＿＿＿＿＿＿＿＿＿平方米

委托管理的物业构成细目见附表。

第三条 本合同生效时，本物业的开发建设现状是：规划设计进入＿＿＿＿＿＿阶段，工程施工进度及竣工状况＿＿＿＿＿＿，是否已通过综合验收＿＿＿＿＿＿，入住状况＿＿＿＿。

第四条 根据本合同生效时本物业的开发建设现状，乙方参与下列事项管理：

1. 参与规划设计，负责＿＿＿＿＿＿＿＿＿＿＿＿＿＿＿＿。

2. 参与工程质量监督，负责＿＿＿＿＿＿＿＿＿＿＿＿＿。

3. 参与竣工验收，负责_____。

4. _____。

第五条 根据规定核实物业管理办公用房和经营用房的位置和面积。

第六条 制定《物业使用守则》，与物业产权人、使用人办理物业交接验收和入住手续，收取有关费用，并负责审核购房人《大连市城市住房维修基金专用收据》。

第七条 负责保修期满后的房屋共用部位、共用设施设备的维修、养护和管理。

房屋共用部位包括：房屋承重结构部位（基础、承重墙体、梁、柱、楼板、屋面）、专用房间、门厅、楼梯间、走廊通道及外墙面、_____、_____。

共用设备包括：给水排水管道、落水管、电梯、避雷装置、公共照明、安全监控、消防设施、邮政信箱、天线、二次加水泵及水箱、_____、_____。

共用设施包括：非市政路及路灯、化粪池及化粪池以内的排水管道、自行车棚、垃圾房、庭院灯、停车场、_____、_____。

第八条 其他委托管理事项

1. 按《住宅质量保证书》中甲、乙双方的约定提供维修服务。

2. 附属配套建筑和设施及构筑物的维修、养护与管理，包括：物业管理办公经营用房、商业网点、文化体育娱乐场所等。

3. 公共绿地、花木、建筑小品的养护与管理。

4. 公共环境卫生，包括：公共场所、场地、房屋共用部位、非市政路、_____的清扫保洁及垃圾的收集。

5. 实行封闭物业管理住宅区的停车场和由物业产权人出资建设的停车场地，由乙方负责管理。对未参加车辆损失保险、车辆玻璃破碎保险、盗抢保险的车辆，乙方有权制止停放，不承担相应的管理责任。

6. 协助公安部门维护社区秩序，包括：安全监控、值班、巡视、_____。发生刑事案件依照法律规定处理。

7. 与房屋及附属建筑物改装修相关的垃圾清运、_____、_____等的管理。

8. 物业档案管理。包括物业工程图纸、竣工验收资料、物业产权人和物业使用人档案、维修档案、_____。

9. 负责向物业产权人和物业使用人收取物业管理服务费、电梯运行费、供暖费、代收电费、水费、煤气费、房租、_____、_____。

10. 房屋自用部位、自用设备的维修、养护，若产权人委托乙方维修时，乙方可以接受委托合理收费。

第三章 委托管理期限

第九条 委托管理期限自本合同生效之日起至本物业产权人委员会与物业服务企业签订的《物业管理委托合同》生效之日终止。

第四章 双方权利和义务

第十条 甲方权利和义务

（一）甲方权利

1. 审定乙方前期物业管理办法、方案和规章制度；

2. 审核乙方有关前期物业管理的财务预算、批准决算；

3. 检查、监督乙方前期物业管理的实施情况，提出整改意见；

4. 监督乙方物业管理办公用房、经营用方使用情况。

（二）甲方义务

1. 为乙方实施前期物业管理提供条件，协助乙方实施前期物业管理方案，协调好开发单位、施工单位、监理单位与乙方的关系。

2. 征求乙方对本物业规划设计、工程施工、竣工验收等方面的意见，并组织有关单位落实整改。

3. 执行《住宅质量保证书》和《住宅使用说明书》制度，负责落实保修责任。

4. 承担相关的前期物业管理费用。

5. 按规定向乙方提供全部工程技术档案资料。

6. 按《大连市城市住宅售后修缮资金计提及使用暂行规定》（大政发［1998］51 号）及其配套文件规定交纳维修基金。

7. 按有关规定提供建筑面积_____ m² 的物业办公用房（产权归全体物业产权人所有），应于通过竣工综合验收之日起_____日内，交由乙方使用。

8. 按物业管理区域总建筑面积 1‰ 的比例，向乙方提供_____ m² 经营用房（产权归全体物业产权人所有），应于通过竣工综合验收之日起_____日内交由乙方使用。

9. 负责处理有关工程建设遗留问题。

第十一条　乙方的权利和义务

（一）乙方权利

1. 根据甲方委托和有关法律法规制定前期物业管理实施办法、方案和规章制度并实施管理。

2. 依据本合同委托管理事项，向甲方及有关单位提出整改意见和建议。

3. 提出维修资金年度使用计划并对委托物业实施维修养护和管理。

4. 规劝、制止产权人或使用人违反《物业使用守则》和《前期物业管理服务协议》的行为。

5. 有权使用物业管理办公用房和经营用房。

6. 依据《前期物业管理服务协议》的约定，向产权人或使用人收取物业管理费用及其他费用。

7. 选聘专业公司承担专项业务，但不得将整体物业管理责任转让给第三人。

8. 当物业产权人、使用人装修物业时，与其签订《房屋装饰装修管理协议》，并按有关规定进行管理。

9.《前期物业管理服务协议》中约定的甲方转让给乙方的权利。

（二）乙方义务

1. 履行本合同并依法经营管理，自觉维护甲方及产权人或使用人的权益。

2. 主动接受甲方的监督。

3. 接受物业管理行政主管部门的监督指导。

4. 按照有关规定使用维修基金利息。

5. 每半年向物业产权人、使用人公布一次物业管理服务费收支情况。每年_____月份向物业产权人公布全年维修基金利息收支情况。

6. 本合同终止之日起 7 日内，向物业产权人委员会移交甲方所提供的全部物业管理档案资料、有关财务账册和物业办公用房、经营用房及本物业的公共财产等。

7.《前期物业管理服务协议》中约定的甲方转让给乙方的义务。

第五章 前期物业管理服务标准

第十二条 竣工综合验收前的管理服务标准由甲、乙双方按约定标准执行；竣工综合验收后的物业管理服务标准，依据《大连市城市住宅小区物业管理标准》（大房局发［1998］86 号）和《大连市城市综合大厦物业管理标准》（大房局发［1998］87 号）制定，具体内容如下：

（一）房屋及维修管理

1. 房屋外观完好、整洁，无脏损和妨碍市容观瞻现象。

2. 房屋幢号、行政街号、管理号、单元号有明显标志，设有引路方向平面图。

3. 封闭阳台、空调外挂机、抽油烟机排气孔等统一有序，房屋立面无吊篮等悬挂物，新建小区及主次干道两侧房屋立面无晒衣架。

4. 一楼护栏无探出墙面现象，二楼以上无护栏。

5. 房屋完好率 98％以上。

6. 房屋大中修有完整的开工报告及工程预算书，履行安全技术交底手续，工程质量验收手续齐全，决算书经过审计机构审计，有完整的竣工报告并执行有关保修制度，工程资料存档备查。

7. 房屋小修、急修及时率达 98％以上，合格率达 100％，险情排队及时率达 100％，有维修记录和回访记录。

8. 房屋档案资料管理完善，按幢、户立档。

（二）共用设备管理

1. 设备图纸、档案资料齐全，设备台账记录清晰，管理完善，随时查阅。

2. 专业技术人员、维修操作人员严格操作规程，按要求经过专业培训，持证上岗。

3. 设备良好，运行正常，有设备运行记录。有专门的保养检修制度，无事故隐患。

4. 小区内生活用水（高压水泵、水池、水箱）有严密的管理措施，有二次供水卫生许可证和操作人员健康许可证，水质检验合格。

5. 电梯按规定时间运行，电梯厢清洁卫生，通风、照明良好。

6. 电梯有专业队伍维修保养，安全运行和维修养护规章制度健全，运行养护有记录。

7. 负责锅炉供暖的，锅炉供暖严守各项规章制度，运行正常并有运行记录。供暖期间，居室内温度应为 18℃，不低于 16℃。

（三）共用设施管理

1. 小区内公共配套服务设施完好，并按原设计用途使用。

2. 公共照明设备设施齐全，运行正常。

3. 道路畅通，路面平坦无损坏。

4. 污水排放畅通，沟道无积水。

5. 危险部位标志明显，有防范措施。

（四）绿化及养护管理

1. 公共绿地、庭院绿化布局合理、花草、树木、建筑小品配置得当。

2. 绿化有专人养护和管理，无损坏、践踏现象，无病虫害及枯死现象。对绿地、花木等定期浇水、施肥、除虫、修剪、收拾枯叶。

（五）环境卫生管理

1. 小区内环卫设施完善，设有果皮箱、垃圾放等保洁设施。

2. 小区内实行垃圾袋装化，随产随清。

3. 楼梯间、通道、走廊的地面、墙面和楼梯扶手、窗台无灰尘，窗户明亮。楼道内无乱堆乱放现象。设备间清洁卫生，通风照明良好。

4. 道路、庭院、绿地、公用场地无纸屑、烟头、塑料袋等杂物。

5. 雪后及时扫净小区内道路和楼间积雪，雨后及时清理污水。

6. 小区内无马路摊点、马路市场，商业网点牌匾美观整齐，管理有序。

7. 小区内无违法、临时建筑。

8. 小区内无乱堆、乱放、乱贴、乱画、乱刻和乱挂现象。

9. 共用场地定期清洁、地面无油渍等污染现象。

（六）社区秩序维护

1. 小区内实行 24h 保安值班巡逻制度。

2. 保安人员值勤有明显标志，熟悉辖区情况，工作规范，作风严谨，有值班巡逻记录，各项保安措施落实。

（七）停车场及车辆停放管理

1. 甲方委托乙方经营管理的停车场车辆停放有序，场地清洁卫生无污染、无破损，车辆管理制度完善。

2. _____

3. _____

（八）消防

1. 消防系统标志明显，设备完好，可随时启用。

2. 配备专职或兼职消防管理人员。

3. 消防通道畅通无阻。

（九）按《房屋装饰装修管理协议》实施改装管理

第六章 前期物业管理服务费及相关费用

第十三条 物业管理服务费

1. 本合同有效期内未交付使用物业的物业管理服务费，由甲方按下列标准向乙方支付。住宅房屋建筑面积每月每平方米_____元，非住宅房屋建筑面积每月每平方米_____元。付费时间_____。

2. 本合同有效期内已交付使用物业的物业管理服务费，由乙方根据《前期物业管理服务协议》的约定，按下列标准向物业产权人或使用人收取。住宅房屋建筑面积每月每平方米_____元，非住宅房屋建筑面积每月每平方米_____元，收费时间_____。

3. 合同有效期内，若物价部门批准调整物业管理服务费收费标准，从批准执行之日起，乙方按调整标准向甲方、物业产权人、使用人收取。

4. 甲方、物业产权人、使用人逾期交纳物业管理服务费，从逾期之日起，按照应交金额的 0.3% 按日交纳滞纳金。

5. 物业产权人转让物业时，须交清转让前的物业管理服务费用。

第十四条　保修期内物业的维修养护执行建筑工程保修的有关规定，由甲方承担保修责任，可按下列约定具体实施（在下列选项上画"√"）。

1. 甲方负责落实保修规定，承担维修费用。

2. 甲方委托乙方落实保修规定，并按工程实际发生费用向乙方支付维修费。

第十五条　保修期满后发生的房屋公共部位、共用设备、共用设施的维修养护更新费用，执行维修基金制度。已设立维修基金的物业，按《大连市城市住宅售后修缮资金计提及使用管理暂行规定》（大政发［1998］51 号）及其配套文件执行；未设立维修基金的物业发生的维修养护更新费用，由甲方和物业产权人按各自分摊的实际费用向乙方支付。

第十六条　乙方根据有关委托，按政府定价向物业产权使用人、代收水费、电费、煤气费、房租、＿＿＿＿＿＿＿、＿＿＿＿＿＿＿、＿＿＿＿＿＿＿等。

第十七条　物业产权人或使用人委托乙方对房屋自用部位、自用设备实施维修养护及其他服务时，乙方可按约定标准向物业产权人或使用人收取服务费。

第十八条　电梯运行费、供暖费收费按现行规定执行。

第十九条　在实行封闭物业管理住宅区内的停车场和由物业产权人出资建设的停车场地停放车辆的，由乙方对要求停放车辆的物业产权人、使用人实行委托服务，按下列标准收取停车场地有偿使用费。有偿使用费收入扣除经营管理成本后结余部分的 60% 用于物业维修和绿地养护费用，40% 用于弥补减免的物业管理服务费和便民服务费用。

1. 露天车位每日＿＿＿＿＿＿＿元；

2. 车库每年＿＿＿＿＿＿＿元；

3. 摩托车每日＿＿＿＿＿＿＿元；

4. 自行车每日＿＿＿＿＿＿＿元。

第二十条　乙方按＿＿＿＿＿＿＿%的比例从物业管理服务收费中提取管理者利润。

第七章　法律责任

第二十一条　甲方违反本合同第十一条款第（二）项有关约定，使乙方不便或无法实施前期物业管理的，乙方有权要求甲方在一定期限内解决，逾期未解决的，乙方有权终止合同；造成乙方经济损失的，甲方应予赔偿。

第二十二条　乙方违反本合同第十二条第（二）项有关约定，未尽职责、未履行义务的，甲方有权要求乙方限期整改，逾期不整改的，甲方有权终止合同，造成经济损失的，乙方应予赔偿。

第二十三条　乙方违反本合同第二章和第五章的约定，未按物业管理标准管理物业，给甲方经济上和声誉上造成损失和不利影响的，甲方有权解除合同，给甲方造成的经济损失，由乙方赔偿。

第二十四条　乙方不按规定使用维修基金利息，或将维修基金利息挪作他用造成甲方和物业产权人经济损失或导致失修失养，乙方应给予经济赔偿。

第二十五条　物业交付使用后，发生重大质量事故时，甲乙双方应提请政府主管部门并组织其他相关单位，共同分析查明原因。属设计、施工、材料原因由甲方负责处理，属使用不当、管理不善原因由乙方负责处理。

第二十六条　因物业产权人、使用人使用不当发生的物业共用部位、共用设施设备维修费用，由相关的物业产权人、使用人承担。

第二十七条　影响物业结构安全和设备使用安全的质量问题，由甲方在约定期限_____日内负责加固补强返修，直至合格。影响相邻房屋安全的问题，由甲方处理。因施工原因造成的质量问题，由甲方组织施工单位负责解决。对于不影响物业结构安全和设备使用安全的质量问题，由甲方在约定期限_____日内负责修缮，也可采取费用补偿办法，由乙方负责处理。

第二十八条　甲乙双方任何一方无法律依据和正当理由提前终止合同的，违约方应赔偿对方_____元的违约金；造成对方经济损失的，应给予赔偿。

第八章　附　　则

第二十九条　双方可以对本合同的条款进行补充，以书面形式签订补充协议。补充协议与本合同具有同等效力。

第三十条　本合同附件均为合同有效组成部分。本合同及附件内空格部分填写的文字与印刷文字具有同等效力。

本合同及其附件和补充协议中未规定的事宜，均遵照国家有关法律、法规和规章执行。

第三十一条　本合同正本连同附件_____页，一式 3 份。甲乙双方及物业管理行政主管部门（备案）各执 1 份，具有同等法律效力。

第三十二条　本合同执行期间，如遇不可抗力，致使合同无法履行时，双方应按有关法律规定及时协商处理。

第三十三条　本合同在执行中如发生争议，双方应协商解决或报请物业管理行政主管部门进行调解，协商或调解无效的，双方同意 1. 由大连市仲裁委员会仲裁。2. 向人民法院起诉。

第三十四条　本合同自签订之日起生效。

甲方签章：_____　　　乙方签章：_____

代表人：_____　　　　代表人：_____

____年____月____日　　　　____年____月____日

附件：委托管理物业明细

15.2　物业管理委托合同

物业管理委托合同（大连市官方范本）

第一章　总　　则

第一条　本合同当事人

委托方（以下简称甲方）：_____

组织名称：＿＿＿＿＿＿＿＿＿＿＿＿＿＿＿

主任：＿＿＿＿＿＿＿＿＿＿＿＿＿＿＿＿＿

办公地址：＿＿＿＿＿＿＿＿＿＿＿＿＿＿＿

联系电话：＿＿＿＿＿＿＿＿＿＿＿＿＿＿＿

受委托方（以下简称乙方）：＿＿＿＿＿＿＿

企业名称：＿＿＿＿＿＿＿＿＿＿＿＿＿＿＿

注册地址：＿＿＿＿＿＿＿＿＿＿＿＿＿＿＿

联系电话：＿＿＿＿＿＿＿＿＿＿＿＿＿＿＿

（物业名称）委托乙方实行物业管理，订立本合同。

第二条　物业基本情况

物业类型：＿＿＿＿＿＿＿＿＿＿＿＿＿＿＿

坐落位置：＿＿＿＿＿＿市＿＿＿＿＿区＿＿＿＿＿＿路（街道）＿＿＿＿＿＿号。

管理界限：东至＿＿＿＿＿＿＿＿＿＿＿＿＿＿；南至＿＿＿＿＿＿＿＿＿＿＿＿＿；

西至＿＿＿＿＿＿＿＿＿＿＿＿＿＿；北至＿＿＿＿＿＿＿＿＿＿＿＿＿。

占地面积：＿＿＿＿＿＿＿＿＿＿＿＿＿ m^2。

建筑面积：＿＿＿＿＿＿＿＿＿＿＿＿＿ m^2

委托管理的物业构成细目见附表。

第三条　乙方提供服务的受益人为本物业的全体物业产权人和使用人。本物业的全体物业产权人、使用人均应履行本合同，承担相应的责任。

第二章　委托管理事项

第四条　房屋共用部位的维修、养护和管理，包括：房屋承重结构部位（基础、承重墙体、梁、柱、楼板、屋面）、专用房间、门厅、楼梯间、走廊通道及外墙面、＿＿＿＿＿＿、＿＿＿＿＿＿。

第五条　房屋共用设备的维修、养护、运行和管理，包括：上下水管道、落水管、电梯、避雷装置、公共照明、安全监控、消防设施、邮政信箱、天线、二次加压水泵及水箱、＿＿＿＿＿＿、＿＿＿＿＿＿。

第六条　公用设施的维修、养护和管理，包括：非市政路、化粪池及化粪池以内的排水管道、垃圾房、庭院灯、草坪灯、自行车棚、停车场、＿＿＿＿＿＿、＿＿＿＿＿＿。

第七条　附属配套建筑和设施及构筑物的维修、养护与管理，包括：物业管理办公经营用房、商业网点、文化体育娱乐场所等。

第八条　公共绿地、花木、建筑小品的养护与管理。

第九条　公共环境卫生，包括：公共场所、场地、房屋共用部位、＿＿＿＿＿＿、＿＿＿＿＿＿的清扫保洁及垃圾的收集。

第十条　实行封闭物业管理的住宅区内的停车场和由物业产权人出资建设的停车场地，由乙方负责经营管理。对未参加车辆损失保险、车辆玻璃破碎保险、盗抢保险的车辆，乙方有权制止停放，不承担相应的管理责任。

第十一条　协助公安部门维护社区秩序，包括：安全监控、值班、巡视、门岗值勤、＿＿＿＿＿＿、＿＿＿＿＿＿。发生刑事案件依照法律规定处理。

第十二条　与房屋及附属建筑物改装修相关的垃圾清运、＿＿＿＿＿＿、＿＿＿＿＿＿等的管理。

第十三条　物业档案管理。包括物业工程图纸、竣工验收资料、物业产权人和物业使用人档案、_____、_____、_____等有关财务账册及_____。

第十四条　维修基金利息及维修资金使用的财务管理。

第十五条　位于_____位置计_____ m² 的物业管理办公用房由乙方无偿或按_____标准有偿使用，但不得分割、抵押、交换、买卖。

第十六条　位于_____位置计_____ m² 的物业管理经营用房委托乙方按下列约定经营（在所选项目上打"√"），但不得分割、抵押、交换、买卖。

1. 乙方无偿经营，经营收入扣除经营成本后结余部分，按规定专户存储，全部用于补充维修资金不足。

2. 乙方每年向甲方缴纳_____万元，剩余经营收入归乙方所有，甲方所得按规定专户存储，全部用于补充维修资金不足。

第十七条　组织开展社区文化娱乐活动。

第十八条　组织开展社区便民有偿服务活动。

第十九条　负责向物业产权人、使用人收取物业管理服务费、电梯运行费、_____。按委托协议代收电费、水费、_____、_____、_____。

第二十条　房屋自用部位、自用设备的维修、养护，若委托乙方维修时，乙方可以接受委托并合理收费。

第二十一条　规劝制止物业产权人、使用人违反《物业产权人公约》和物业管理有关规定的行为。

规劝制止无效的，报送物业产权人委员会批准，可采取_____、_____措施。

第二十二条　其他委托项目

1. _____

2. _____

第三章　委托管理期限

第二十三条　委托管理期限为_____年。自_____年____月____日起至_____年____月____日止。

第四章　双方权利和义务

第二十四条　甲方权利和义务

（一）甲方权利

1. 代表和维护物业产权人、使用人的合法权益；

2. 制定《物业产权人公约》并监督物业产权人、使用人遵守；

3. 审定乙方制定的物业管理规章、制度和实施方案；

4. 检查监督乙方物业管理工作的实施及制度的执行情况；

5. 审议乙方提出的物业管理服务年度计划，财务预算及决算；

6. 审议物业管理服务收费标准及使用办法并监督、检查使用情况；

7. 向物业产权人筹集或续筹维修资金，审定维修基金利息的使用及分摊情况；

8. 监督检查公共建筑、共用设施设备和物业管理办公经营用房的使用情况。

（二）甲方义务

1. 经常听取物业产权人、使用人的意见和建议，并及时将物业产权人、使用人的意见和建议反馈给乙方；

2. 保证物业产权人、使用人遵守、执行物业管理有关法规、规章和规范性文件，遵守《物业产权人公约》，按时交纳物业管理服务费及其他费用；

3. 协助乙方开展物业管理工作，完成和实现物业管理各项管理目标；

4. 维修基金利息不敷使用时，负责向物业产权人筹集；

5. 向乙方提供建筑面积＿＿＿＿＿＿＿ m² 物业办公用房（产权归全体物业产权人所有），并于合同生效之日起＿＿＿日内，移交给乙方使用。

6. 按物业管理区域总建筑面积1‰的比例，向乙方提供＿＿＿＿＿＿＿ m² 经营用房（产权归全体物业产权人所有），并于合同生效之日起＿＿＿日内移交给乙方使用。

7. 于合同生效之日起＿＿＿日内向乙方提供物业管理所需全部工程技术资料和有关档案资料，并建立交接手续；

8. 当物业产权人、使用人不按规定缴纳物业管理服务费时，协助乙方催交，催交无效的，由甲方做出决定采取必要的措施收缴，委托乙方实施；

9. 调解处理物业产权人、使用人与乙方的纠纷，协调其之间的关系；

10. 协助乙方搞好社区文化和社区服务工作；

11. 协调、处理本合同生效前发生的建设及管理遗留问题；

(1) ＿＿＿＿＿＿＿＿＿＿＿＿＿＿＿＿＿＿＿＿＿＿＿；

(2) ＿＿＿＿＿＿＿＿＿＿＿＿＿＿＿＿＿＿＿＿＿＿。

12. 完成政府交办属于物业管理区内应完成的各项任务；

13. ＿＿＿＿＿＿＿＿＿＿＿＿＿＿＿＿＿＿＿＿＿＿＿＿＿＿＿＿。

第二十五条 乙方权利和义务

(一) 乙方的权利

1. 根据有关法律、法规、规章和本合同有关约定制定物业管理实施方案并实施管理。

2. 编制物业管理年度管理计划，资金使用计划及预算决算报告，经物业产权人委员会审定，提交物业产权人大会审议通过后实施；

3. 编制房屋、附属建筑物、构筑物、共同设备、设施、绿化等年度维修养护计划和大、中修方案，经物业产权人委员会审定提交物业产权人大会审议通过后组织实施；

4. 依照本合同和市物价局核发的收费许可证收取物业管理服务费；

5. 负责物业管理档案资料、有关财务账册的管理；

6. 规劝制止物业产权人、使用人违反物业管理规定及《物业产权人公约》的行为；

7. 有请求物业产权人委员会协助管理的权利；

8. 有选聘专业公司承担专项工程的权利；但不得将物业管理责任转让给第三人；

9. 当物业产权人、使用人装修物业时，与其签订《房屋装饰装修管理协议》，并按有关规定进行管理；

10. 依法向物业产权人使用人追缴欠交的物业管理服务费。

(二) 乙方的义务

1. 履行本委托合同并依法经营；

2. 接受物业委员会和物业产权人、使用人的监督；

3. 重大管理措施应提交物业产权人委员会审议批准；

4. 接受物业行政主管部门的监督、指导；

5. 对本物业的公共配套设施不得擅自占用或改变使用功能。如需扩建或完善配套项目，须与甲方协商后，报有关部门批准方可实施；

6. 按照有关规定使用维修基金利息；

7. 每半年向物业产权人、使用人公布一次物业管理服务费收支。每年 7 月份和 12 月份向物业产权人委员会提交一份维修基金利息使用管理报告；每年 1 月份向物业产权人公布全年维修基金利息收支情况；

8. 向物业产权人、使用人提供优良生活工作环境，搞好社区文化和社区服务；

9. 发现违法行为要及时向政府有关行政主管部门报告；

10. 定期对房屋设备设施健康状况进行检查，发现安全隐患或险情及时排除；

11. 物业管理委托合同终止 7 日内，必须向物业产权人委员会移交全部物业管理档案资料；经双方共同认可并委托审计机构审计后，向甲方移交有关财务档案资料和本物业的公共财产及物业办公、经营用房。

12. _____

13. _____

第五章　物业管理服务质量及标准

第二十六条　依据《大连市城市住宅小区物业管理标准》（大房局发〔1998〕86 号）和《大连市城市综合大厦物业管理标准》（大房局发〔1998〕87 号）制定本物业管理服务质量及标准，具体内容如下：

（一）房屋及维修管理

1. 房屋外观完好、整洁，无脏损和妨碍市容观瞻现象。

2. 房屋幢号、行政街号、管理号、单元号有明显标志，设有引路方向平面图。

3. 封闭阳台、空调外挂机、抽油烟机排气孔等统一有序，房屋立面无吊篮等悬挂物，新建小区及主次干道两侧房屋立面无晒衣架。

4. 一楼护栏无探出墙面现象，二楼以上无护栏。

5. 房屋完好率 98% 以上。

6. 房屋大中修有完整的开工报告及工程预算书，履行安全技术交底手续，工程质量验收手续齐全，决算书经过审计机构审计，有完整的竣工报告并执行有关保修制度，工程资料存档备查。

7. 房屋小修、急修及时率达 98% 以上，合格率达 100%，险情排队及时率达 100%，有维修记录和回访记录。

8. 房屋档案资料管理完善，按幢、户立档。

（二）共用设备管理

1. 设备图纸、档案资料齐全，设备台账记录清晰，管理完善，随时查阅。

2. 专业技术人员、维修操作人员严格操作规程，按要求经过专业培训，持证上岗。

3. 设备良好，运行正常，有设备运行记录。有专门的保养检修制度，无事故隐患。

4. 小区内生活用水（高压水泵、水池、水箱）有严密的管理措施，有二次供水卫生许可证和操作人员健康许可证，水质检验合格。

5. 电梯按规定时间运行，电梯厢清洁卫生，通风、照明良好。

6. 电梯有专业队伍维修保养，安全运行和维修养护规章制度健全，运行养护有记录。

7. 负责锅炉供暖的，锅炉供暖严守各项规章制度，运行正常并有运行记录。供暖期间，居室内温度应为 18℃，不低于 16℃。

（三）共用设施管理

1. 小区内公共配套服务设施完好，并按原设计用途使用。

2. 公共照明设备设施齐全，运行正常。

3. 道路畅通，路面平坦无损坏。

4. 污水排放畅通，沟道无积水。

5. 危险部位标志明显，有防范措施。

（四）绿化及养护管理

1. 公共绿地、庭院绿化布局合理、花草、树木、建筑小品配置得当。

2. 绿化有专人养护和管理，无损坏、践踏现象，无病虫害及枯死现象。对绿地、花木等定期浇水、施肥、除虫、修剪、收拾枯叶。

（五）环境卫生管理

1. 小区内环卫设施完善，设有果皮箱、垃圾放等保洁设施。

2. 小区内实行垃圾袋装化，随产随清。

3. 楼梯间、通道、走廊的地面、墙面和楼梯扶手、窗台无灰尘，窗户明亮。楼道内无乱堆乱放现象。设备间清洁卫生，通风照明良好。

4. 道路、庭院、绿地、公用场地无纸屑、烟头、塑料袋等杂物。

5. 雪后及时扫净小区内道路和楼间积雪，雨后及时清理污水。

6. 小区内无马路摊点、马路市场，商业网点牌匾美观整齐，管理有序。

7. 小区内无违法、临时建筑。

8. 小区内无乱堆、乱放、乱贴、乱画、乱刻和乱挂现象。

9. 共用场地定期清洁、地面无油渍等污染现象。

（六）社区秩序维护

1. 小区内实行 24 小时保安值班巡逻制度。

2. 保安人员值勤有明显标志，熟悉辖区情况，工作规范，作风严谨，有值班巡逻记录，各项保安措施落实。

（七）停车场及车辆停放管理

1. 甲方委托乙方经营管理的停车场车辆停放有序，场地清洁卫生无污染、无破损，车辆管理制度完善。

2. _____ .

3. _____ .

（八）消防

1. 消防系统标志明显，设备完好，可随时启用。

2. 配备专职或兼职消防管理人员。

3. 消防通道畅通无阻。

4. _____ .

（九）按《房屋装饰装修管理协议》实施改装管理

第六章 物业管理服务费及相关费用

第二十七条 物业管理服务费

1. 住宅房屋，乙方按建筑面积每月每平方米_____元向物业产权人、使用人收取；非住宅房屋乙方按建筑面积每月每平方米_____元向物业产权人或物业使用人收取；空闲房屋，乙方按建筑面积每月每平方米_____元向收取。

2. 付费时间：_____.

3. 合同有效期内，若物价部门批准调整收费标准，从批准执行之日起，乙方按调整标准向物业产权人、使用人收取。

4. 物业产权人、使用人逾期交纳物业管理服务费，从逾期之日起，按照应交金额的百分之 0.3 按日交纳滞纳金。

5. 物业产权人转让物业时，须交清转让前的物业管理服务费用。

第二十八条 电梯运行费、供暖费收费按现行规定执行。

第二十九条 在实行封闭物业管理住宅区内的停车场和由物业产权人出资建设的停车场地停放车辆的，由乙方对要求停放车辆的物业产权人、使用人实行委托服务，按下列标准收取停车场地有偿使用费。有偿使用费收入扣除经营管理成本后结余部分的 60% 用于物业维修和绿地养护费用，40% 用于弥补减免的物业管理服务费和便民服务费用。

1. 露天车位每日_____元；

2. 车库每年_____元；

3. 摩托车每日_____元；

4. 自行车每日_____元。

第三十条 房屋共用部位、共用设备、设施的维修养护和更新费用，按《大连市城市住宅售后修缮资金计提及使用管理暂行规定》（大政发 [1998] 51 号）及其配套文件执行。

第三十一条 乙方根据有关委托，按政府定价代向物业产权人、使用人收取水费、电费、_____。

第三十二条 房屋自用部位、自用设备的维修养护及其他服务，若委托乙方维修或提供服务，双方应签订协议，乙方按约定收费标准向享受服务的物业产权人、使用人收取。

第三十三条 甲方委托乙方签订利用物业管理区内房屋和共用场地、共用设施、设备设置户外经营性广告和摊亭、摊点等有偿使用协议并由乙方负责收费。户外广告和摊亭、摊点等有偿使用费收入扣除成本后结余部分的 60% 用于物业维修和绿地养护，40% 用于弥补经甲方同意减免的物业管理服务费和便民服务。

第三十四条 房屋共用部位、共用设施设备的保险由乙方代为办理，保险费用由全体物业产权人按各自所占有的房屋建筑面积比例分摊。

甲方的家庭财产与人身安全保险自行办理。

第三十五条 乙方按_____%的比例从物业管理服务收费中提取管理者利润。

第七章 违约责任

第三十六条 甲方违反本合同第二十四条的约定，使乙方未完成规定管理目标，乙方有权要求甲方在一定期限内解决，逾期未解决的，乙方有权终止合同；造成乙方经济损失的，甲方应给予乙方经济赔偿。

第三十七条　乙方违反本合同第五章的约定，未按合同约定标准管理物业，甲方有权要求乙方限期整改，逾期未整改的，甲方有权终止合同；造成经济损失的，乙方应给予甲方经济赔偿。

第三十八条　乙方违反本合同第六章的约定，擅自提高收费标准的，甲方有权要求乙方清退；造成甲方经济损失的，乙方应给予甲方经济赔偿。

第三十九条　乙方不按规定和甲方审定的计划使用维修基金利息，或将维修基金利息挪作他用的，甲方有权制止。造成甲方经济损失或导致失修失养，乙方应给予经济赔偿。

第四十条　甲乙双方任何一方无法律依据提前终止合同的，违约方应赔偿对方_____元的违约金；造成对方经济损失的，应给予赔偿。

第四十一条　因物业产权人、使用人使用不当发生的物业共用部位、共用设施设备维修费用，由相关的物业产权人、使用人承担。

第四十二条　维修基金利息不敷使用时，由甲方负责筹集，因维修资金筹集不足造成物业失修失养导致物业产权人、使用人财产损失和人身伤害的，由未交费的责任人承担相应法律责任。

第四十三条　合同有效期内突发性紧急抢修排险工程费用，由乙方先行垫付，按相关物业产权人拥有的建筑面积比例分摊，由甲方负责于工程开工起 15 日内收缴，逾期未交纳的，按应分摊金额的 0.3％按日交纳滞纳金。乙方也可向人民法院提起诉讼。

第四十四条　为维护公众、物业产权人、使用人的切身利益，在不可预见情况下，如发生煤气漏气、漏电、火灾、水管破裂、救助人命、协助公安机关执行任务等突发事件，乙方因采取紧急措施造成物业产权人、使用人财产损失的，有关各方按有关法律规定处理。

第八章　附则

第四十五条　自本合同生效之日起_____日内，根据委托管理事项，甲、乙双方办完成交接验收手续。

第四十六条　本合同期满前二个月，甲、乙双方应做出是否续签合同的决定。任何一方决定不续签合同的，甲方即行组织招投标重新选聘物业服务企业。

第四十七条　双方可以对本合同的条款进行补充，以书面形式签订补充协议。补充协议与本合同具有同等效力。

第四十八条　本合同附件均为合同有效组成部分。本合同及其附件内空格部分填写的文字与印刷文字具有同等效力。

本合同及其附件和补充协议中未规定的事宜，均遵照国家有关法律、法规和规章执行。

第四十九条　本合同正本连同附件_____页，一式 3 份。甲乙双方各执 1 份，报物业行政主管部门备案 1 份，具有同等法律效力。

第五十条　因房屋建造质量、设备设施质量或安装技术等原因，达不到使用功能或造成重大事故的，由甲方承担责任并作善后处理。产生质量事故的直接原因，以政府主管部门的鉴定为准。

第五十一条　本合同执行期间，如遇不可抗力，致使合同无法履行时，双方应按有关法律规定及时协商处理。

第五十二条　本合同在执行中如发生争议，双方应协商解决或报请物业管理行政主管部门进行调解，协商或调解不成的，双方同意 1. 由大连市仲裁委员会仲裁。2. 向人民法院起诉。

第五十三条　本合同自签订之日起生效。

　　甲方签章：＿＿＿＿＿＿＿　　　　　乙方签章：＿＿＿＿＿＿＿

　　代表人：＿＿＿＿＿＿＿　　　　　　代表人：＿＿＿＿＿＿＿

　　＿＿＿年＿＿月＿＿日　　　　　　　＿＿＿年＿＿月＿＿日

第16章　中国香港地区及国外的消防管理介绍

16.1　中国香港地区的消防管理

1. 中国香港地区是全球人口最稠密的地方

香港地区由香港、九龙和新界及附近 200 多个小岛组成，面积约 1070km²，人口近 650 万人，今天，已成为高度现代化城市，它与东京、新加坡一起成为亚洲三大金融商业中心，不但可与欧洲及北美洲的多个大城市相媲美，而且有各国建筑风格的高楼大厦，多国友人都称赞今日香港地区既保持了中国特色的古老建筑风格和传统文化，又增加了异国风采。

由于历史原因，香港地区是当今全球人口最稠密的地方。香港地区平均每平方公里约 1.55 万人，九龙每平方公里约 9 万人。

香港的城市建筑不规范，甚至有些混乱，工业区和居民区混合，许多居民区都有大小工厂，加之人口密度大，道路狭窄，交通拥挤，给消防工作带来许多困难。要在这样的城市搞好消防工作，除必须有适合各种特点和掌握现代化消防技术的消防管理措施外，还必须有训练有素、掌握多种灭火技术和装备精良的消防人员，方能迅速扑灭随时可能发生的火灾。

2. 独特的消防机构和管理措施

根据香港地区的特点，这里的消防部门分为香港、九龙和新界三大分支机构，由消防协会总经理统一领导。各分支机构都由一名懂建筑、消防通信和扑灭各类火灾技术的消防官员指挥。和西方国家的消防部门业务范围相同，我国香港地区消防部门除负责防火和灭火工作外，还担负多种灾难救护工作，各消防部门都有医护人员，灾难救护和急救部门都归消防部门领导。

香港消防学院由掌握建筑、通信和灭火知识的多名高级工程师任教，除招收新学员外，每年还培训 150 名消防员，80 名消防救护员和 35 名中高级消防指挥人员。各级消防人员都要定期接受培训，提高业务技能，以适应时代要求。

3. 火灾监测站

香港地区现有 125 个火灾和其他灾难监测站，多数站点都在居民密集、交通拥挤易发生火灾事故的地方，以便消防人员随时灭火救灾。为适应建筑物逐年增多和交通发展的需要，每年要增建和更新多个监测站。

4. 消防人员条件

香港非常重视消防工作，消防经费充足。在每年消防拨款中，除了人员培训、新消防装备和消防人员工资及奖金费用外，还有消防人员新住宅建造、旧住宅改造维修和消防职工娱乐场建设及休假补贴费用。由于香港消防人员工资和福利比亚洲其他国家消防人员都高，因此，前来消防部门求职者较多，但由于条件苛刻，能被录用者甚少。基本条件是：20～35 岁，男性，大专文化，体格健壮，社会通考不及格者取消到消防部门求职资格。报考者可以是在香港居住的合法公民，不分国籍，被正式录用者实习半年合格后提供住宅，并给子女补贴。

5. 火灾的快速反应

由于香港地区人多，居民区也有工厂和购物中心，因此在林立的建筑之间都有火灾监测站和火灾报警分中心。这里灭火工作的第一个特点是快速，一旦发生火灾，消防人员必须在 5 分钟内到达现场扑灭火灾；第二个特点是由消防指挥分中心指挥灭火，根据这里交通拥挤和道路易堵塞的实际情况，火灾警报都首先输入到近区火灾报警分中心，由分中心火速命令距火场最近的两个消防队同时快速出动，这样，即使有一个消防队的车辆受阻，另一个消防队也能在规定的时间内到达现场灭火救灾，不会因交通堵塞而延误战机，在消防人员到达现场前，分中心人员也到达现场察看火情，协助指挥灭火救灾；灭火工作的第三个特点是由消防指挥中心确定火灾等级。每当火灾报警中心接到火灾警报时，便立即确定火灾等级和应出动的车辆装备及消防人员，如一级火警便出动一辆开道车，一辆水、泡沫和干粉多用灭火车，一辆救护车和 30 名消防人员。火灾等级越高，出动的车辆和消防人员也就越多。

香港地区消防人员都分三班工作，按辖区大小和重点防火单位情况配备消防人员和车辆装备。每班工作 8h 后休息 24h。消防人员在平时休息期间不准远离，以便有特殊任务时立即出现场。

6. 现代化消防装备

香港地区从 1997 年回归后，老式的英国消防车大都被淘汰或作他用，现在的消防车辆装备已达到了现代化，其中有多辆新型水罐车，扑灭高层建筑火灾用云梯和曲臂车，狭窄街道用小型灭火车，扑灭化学和其他有毒物专用车都备有防毒和检测火场毒物含量等专用设备。多辆车还是水、泡沫和干粉多用灭火车。此外还有为消防员长时间灭火救灾提供给养的流动餐车，水陆两用灭火车。为了保证港口设施和远洋巨轮及停泊船只的防火安全，还有 8 艘型号各异的消防船，最大灭火船排水量达 500t，多个灭火水枪每分钟可喷洒 50t 灭火水。

消防装备现代化还体现在各消防车船除有齐全的通信和显示设备外，夜间灭火车和水上灭火船中还有红外夜视仪，图像增强放大器和热成像仪，可保证全天候迅速准确灭火救灾。

16.2　日本的消防管理

1. 消防组织机构与隶属关系

1948 年，日本颁发了《消防组织法》，自此日本消防部门脱离了警察机关，开始实行以市、町、村为中心的自治体消防机制。日本消防部门把防火作为消防的首要任务，并承担着台风、水灾、地震等自然灾害与突发事故的医疗救护、抢险救援任务。

（1）国家消防机构

国家消防机构即自治省消防厅及下属的消防科研所、消防大学与消防审议会。

自治省消防厅主要负责研究制订国家消防制度与全国消防法规，并对各地消防局、消防团中层以上干部进行培训和业务指导，组织消防科学试验与研究。其下属的消防审议会是消防厅长官的咨询机构，但有权调查和审议消防厅的重要事务。

（2）都道府县消防机构

日本有 47 个都道府县，除东京都设消防厅以外，其余的消防机构均设在地方总务部或民生部，其内部机构比东京消防厅略为简化。都道府县消防机构还负责对市、町、村消防工作进行指导和建议，但无指挥权。

（3）市、町、村消防机构

市、町、村按其规模的大小分别设消防局（或本部）、消防署和消防派出所（日文称"出张所"，相当于中队）。经费由当地政府负担，消防职员为地方公务员。

消防局（或本部）为机构，一般不对外。消防署负责对外工作，消防派出所为基层单位，执行出动任务。消防局或消防本部下设总务、预防、警防三个部；部以下设课、系；消防署下设庶务、预防、警防三个课。

（4）民间消防机构

民间消防机构包括消防团与当地民众组建的自治防灾队、企事业单位的自卫消防队、妇女、儿童消防俱乐部等。消防团是日本民间的消防专职机构，由地方募集资金。

2. 消防部门的职责与权限

日本消防部门的职责是：研究制定消防制度和准则；规定城市的防火等级；制定防火检查、防火管理及其他火灾预防制度；研究纵火、失火调查技术；培训火因调查员；负责扑灭各类火灾；研究制订消防职员、团员的训练标准；负责消防职员、团员培训事项；进行消防统计；研究有关教育训练事项；研究消防器材、设备的检测与鉴定事项；宣传普及消防知识；研究危险品管理方法；负责国家与地方消防团体间的联络；研究制订急救业务标准；制定防火计划；负责国内、国际消防与救援的交流活动；研究市町村消防人员、设施配置标准；执行消防团员公务灾害补偿的共济基金法等。

3. 人员待遇和晋职、征退

日本的消防人员分为职员、团员和志愿者。前两者都拿固定薪金，而后者没有固定薪金，但可根据具体情况拿一定的补助。

（1）消防职员

都道府县和市町村消防职员属于地方公务员，将按属地的地方条例享受工资、津贴及其他待遇。平均年龄为 38 岁的消防职员月薪为 30.7 万日元，津贴为 9.88 万日元（普通公务员为 7.39 万日元）。两项加起来按现有汇率计算相当于人民币 2.8 万元左右，但日本人的工资都不是完税工资，2.8 万元的收入去掉国税、地税和房屋、汽车贷款等，一般消防员剩下的约合人民币 1 万～1.5 万元左右，而日本的食品价格较中国要贵 3～8 倍。

消防职员着制服，衔级分 10 个等级（分别为总监、司监、正监、监、司令长、司令、司令补、士长、副士长、消防士），每晋升一个级别，必须通过相应的考试。消防职业平均每 2 年就要接受 1 次正规的培训。因此消防职员的岗位虽然变动比较频繁，但由于有严格正规的教育培训作保证，岗位变动经过培训后，很快就能适应工作。职员一般 60 岁退休，中高级职员 58 岁退休。

（2）消防团员

按照市、町、村条例规定，消防团员领取固定的酬金，并可按出动次数与时间获取一定津贴。团员每月 27.5 万日元，团长每月 74 万日元。完成一次任务的津贴为 6000 日元。

团员从社会一般人员中招聘，经体检合格并训练毕业可加入消防团。连续工作 5 年以上就可获得退休待遇，一般团员可干到 50 岁左右。消防团员共分为 7 个级别，依次为：团长、副团长、分团长、分副团长、部长、班长、团员。

4. 消防经费

日本消防经费包括三部分：国家消防经费、都道府县消防经费与社会自筹消防经费。

（1）国家消防经费

1995 年自治省消防厅消防预算额为 209.0028 亿日元，折合当时人民币约为 20 亿元。其中主要包括消防设施费、消防设备费、重要事业补助费及其他经费。国家消防经费 1997 年为 18261 亿日元，折合人民币约 1600 亿元。

（2）都道府县的消防经费

都道府县的消防经费由地方政府的税收拨款。主要用于人员开支、危险品、高压气体管理及火灾预防、消防学校的建设、防灾器材装备设施的建设及管理。

（3）地方消防经费

地方消防经费，主要来源于地方税和地方交付税收中的专项附加税，如地方转让税、地方债券和国库补助金。

（4）东京消防厅经费

2004 年，东京消防厅的预算是 2379.5 亿日元，占东京都政府总预算的 4.2%。

5. 火灾预防

火灾预防始终是日本消防工作的重点，主要有以下六个特点：

（1）建立了严格的防火制度

如防火程序、防火检查、建筑审核、危险品生产使用贮存的审批、防火管理制度、阻燃规定、用火设备器具的规定、危险品管理规定、消防设备设置规定、消防机械器具的检验规则、火灾预防条例的制订及防火活动的组织规则等，并制订了严格执行防火监督与检查的规定。

日本消防部门防火检查工作有一套科学规范的程序和标准，他们根据不同种类单位的防火要求，制订了图表式的法律文书。这些文书先写明法律法规的条文要求，后面消防检查人员填写该单位的实际履行情况，然后逐一对照检查，操作性很强。检查的重点内容是：单位防火管理者履行各项职责的情况；定期委托消防设备士、电工资格人员、危险品管理资格人员等对该单位消防设施进行检测及维修保养的记录情况；存在的火险隐患等。

（2）重视消防宣传工作

日本各级消防部门均设有消防宣传机构，并有专人从事消防宣传，各消防局还设有专项或兼职的消防音乐队，在大型消防活动或其他重要场合演出。

日本还十分注重对中小学、幼儿园学生的消防安全教育，如采取木偶短剧等少儿喜闻乐见的方式，寓教于乐，宣传防火、防灾知识。针对近年来人口老龄化问题日益突出这一社会现象，防火人员定时对老人家庭进行家访，普及防火防灾知识。东京等大城市还设立了涉外消防谈心室，定期举办外国人防灾讲演比赛等活动，散发外文防火、防灾手册，加强对驻地外国人的消防安全教育。

日本消防每年举办春季、秋季火灾预防运动和森林、车辆、文物火灾预防运动。还将

9月9日定为"急救宣传日"，11月9日定为"119宣传日"。许多城市还规定每月15日为"防火安全宣传日"。

(3) 加强消防基础建设

除消防法规定了防火对象物应配备消防设备与相应设施外，日本制订了"消防设备士"制度，规定持有执照的人才能进行消防设备的安装及维修。日本的公共消防基础设施也较完备。街道两旁消火栓布局合理（每隔100米设一个），有些地段还设有轻便灭火器箱。

(4) 成立了消防检测协会

该组织专门负责对消防产品实行国家规定的强制检测、鉴定制度，类似于我国对消防产品生产行业的规定。该协会成立于1963年，接受自治大臣的监督，开展对各类消防产品的检查、鉴定和委托实验等业务，并与国际ISO等组织进行技术交流合作。

(5) 建筑审核工作由当地消防行政部门承担

审核程序基本和我国相同，不同的是建筑消防审核项目是由建筑行政主管部门报送，而不是建设单位报送。

(6) 火灾与保险

日本的火灾保险业务已开展了120多年。现有好几家专营的火灾保险公司。当投保人因火灾造成财产损失，需要保险公司赔偿时，应先向管区内消防署递交申请，然后持消防署出具的受灾证明书及火灾原因、损坏程度证明文件等才能向保险公司索取赔偿。火灾保险公司也主动参与受保单位的火灾预防工作，如东京海上保险公司每年要检查两次受保单位的火灾隐患。

6. 日本的消防协会组织

日本1945年以来相继成立了日本消防协会、日本火灾学会、全国消防队长会、日本防灾协会、日本科学防火协会、日本防火协会、日本消防检测协会等。各单位之间互不联系，各自为政。这里仅以日本消防协会为例：

日本消防协会成立于1948年1月20日，为全国消防团员的联系组织，所有团员均为正式会员。服务宗旨是照顾会员福利，改善充实消防设施，普及消防知识，提高防灾技能，加强消防活动。具体工作包括：凭吊殉职会员，安慰救济他们的亲属；表彰消防团、会员及有功人员；对会员教育训练进行指导；主办全国消防运动会与妇女消防运动会；出版会刊《日本消防》；每年一次出国考察，并组织了一个国际消防旅行社；负责世界义勇消防联盟的工作等。

7. 消防法规

日本政府十分重视消防法规的制定，目前已拥有一套健全的消防法制体系。除《消防组织法》、《消防法》、《消防法施行令》与《消防法施行规则》这几种主要消防法规外，还先后颁布了若干专项的消防法令、法规。例如《市町村火灾预防条例及实施规则》、《危险品规则》、《建筑基准法》、《建筑基准法施行令》；《建筑基准法施行规则》、《火灾预防条例准则》、《重大地震灾害对策特别措施法令》；《液化石油气相关法令》等。各地方政府还根据本地实情制定地方条例。在高层建筑、地下工程的防火设计与管理上，日本有较完整的全国性和地方性法令规范，而且都是强制执行。例如，凡3000m² 以上的建筑内必须配置报警、喷淋设备（指水喷淋设备与泡沫喷淋设备等），否则不予审批验收。

　　日本消防法规的显著特点是修改变化频繁，有些法规几乎每年修改。这就使消防法能够适应不断变化的实际情况。据不完全统计，截至 2000 年，《日本消防组织法》已修改了 30 多次，《消防法》修改了近 40 次。

　　8. 消防装备

　　熟悉日本的人都知道日本人有"三大怕"：地震、火灾和老头子发脾气。其中火灾曾给日本惨痛的教训。据最近十年火灾事故分析，日本每年发生的火灾事故有 5 万～6 万起，每年在火灾中丧生的人数超过 2000 人。火灾事故半数以上是建筑物火灾。所以日本对消防装备给予了极大的重视。

　　日本消防由"常备消防"和"非常备消防"两部分组成，"常备消防"由消防员 24h 值勤备战；"非常备消防"也称"消防团"，主要从事初期火灾灭火以及协助消除二次灾害等工作，平时对社区居民进行必要的防火、救急指导，巡回宣传，并在举行大型活动时进行警戒。

　　日本的消防装备精良，有的消防部门还配有 GPS 定位系统。一般一个消防救助中队配有一辆专门消防救助工作车，配有一般救助、重量排除、切断、破坏、测定、呼吸保护、队员保护、搜索救助等系列救助器材。东京消防厅消防救助队配有地震专用救助车、特殊化学车、无人喷水车、高空喷水车、远距离大量送水装备车、照明电源车等具有各种特殊功能的救助车辆，并配有图像探测机、红外线探测仪、声音探测机、夜视仪、生命探测仪等各种高科技救助器材。横滨市特别消防救助队还装备了特别救助工作车、耐热救助车、大型机动支援车等。部分消防部门还在消防救护车上装有全球卫星定位系统（GPS），以提高效率。每个城市都专门配有消防直升机和机器人，有水域的地方就有水上消防救援队。现在全日本的消防飞机超过了 50 架，而消防船艇则有上百艘其配备都是精良的。

　　消防部门还承担着救助危重病人的任务。在日本，经常可以看到白色的消防救护车忙碌地穿梭于大街小巷，消防部门的业务量也由此剧增。消防救急队员已成为老弱病患者眼中的"救星"。所以医疗救护装备也成了日本消防部门的主要方面。

　　因为人命关天，日本所有救急的费用都是免费的，需要时只需拨打"119"救急电话，消防救护车一般在 5min 内就能赶到。前不久有位记者同行突患尿结石，疼痛难忍，危急中拨打"119"，东京消防厅边派出消防救护车边询问病情，同时联系相关医院，分秒必争。消防救急队员不仅要运送伤病人，还要根据病情在现场采取应急措施，如为挽救生命，争取时间，消防救急队员在紧急时可对危重病人做呼吸道插管等抢救措施。从实际情况看，消防部门的灭火出动远没有救急出动的次数多。据消防厅 2001 年《消防白皮书》统计，2000 年日本消防部门共出动 775 万次，其中救急出动 418 万次，占总数的 53.9%；防火检查 100 万次，占 13%；灭火出动、演习等占 30.4%。

　　9. 消防教育和训练

　　在日本，国家统一制定《消防学校教育大纲》和《消防学校的设施、人员及管理标准》，由国立消防大学及都道府县所指定的消防学校及市町村办的消防训练班具体实施。

　　（1）教育训练

　　消防职员和消防团员的训练，由消防本部、消防署、消防团各自组织教育训练，国家有消防大学，都道府县有消防学校，此外，救急队员在救急救命所进行专门训练。

（2）职场教育

各消防机关平时根据各自地域特性，制定教育训练计划。在充满危险的灾害现场，消防职员需要高度的使命感和旺盛的精力，各消防本部通过各种各样的素质训练，使消防职员的士气不断提高。另外，有全国统一的职场教育基准《消防训练礼式的基准》、《消防操法的基准》、《消防救助操法的基准》。

（3）消防学校的教育训练

消防组织法第 26 条规定，都道府县，不因财政状况和其他特别的因素影响之外，必须单独或者共同设置消防学校，另外，政令指定城市（13 个）可以单独或者和都道府县共同设置消防学校。2004 年 4 月 1 日为止，全国 47 个都、道、府、县和政令指定城市札幌市、千叶市、横滨市、名古屋市、京都市、大阪市、神户市及福冈市 8 个市及东京消防厅设有消防学校，全国共有 56 所消防学校。

根据 2004 年 4 月 1 日施行的《消防学校教育训练基准》规定，教育训练的种类分为初任教育、基础教育、专科教育、干部教育和特别教育。

初任教育：新招聘的消防职员为对象的教育训练，教育时间为 800 小时。

基础教育：消防团员入团后的基础知识技能教育，教育时间为 24 小时。

专科教育：现任的消防职员及有一定经验的消防团员为对象进行的特定专业的教育训练。包括警防科、预防科、机关科、救急科、救助科教育。

干部教育：以干部及干部升迁候选人为对象进行必要的教育训练。

特别教育：除了上面的一些教育训练之外，为了特别的目的实施的教育。

2003 年全国接受初任教育的新任消防职员有 3438 人，消防团员接受消防学校教育训练有 73947 人。

消防学校有专职的教职员，大部分是各消防本部派遣的职员，派遣职员一般在消防学校工作 2 年后，回到原单位工作。

（4）消防大学

日本消防大学建立于 1959 年，是日本消防教育的最高学府，负责对国家、都、道、府、县的消防干部，市、町、村的消防技术职员和消防团长进行高级消防教育训练。日本的消防教育特别注重教学与实际结合，学校有非常完备的消防训练场所，这些场所均按实际建筑模式设置，而且都设有现代化的声光、音响、蒸汽设备，其氛围完全模拟真实火场。此种训练不仅仅是技能训练，同时也是种心理素质训练。

10. 紧急消防援助队

1995 年 1 月的阪神淡路大震灾中，死亡 6000 人，负伤 40000 人，房屋倒塌超过 50 万栋，造成了日本战后 50 年来没有发生过的大灾难。兵库县境内的消防部队和其他 41 个都道府县大约 3 万人的消防部队前来援助。但是因为在援助部队的编成、活动方面事先没有明确的统一的规定，这次援助活动并不成功。

吸取了 1995 年阪神淡路大震灾的教训，为了在以后发生地震等大规模灾害时更有效地进行人命救助活动，全国消防机关建立了紧急相互援助体制，1995 年，全国各地以各消防本部为单位，建立了紧急消防援助队。紧急消防援助队除了消火部队、救助部队、救急部队之外，还有进行调查和指挥的指挥部队和给队员们提供粮食的后方支援部队。

根据消防组织法规定，大规模灾害时根据消防厅长官的要求出动。2003 年 6 月消防组织法修改后，巩固了紧急消防援助队的法制地位，明确规定从 2004 年 4 月 1 日起，假如发生东海地震或其他涉及两个都道府县的大规模灾害或毒性物质扩散等特殊灾害时，出动命令由消防厅长官发出，紧急消防援助队的装备和活动经费由国库负担。经过几年的完善，为了应对复杂多样化的灾害（如石油化学灾害、剧毒物、放射性物质等灾害），又成立了特殊灾害部队、特殊装备部队、航空部队、水上部队。根据 2004 年 4 月 1 日登录结果，共有 10 种部队，来自全国 812 个消防本部，共有 2821 个队，有队员 35000 人。装备有应对特殊灾害的特殊消防泵浦车、救助工作车、包括纤维镜在内的高度救助器材、灾害对应特殊救急车。

紧急消防援助队的登录并非义务，由各消防本部自主决定，如果希望登录，每年 2 月通过所属都道府县向总务省消防厅提交申请，经消防厅审查合格后，当年 4 月正式被登录在案，一经登录，该援助队就有资格得到购买援助车辆的国库补助金，从此以后，如果消防厅长官要求出动，必须出动。

2000 年开始，"紧急消防援助队动态信息系统"投入使用，此系统能够动态掌握派遣车辆的位置，通过车载 AVM（自动车辆动态管理系统）和 GPS（全球测位系统）导航系统，能够把车辆位置和从车载末端装置输入的车辆动态信息通过移动电话通信网发送到总务省消防厅服务器，在"广域援助信息系统"的电子地图上用符号表示出来。在移动电话网信号不能到达的区域，自动切换到卫星通信线路，全国范围内能够安全稳定地进行数据通信。

16.3　美国的消防管理

1. 层次分明的管理体制

美国的消防体制和联邦自治的政治体制一脉相承，由州、市、县政府分级负责，三级政府间的消防机构无直接隶属关系。联邦最高安全机构为国土安全部，其下设联邦紧急事务管理总署和美国消防管理局，各州设州消防部门，规模较大的市、镇设有消防局。涉及地区和简单的消防工作由高效精干的日常办事机构独立作业，但涉及复杂甚至跨行业跨部门的火灾时，建立一元化领导机构，如美国洛杉矶等城市的应急行动理事会，它是在市长直接领导下的应急处置机构，具有很高的权力。美国共有三万多个不同人口规模的城镇设立了消防机构，其中大中型城市职业化程度高并且消防设施先进，小城镇以自治消防为主，分级的消防管理体制以应对不同城市的消防需求。

2. 明晰的代理关系

美国消防经费直接由当地政府负责，有部分州政府向居民征收相关消防的税费，每个家庭年均 50～200 美元不等。美国消防协会 2009 年统计显示，美国 50 个州的每年正常消防经费合计约 1500 亿美元，人均消防支出 500 美元。所有支出纳入政府预算管理，经费由消防队长管理，城市议会审核，实行政治合议和行政负责制相互制约的机制。

2009 年部分州发生的多起消防民营化和削减政府消防支出导致救灾不力的事件，引起各级政府关注，美国国会和地方政府决定不再削减这部分开支。经过总结种种教训事件，表明由政府向公民征收相关税费的方式，才能真正厘清消防作为公共部门的代理人角色，公共服务才能真正实现均等化。

3. 健全的法制

美国是一个法律规制健全完善的发达国家。美国的消防立法，主要实行国家制定推荐版本和各级地方立法的体制。国家根据不同地方政府的情况制定了 5 部消防法推荐版本，如被州、市、县议会讨论通过即成为州、市、县的消防法律。州、市、县分别又会经议会讨论通过各级的消防法律，而且地方的消防法律必须比州的法律更严格以保证执行更为有效。因此，美国的消防法律法规一般都会规定得比较详尽，对公民、社会、企业及消防部门的责任和义务都规范得很具体，且可操作性较强。在有序的社会法治氛围中，消防法律法规得到了较好的贯彻执行，营造了良好的消防工作秩序。

4. 全方位消防职能

美国消防队任务十分繁重。消防队大多数实行三班倒的勤务制度，每班执勤 24h，休息 48h，可以保证每个时刻全方位的消防力量。

美国消防队不仅承担防灭火和抢险救援任务，还承担其他的救援职责。一是灭火救援和医疗救护：除扑救火灾外，还承担交通事故及其他灾害事故的救援任务，包括在救援现场实施医疗救护。消防员必须接受专业训练并达到紧急医疗救护初级技术水平，部分消防员还要达到护理师水平。二是消防监督：负责对新建建筑工程防火性能进行图纸审核、竣工检查签字；实施防火安全检查，重点对旧建筑实施抽样检查，对火灾危险性大的区域和建筑进行检查，危险性较大的公共场所开业前必须进行消防检查。三是消防宣传：以学校、家庭、社区为重点，注重利用周末和节假日，开展消防法规、火灾预防、火灾报警、逃生自救等方面知识和技能的宣传教育，特别注重宣传教育的知识性和趣味性，以增加宣传教育的效果，达到提高全社会整体消防安全意识的目的。

5. 合理的考核和激励方式

美国的民主选举方式决定了一级政府行政人员必须取得足够的选票，也就是获得公民的支持作为执政的前提，所以美国的消防管理非常重视公民的满意度，通过大量的中介机构调查公民的意见，及时公布火灾率和损失。市级消防部门还设立了公共信息官机制，开放式的在媒体和公众面前呈现灾难的情况和普及预防知识。

美国消防员实行职业制，他们以消防工作为终身职业，退休后享受政府养老金。对于消防人员的招聘，教育程度要求在高中以上，并经过为期一年的培训。美国民众对消防人员相当尊敬，英勇的消防员常是他们心中的英雄。消防人员的待遇也很高，消防局是许多人向往的工作单位。美国的一次民间测验结果显示：在最受人尊重的职业中，消防队员名列榜首，而总统却排在第 26 位。

6. 快速的应急行动模式

美国联邦应急计划由 27 个部（署）共同制定。事故发生时，按不同事故类型，由其中一个部（署）主管负责，相关部（署）配合实施，可突破地区界限统一行动。各地方政府设有紧急服务部门，主要包括消防、交通、医疗、公用部门等。州、市、县政府建有紧急事件处置指挥中心，有的单独设立，有的设在消防局。紧急事故处置实行地方、州、联邦政府三级反应机制。

具体措施上，消防队在救援设施选址和救援路径优化方面，以保证五分钟内能够覆盖城市的每个角落为基本要求。消防队附设有急救队，困于火场的人能及时得到救援，相对减少伤亡。不断改善消防队员的救火装备，凡扑救高层建筑火灾、地下建筑火灾和石化工厂火灾，消防队员都必须佩戴防毒面具，有的还要穿防高温防辐射的救火服，以加强消防队员的自我保护功能，并且提高消防车的举高能力和远射能力。美国纽约等大城还设立自动消防安全电子访问台，一旦发生险情，由城市居民组成的、经过专业训练的义务消防队可在几分钟内被召集起来，配合灭火和救援。

7. 良好的社会力量支撑

美国消防体制体现了更多的公民社会精神，社会力量与社会资本广泛融入其中。在消防队伍的建制方面，美国设有全志愿消防局，即消防队员全部由志愿消防队员组成；部分志愿职业消防局，即消防队员部分为志愿消防队员，部分为职业消防队员；还有全部由职业人员组成的消防局；全美75％的消防局全部由志愿消防员组成。通过一些有助于志愿消防的社会机构的活动，来促进社会性的消防志愿服务在各方面的发展，非营利型组织的力量十分强大，公民社会发展充分。比如美国国家志愿消防委员会在志愿消防服务的经费筹集、消防志愿者培训、健康保健及志愿消防的装备配备等方面发挥着巨大的作用。美国公民几乎人人都接受过"逃生"培训。演练中，高楼大厦内的所有人员都将作为演练中的一员，演练的组织者通常会到当地消防局、警察局、危险物质处理小组，请来专门人员对大厦员工进行培训，最大限度地教授在遭火灾、爆炸、毒气侵袭等突发事故后如何冷静面对并选择最佳逃生方式的技巧。总之，全面的社会力量介入、良好的公民自救技能，表现了美国社会在消防制度文化上的发达程度。

16.4　新加坡的消防管理

1. 新加坡民防部队的工作任务、组织机构及衔级情况

新加坡消防部队成立 1888 年，最初是承担灭火工作，二战时基本瘫痪，战后得以重建，并承担交通事故等救援任务；原民防部队也承担救援工作，新加坡民法令于 1951 年 5 月颁布，英国退伍军官佛班克上校委任为民防总监，从 1977 年民防部队开始承担医疗急救任务；由于工作内容相差不多，1984 年 4 月 15 日新加坡政府决定，消防部队与民防部队合并，1993 年合并完毕，称新加坡民防部队，属新加坡内政部。现民防部队有正式人员 1900 人（其中民防官 400 人，民防员 1000 人，任民防员的国民服役人员 500 人），战备人员 2.3 万人。民防部队设有一个民防学院，一个训练中心、4 个消防分区；4 个分区下辖 14 个消防局。

民防部队将全国按东西南北划分为四个区域，设置了四个民防分区，称为第一、二、三、四民防分区（也称师、区），分区最高指挥官也称作"分区司令"或"师长"，是民防分区指挥灭火救援和医疗救护最高长官。各分区分别辖 3～5 个消防局，目前共有 14 个消防局（近年内要增加到 16～18 个），其中 6 个消防局又辖有配置 1 辆轻型快速消防车的消防站（远景规划为 14 个）。民防部队的衔级分为：总监级、副总监级、助理总监级、上校、中校、少校、上尉、中尉、见习官、高级准尉（1）、高级准尉（2）、一级准尉、二级准尉、上士长、上士、中士、下士、民防员、新兵。具有学士学位的大学生、硕士研究生被民防部队录用后，在民防学院通过 9 个月的培训，分别定为中尉、上尉。一般民防官员的工作年限为 55 岁。

2. 消防监督情况

(1) 防火安全与防空壕署

1985 年以前，防火安全与防空壕署隶属国家发展部公共工程局建筑管制署，1985 年与民防部队合并，2001 年 10 月 31 日，又与民防部队内部的防空壕署合并成立了防火安全与防空壕署。该署下设设计图审批与咨询处、执照与执法处、防空壕处、策划与检讨处 4 个处；工作人员分为制服和非制服人员，共有 100 多人，两种人员都是国家公务员，都有执法权，一般技术人员多为非制服人员，署长和副署长为非制服人员。设计图审批与咨询处的职责是审批一切场所的消防安全设计图，提供有关防火规范的咨询服务，提供有关防火安全的培训课程，定期与有关团体及专业人士进行交流，对难以执行的规范条文的处理；执照与执法处的职责是对进行了消防验收的建筑发放临时防火安全证书（入伙准证）、防火安全证书，对正在运营的建筑发放防火证书，签发易燃易爆物品的储条例，专业人士在设计图上要签章说明其设计是依据防火条例设计的。防火安全与防空壕署对建筑工程的消防设计只需一天就予以核准。

为保证自行管制制度能落到实处，防火安全与防空壕署采取相应措施，即用电脑随机抽取 10％的工程进行详细的审查，如果发现有消防设计图纸不符合防火规范，专业人士需要向审查委员会进行解释，当审查委员会不认可时，要向由民防总监、防火安全与防空壕署长和设计图审批与咨询处长等组成的审查纪律委员会做出最终决定，对不符合防火安全条例的专业人士处以不超过 500 新加坡元的罚款或向法院提起诉讼，由法院决定处以不超过 10000 新加坡元的罚款或不超过 6 个月的坐牢，或既罚款又坐牢，并要求改正设计。

用电脑随机抽取 10％的工程设计图申报及批准程序是：专业人士设计图及文件呈交给防火安全与防空壕署的服务中心（该中心设在民防总部办公楼的一层，承担对外服务的工作），该中心将设计图与文件转交给设计图审批与咨询处，审查人员对设计图进行大略审查，对没有问题的图纸予以批准，对存在严重问题的图纸退回，对存在一般问题的设计图纸与文件进行审查批准并要求其改正。除政府机构的建筑外，新加坡对建筑设计图纸的审查要收费，每平方米收取 1.5 新加坡元，装修工程每层收取 75 新加坡元。

咨询服务是设计图审批与咨询处免费向专业人士和公众解答有关消防设计问题，一般分口头和书面或电子邮件方式的解答。口头解答在民防总部进行，书面或电子邮件方式的解答要求在 3 周内完成。这种解答不许超过规范条文规定的范围，答复的函件签署个人的名字。

(2) 消防验收工作情况（新加坡称为注册检查员制度）

新加坡进行工程设计的分为绘测师（即建筑师）和专业工程师（即设备工程师），其资格由新加坡国家发展部有关部门批准。

新加坡在 1994 年通过的消防法中就明确规定消防工程验收由合格注册检查员进行。合格注册检查员首先必须是符合建筑师法规定的注册建筑师或是符合专业工程师法规定的注册工程师，有 10 年以上的从事消防工程技术的经验，并经民防部队防火安全与防空壕署培训后予以注册。目前新加坡共有合格注册检查员 190 人，其中建筑师 122 人、专业工程师 68 人。对合格注册检查员同样实行自行管制的制度，即对完工的工程由业主聘请合格注册检查员进行消防验收，合格注册检查员对验收的工程要提交验收报告，防火安全与防空壕署的执照与执法处在所有工程中随机抽取 10％进行详细验收。对验收合格的工程防火安全与防空壕署的执照与执法处发放消防安全证书；对于存在一般性问题的发放临时消防安全准证（也称入伙证），并要求其在 1 年之内完成，向其发放消防安全证书，当一年内不能完工的再延长 6 个月；对存在严重问题的，不发放任何证书，要求其按设计整改。合格注册检查员验收工程的费用则按照市场经济运作方式由业主支付。民防总监在社会上委任有名望的人士组成调查委员会（消防安全与防空壕署负责作记录），负责对失职的注册检查员进行处罚，调查委员会根据检查出问题的严重程度，对注册检查员分别给予书面警告、暂停职务、罚款、撤销注册等处罚。对不合格的建筑防火安全与防空壕署有权吊销消防安全证书和临时消防安全准证。

（3）消防监督检查

1）防火证书制度。对于饭店、办公楼、购物中心、医院、戏院等公共建筑和占有人数大于 200 及以上的建筑要实行防火证书制度。该项制度是建筑物业主聘请专业人士对其进行检查并出具一份检查报告，当专业人士向防火安全与防空壕署出具了合格的检查报告后，防火安全与防空壕署发给其防火证书，这项工作是每年进行一次。防火安全与防空壕署对这些公共建筑中随机抽取 10％的单位进行详细的检查。一般情况是，在防火证书到期三个月前防火安全与防空壕署就通知业主准备换证工作。

2）监督检查（新加坡称执法行动）。检查分为例常检查、突击检查、收到投诉的检查。一般例常检查和突击检查是在工作年的年初就制定了检查计划，检查是根据计划进行；对于收到一般投诉的检查要在 7 天内完成，如果是在报纸等媒体上投诉的，要在 24 小时内完成，给内政部长的投诉要在 3 天内完成。目前，执法行动主要是由防火安全与防空壕署承担，但消防站（新加坡称消防局）也承担检查任务（今年 7 月份以后大部分检查任务要下放给消防局），其处罚由防火安全与防空壕署负责。检查的主要内容有：走廊通道被货物堵塞、紧急出口被上锁、娱乐场所太过拥挤、消防设施的失修。对于娱乐场所消防要进行前置审批，并核定人员数量。由于新加坡的检查种类太多，有些场所一般是由民防、移民、警察等进行联合检查。

3）消防处罚（新加坡称执法权力）。处罚种类有触犯消防安全警告书、罚款最高 500 新加坡元、提控上诉法庭、迁移或拆除、关闭建筑物。新加坡对单位的检查后发现存在火灾隐患（新加坡称火患），即可发出消防安全警告书，要求限期改正；限期届满再次对其检查，如仍没有改正，根据具体情况可进行 500 新加坡元的罚款或上诉法庭。新加坡民防总监有关闭建筑物 72h 权力，如仍需关闭，则要申请法院决定。

（4）消防安全经理

对于楼层建筑面积大于 $5000m^2$ 或是人数大于 1000 人的公共建筑和工业建筑要求设置消防安全经理，这些建筑有商场市场、办公楼、宾馆饭店、医院、工厂、仓库和高危险性的石油化工企业等。消防安全经理的职责是制订火灾时的应急预案；督促单位消除火灾隐患；监督消防设施的维护保养；测试消防设施，保证其在正常的工作状态；教育员工建立一个良好的消防安全环境；训练员工的基本灭火和救援能力；进行安全疏散训练；如果有消防指挥中心的话，监督消防指挥中心的工作；建立本单位的防火安全委员会；由业主写出消防安全报告。消防安全经理必须有消防安全经理考试合格证书和消防安全工程考试合格证书（或新加坡义安理工学院毕业证书）。目前新加坡有消防安全经理约 2000 多人，要在防火安全与防空壕署备案。

（5）火灾原因调查

新加坡火灾一般分为 A 类、B 类、C1 和 C2 类。A 类是指政府机关的建筑火灾、宗教团体的建筑火灾、整个建筑起火、死 1 人以上或伤 3 人以上的火灾；B 类是指住宅火灾、单位内部局部火灾或伤 2 人以下的火灾；C1 类是指财产损失在 50 新加坡元以下的火灾；其余的是 C2 类火灾。

火灾原因调查主要是查清起火原因、帮助警察辨识纵火和跟随调查、向有关方面提供火灾发生的情况。根据新加坡消防法第 8 条的规定，消防人员可以进入火灾现场进行调查，可以通知警察封闭火灾现场；如果有人阻止消防机构进行调查，消防机构可以根据消防法第 43 条向法院提起上诉，由法院决定对其罚款 1 万新元或 6 个月监禁或既罚款又坐牢。

在新加坡火灾原因一般分为意外、纵火、原因不明三类，其中，14 岁以下小孩纵火属于意外。

火灾原因调查情况组主要是由消防人员组成，但要有来自卫生部门犯罪调查实验室的科学官员和对建筑防火规范和安全教育提出今后对策建议的分析官员。所有的火灾消防机构都要进行火灾原因调查，调查不进行火灾损失统计、不出具火灾事故责任认定，仅提供起火原因报告。如果当事人或律师或保险公司需要简单的起火原因报告，要向消防机构付 500 新元，如需详细的报告则需付 1000 新元。

新加坡纵火案件和民事案件都需要上法庭。起火单位对消防机构的火灾原因有疑义时，可请火灾调查私人机制进行调查（私人机构的成立不需要消防机构对其批准，目前新加坡有 2 家私人机构），在法庭上由法官决定谁的调查结果是正确的。

在进行火灾原因调查工作时，新加坡民防人员使用火灾调查车，该车上配备有常用的调查工具、发电机、照明灯具等，调查车本身就是一个办公室，便于向当事人调查情况时，能提供一个保密和安静的环境，同时也使工作人员在气候恶劣时能在户外正常开展工作。在民防学院还建造了专门用于进行火灾原因调查时用的模拟火灾实验室。新加坡负责火灾原因调查的部门隶属民防总部行动部。

（6）新加坡消防法律法规体系

消防法由国会批准，现行的消防法是 2000 年版。消防条例，由内政部批准，主要有：《建筑防火安全条例》、《注册检查员条例》、《消防安全经理条例》、《石油制品条例》等。防火规范，由民防总监批准。各类消防系统规范，由标准和生产力局批准。由于法律的滞后性，一般都要对其进行修订，一般程序是新加坡民防总部的防火防空壕署将修订条文报民防总监，民防总监再报内政部，由内政部长报检察院，检察院报国会，国会批准后，由新加坡总统签署发布令。

（7）防火宣传

新加坡的防火宣传是由公关部负责，通过趣味性的活动向儿童介绍防火知识；利用一些设备向观众进行粉尘爆炸、可燃气体爆炸的现场演习；厨房燃气灶具起火如何进行灭火；在一辆大巴车上安装了许多计算机，观众利用多媒体做防火和灭火游戏等。各个消防局每个星期六向市民开放，宣传消防知识。

3. 灭火、拯救与医疗救护情况

（1）新加坡民防部队消防装备基本情况

民防部队现有战斗车辆 186 辆，摩托车 42 辆。其中，灭火和支援车 100 辆（水罐消防车 53 辆，其中 26 辆服役、27 辆备用；轻型快速消防车 11 辆，其中 7 辆服役、4 辆备用；云梯车 20 辆；空气呼吸器瓶支援车 2 辆；排烟车 3 辆；干粉车 2 辆；泡沫车 7 辆；指挥车 2 辆），灭火摩托车 34 辆（24 辆服役、10 辆备用），拯救用车 7 辆（拯救车 2 辆、交通事故处置车 2 辆、运送搜救犬车 2 辆、照明车 1 辆），化学灾害处置车 24 辆，紧急医疗救护车 55 辆（25 辆备用）、救护摩托车 8 辆。另外还有配属在各民防分区、消防局、灾难拯救队和战备营的运兵（输）车近百辆，拖车车厢约 40 个。

2001 年救护出动 72500 次，火警与救援出动 12500 次，总出动共计 85000 次。

（2）执勤制度与工作机制

① 执勤制度。新加坡民防部队将所有民事事件划分为 4 级，第一级是一般事件，为基本出动，由辖区消防局长指挥；第二级为较大事件，由民防分区指挥官率领力量增援并指挥；第三级是重大事件，由民防部队总监指挥，调集有关力量参与；第四级是重大紧急事件，由民防部队总监指挥，有关政府部门和社会部门的力量都会应民防部队的要求，由警察部队召集到现场。对于灾害等级，由辖区消防局的出动指挥官的确定；对于显而易见的重大灾害的等级，则由民防分区指挥官或民防总监直接确定。对于可能发生的灾害，民防部队各级单位都制订了有针对性的应急预案，并规定了对不同等级、不同类型的灾害进行处置的定期演练。在出动时，基本按指挥中心自动生成的出动编成方案和各类灾害预案调出第一出动力量。在大型拯救行动中还要调用战备人员与民间资源，以及平时分属各民防分区的其他救援单位。

② 工作制度。民防总部、民防学院人员和各民防分区指挥官、消防局长每周工作 5.5 天，即周一至周五早 8 点上班，晚 5 点下班，周六工作半天；民防分区及灾难拯救队的消防、拯救人员实行工作 24h、休息 48h 的三班倒工作制，即早 8 点接班、第二天早 8 点半交班，然后休息 48h；救护车人员分四班倒，即每人值 2 天白班（早 8 点到晚 8 点半），再值 2 天夜班（晚 8 点到早 8 点半），如此循环；救护摩托车人员是两班倒，每班 4 人、4 车，从早 8 点到晚 10 点，然后休息 1 天。所以民防部队的 1900 人每天白天有不到一半的人员在工作，晚 5 点后有约 1/4 的人员在工作，其余的人员在休息。

③ 出动编成。对于灭火救援，标准出动编成是出 3 辆消防车（即水罐消防车，最大载水量为 3.6t，每车 6 人）、1 辆云梯车（2 人）、2 辆支援车（即备用器材车，每车 2 人）、1 辆救护车（每车 3 人）、2 辆摩托车（每车 1 人），共 7 辆车、2 辆摩托车、29 人；若需增援，第二出动力量为 4 辆消防车、2 辆云梯车、1 辆支援车、1 辆救护车、1 辆指挥车（1 名总部指挥官），车载人数同上，共 9 辆车、32 人。

根据灾害的具体类别，一般出动编成为：住宅火灾，1 辆消防车、1 辆轻型快速消防车；高楼大火，3 辆消防车、1 辆云梯车、2 辆支援车；处置化学危险品事件，2 辆消防车、1 辆干粉车、1 辆泡沫车、1 辆呼吸器配备车（装载气瓶）、1 辆化学灾害处置车、1 辆化学洗消车。

民防部队大部分车辆器材装备的配置，是总部行动部每年根据需要提出报告，经总监批准后，对数量和功能提出要求，委托国外的公司制造、装配。民防部队配备的水枪一般出水量为 4L/S。

（3）消防局基本情况

新加坡民防部队的消防局类似我国的消防中队，但因其三班倒，每天 1 名队长（或称组长）带 30 余人执勤，每个消防局均有 100 多人，故规模与我国的消防中队有不同。

消防局的任务是保护、拯救生命与财产，日常工作，训练，对公众进行安全教育，消防安全管制。行动任务有灭火、拯救（交通事故、高楼自杀及其他）、紧急医疗服务、处理危险物质事件。日常工作有搜集单位资料、制订预案、制订训练表、组织户外训练、车辆维修、内部审计、储存和管理器材工具、维护通信和电脑系统、掌握人员出勤情况、记录体能测试情况、安排队员轮流讲课、发布信息、督促队员学习、每天为队员从社会餐馆订餐等。训练内容包括日常训练、危险物质处置训练、高楼灭火训练、紧急疏散演习、与工业企业联合演习、与内政部有关部门联合演习。对公众的教育包括每周六的消防站开放，举办消防展览，到学校讲课，为非民防人员和医护人员讲解危险物质知识，为警察提供化学灾害处置训练等。消防安全管制的内容主要是：对单位和建筑进行消防安全检查（平时每月检查 40 家小商店，在新年和圣诞时重点对商店大量存放货物、危险性增加情况进行检查），对市政消火栓进行检查和测试，对一般火灾进行火因调查，督促单位制订应急预案、进行消防演习等。消防局定期举办公众演习，以提高民防意识与应变能力。主要有民间资源调用、公众饮水配给、献血等内容。

消防局与消防站的设置没有固定的标准，而是根据各个地区的居住、工业、商业等情况而考虑。消防局的最低车辆配备是 2 辆消防车、1 辆救护车、1 辆支援车、2 辆摩托车，多数消防局有轻型快速消防车和云梯车（拟尽快达到每个消防局都有云梯车），有 4 个消防局各有 1 辆化学灾害处置车、1 辆化学洗消车。

消防局人员组成有华人、马来人、印度人及其他国家、民族人员。在管理上首要考虑的是照顾民族信仰和风俗习惯，尽量达到平衡；对年龄较大的消防员不可苛求。消防局的结构为：第一层为消防局长，第二层为行动与训练指挥人员、行政与后勤保障人员，第三层为消防员、拯救人员、紧急医疗救护人员。消防局设 1 名消防局长（一般为上尉，只有较重要的裕廊岛消防局长为少校），3 名统领一个队的队长（亦称组长，一般为上尉，个别为中尉），3-6 名副队长（一般称副组长，中尉和准尉），队员为正式民防人员和国民服役人员。

（4）通信调度指挥系统

通信调度指挥系统设置在民防部队总部地下负 3 层，建设工作始于 1995 年，2001 年 8 月随民防总部机关搬入机关大楼。建设该系统的主要目的是提升民防部队和平时期的指挥控制和通信功能。系统与新加坡警察部队、中央肃毒局、民防部队各部门连接，包括指令控制系统、通信系统和数据网络，简称 c 系统。

1）指令控制系统。主要功能有调度支援操作，民防部队监控与观察，指令和报告，分配、指定和行动计划，数据库查询等功能。

2）通信系统。主要有无线通信、有线通信、自动话务分配、传输网络转接、无线转接、数字多路信通记录、交互语音应答、便携微波传输系统等。

3）数据网络。提供有线数据传输。现以 2 兆端口连接民防总部与警察总部、4 个民防单位、4 间消防局；以 64K 端口连接其他民防单位。计划将来将民防学院建成指令控制后备系统，用传输网络转接系统将民防总部、民防学院、警察总部连接起来。

系统对于新加坡每幢大楼，都可迅速查询出楼内人口情况（总数、男女总数、按 10 年一个年龄段的人数等）。

指挥中心具有接收城市无线报警的装置和功能，当报警器发出警报时，该单位的保安人员要迅速查看、核实并向指挥中心说明情况。如接收到自动报警信号超过 3 分钟没有反馈，则无论什么情况，指挥中心都会按出动编成派出处置力量。

（5）高层建筑火灾扑救

新加坡对高层建筑的定义是：8 层以上或 24m 以上的建筑。高层建筑火灾扑救的出动编成是：第一出动：3 辆消防车、1 辆云梯车、2 辆支援车、1 辆救护车、2 辆摩托车；增援的第二出动：4 辆消防车、2 辆云梯车、1 辆支援车、2 辆救护车、1 辆指挥车。其力量设置重点在着火层下 2 层以下和上层，并将所有力量分配在 5 个区域，即着火层为拯救灭火区（负责铺设水带和利用建筑消防设施灭火进攻、进行破拆、援救被困人员）；着火层下 2 层为指挥和救援人员集结区（较为安全，负责快速支援，收集信息和情况并上传下达，掌握、指挥人员和器材等力量）；着火层上层为人员疏散区（搜寻可能存在的被困人员，引导人员疏散）；一层大厅为人员出入和引导区（疏散群众，保证群众安全；防止群众与消防人员互相拥挤妨碍灭火救援行动；与警察密切合作）；室外安全区停放指挥车、设置救护点及备用器材集结点，同时指挥云梯车工作、车辆停放和维持交通秩序，照顾受伤人员并送医院救治。在灭火救援中，消防人员非常注重对被困人员的援救，并将救人无条件地列为第一位目标。

新加坡的所有 3 层及以上建筑都在一些窗户上贴有红色三角标记，表明这种玻璃窗是普通玻璃材料，易于击碎。所以在灭火救援时，民防部队的云梯车升梯位置通常首选带红三角标记的窗户。

4. 教育训练情况

民防部队认为，在不断改变的新环境下，要强调民防人员的训练与再训练，以强化人员素质与技能，加强应变能力。民防部队人员的教育和训练主要是由民防学院完成。

（1）民防官训练

对于即将录用为民防官的人员，要在民防学院进行 36 个星期（9 个月）的培训，合格后才能成为民防官。主要内容：

1）了解认识内政部、民防部队组织机构，掌握工作基本程序，熟知民防部队基本任务（9 周）。

2）学习掌握消防安全法规、图纸审核等专业知识（6 周）。

3）掌握灭火、拯救等知识与技能（16 周）。

4）火场实地模拟演练和指挥（3 周）。第一阶段训练，第二阶段测试。

5）毕业典礼准备（2 周）。

在训练中以下两个方面工作是非常重要的：

一是形势评估。民防学院对未来的民防官都要进行类似假定作业的"形势评估（判断情况和决策）"训练。其目的是让学员掌握形势评估各个阶段的内容，了解完成任务的目标和影响因素，学会正确选择应变方法和编写预案。要求学员有逻辑地分析情况，以口述或书面的方式提出最适当的方案。分 5 个步骤：判断面临的情况；确定目标；研究分析关键因素；考虑所有可行的对策；做出决策。要考虑影响行动的因素：灾难的类型和程度（类型、程度、对社会和公众的影响、潜在的威胁与危险）；行动的范围（建筑物数量和种类、避难所和地下室、有毒物质和易燃物、未引爆的炸药、尽量减少对环境的污染）；支援问题（救援力量的组合、社会及有关部门的力量）；拯救工作的时间和空间以及其他因素（抵达现场和拯救工作所需时间、恢复交通秩序所需时间、有关部门抵达所需时间、天气、节假日或夜晚、风速和风向、事故地人口等）。在做出决策前要考虑任务的要求和范围，可调配的实力和外界支援力量，影响任务成败的因素，执行任务部队的调配，指挥和通信等。

二是火场指挥官训练。火场指挥官的 7 个作用，即安全、行动、指挥、组织力量、实施计划、通信联络、协调。

指挥官要具备 4 个条件，即 A. 技术。操作器材装备与工具，搜寻与拯救，寻找水源等。B. 能力。控制、指挥与领导，决策，督察，判断。C. 知识。燃烧，化学灾害，特殊器材和工具。D 态度。积极和创意，尽职并守纪律，诚实并诚恳，灵活。指挥官要关注的 7 个方面，即 A. 行动。对与错，细则。B. 整个行动的指挥与控制。确定需要，指挥与监督，做出决策，进行评估和总结；没有总指挥员时的消防行动。C. 协调。有关部队和消防局，任务与有效指挥，了解情况与制订计划，请（要）求其他部门的协助。D. 计划。要思考发生了什么、为什么发生、怎么办，要决定调动力量、命令多余力量返回和调整力量，要做出选择。E. 通信。做出通话和通信规定，检查通信设备，对网络和频道等进行分配，下达命令、通报情况。F. 组织力量。火场指挥力量和各战斗段力量的组织，掌握和控制行动、合理使用力量。G. 安全。避免危险的行为，确定、分配区域和任务，确认危险情况，遵守安全守则，建立急救点，做好救护准备。

（2）消防员训练

报名参加民防部队、将成为消防员级的人员要在民防学院接受 12 个星期（3 个月）的训练。主要内容：

1）消防局小组长学习与训练（12 周）。小组长相当于我国的班长，学习灭火知识，人员拯救行动的方法，消防安全法规，基本医疗拯救方法和知识。

2）消防员训练（12 周）。主要在民防学院训练。学习灭火技能，以操作为主。其次是进行严格的体能和队列训练。学习期间由小组长带训，利用学院模拟训练设施进行灭火和拯救训练。训练结束后分配到各消防局工作。每人配传呼机，在休息日如接到归队执行任务命令，2 小时内返回消防局集结。

3）灾难拯救队训练（7 周）。训练内容为生命探测仪、热成像仪、蛇形探测仪、各类破拆工具、水上救生装备及其他救生器材的使用方法和各类绳索救生技术、高空自杀拯救技术，以及交通事故和其他特殊灾害的处置方法。

4）战备人员训练（1～2 周）。一是民防退役人员，主要进行拯救技术和化学灾害处置训练；二是其他部门退役人员，主要参加灭火知识培训和灭火装备操作训练。

5）演练。对于重大灾害和涉及国家安危的事件，民防部队都制订了预案，并定期进行演练。正常情况下，各民防分区和消防局根据自行确定的计划，定期举行民防部队独立演练或与工厂企业及政府有关部门的联合演练。每个周一，14 个消防局均要进行实地演练，按照各地区可能发生灾害的特点对重要单位进行专题性的灭火救援实地演练。多数由消防局自己组织，有的由民防分区司令指挥分区内的消防局进行联合演练。如第一民防分区因地处繁华地带，高层建筑多，故每周组织分区内务消防局参加的高层建筑灭火救援演练。在各种演练中，各政府部门和工厂企业均能给予积极的配合。

6）训练计划。民防部队各部门训练计划一般由各单位制定，主要是各消防局制订，民防总部一般不制订。各消防局长每年 4 月向总部呈交全年的工作计划书，内容涵盖全年工作的各个方面，训练是其中的内容之一。年度工作以计划书为准开展。各消防局的任务和具体训练方法不尽相同但总部的考核考评标准和内容是相同的，而且也相当严格。

第 17 章　中国香港地区及国外的电梯管理介绍

17.1　中国香港地区高层建筑电梯的管理

1. 香港地区私人楼宇电梯维修、更新情况

(1) 香港地区住宅电梯维修、更新周期

香港地区住宅电梯维修保养分为预防性维修保养（至少每一个月进行一次）、定期检验与测试，主要包括：

(1) 每隔不超过 12 个月的时间，在电梯空载的情况下操作其安全设备测试一次。

(2) 每隔不超过 5 年的时间，在电梯内有十足负载的情况下操作其安全设备测试一次。

(3) 每隔不超过 5 年的时间在电梯轿厢载有重量介乎 90%～110% 之间的负载的情况下操作其安全设备中的超载设备测试一次等，以及监督抽查（抽查比例约为 7%）。对于使用超过 20 年以上的电梯，抽样比例会适当加大。政府规定，这三项工作都需由注册承建商和注册工程师操作。

2. 香港地区私人楼宇电梯维修、更新的费用分摊

一般而言，私人楼宇内每部电梯的维修、更新费用由共享此部电梯的业主通过物业管理费支付，大约占每月全部物业管理费的 11%～12%。业主可以选择独立的维修服务市场，如果此维修服务市场空间不大，亦可选择原电梯供应商的维修服务。此外，每次电梯维修、更新所发生的服务、收费项目也需张贴于楼宇内显眼处示众。如在规定期限内业主不按时交纳，业委会将会对其进行催缴、罚款。

17.2　日本高层建筑电梯的管理

1. 日本关于电梯方面的法律法规

日本的电梯法律法规分 3 个层次：

(1) 建筑基准法。建筑基准法，由国家审议，规定了建筑物的建造申请及确认、关于建筑物的检查、维护保养、特殊材料、结构、电梯、建筑设备的适用、工作设施的适用等。

(2) 建筑基准法施行令。建筑基准法施行令，由内阁审议，规定了关于建筑设备和工作设施的确认及申请手续、楼梯尺寸、防火区域、供排水等管线的设置及结构、电梯的曳引钢丝绳、绳轮、卷筒、支承架及导轨的结构、电梯轿厢结构、井道结构、电动机、控制器及曳引机、电梯机房、电梯安全装置、自动扶梯的结构、电动杂物梯的结构、电梯及自动扶梯的结构计算、应急电梯的设置及结构、工作设施的指定以及不适用的范围等。

（3）告示，由建设省（现改为国土交通省）发布。主要有：认定贯穿耐火结构防火区域的供水管、配电管等不影响消防的基准、为确保排烟设备有效性的结构基准、设在应急电梯候梯厅的窗及排烟设备的基准、指定应急电梯轿厢及其出入口尺寸的标准、液压电梯的结构标准、无梯级自动扶梯结构标准、关于电梯厅层门的结构特例告示、指定电梯曳引钢丝绳标准等告示。此外，建设省还发布了一些通告，如：关于自动扶梯的安全措施、关于高层建筑物的防灾计划指导、关于垂吊物的安全指南等等。

还有一些其他法令如建筑师法、消防法施行令等也有一些与电梯有关的条款。

电梯制造企业要获得制造许可，这个许可由厚生劳动省（原劳动省）发给，没有有效期，但新品种（如更大吨位、更高速度的产品）需要增加许可内容。电梯制造企业在拿到项目订单后，先要到当地政府办理开工手续。各级政府下设的建筑指导课负责审查电梯安装项目。审查的资料由建设单位和电梯公司提供，如果符合相关法律规定，就可得到批准，然后才能实施制造和安装。电梯制造企业在项目得到各级政府的建筑指导课认可后即可制造安装，在此期间无需办理任何其他手续。在电梯安装完成后由电梯制造企业再向建设指导课提出安装监督检验验收申请，建设指导课派专业技术人员审查电梯的安装质量是否符合原定方案，若符合，则发给被验收电梯的合格证书，此时电梯方可交付业主使用。

按照建筑基准法的规定，电梯应每年进行一次年度检验。年度检验工作一般由电梯的日常维修保养公司实施检查，检查结果应由电梯维修保养公司里具有签字资格的人签字（签字的资格是由国土交通省进行认定），并向国土交通省报告，经国土交通省审查确认后，再由日本电梯协议会代表国土交通省发给使用单位电梯准用证。

2. 政府拨专款改造老电梯

日本在电梯安全上秉承"软硬兼施"的原则。硬件方面，日本政府要求各大电梯厂商严把质量关。同时，鼓励厂商研发更为安全的电梯设计。由于日本是一个多地震的国家，从 2009 年开始，《建筑标准法规》要求新安装的电梯必须加装安全抗震设备。设备可以确保电梯感测到地震后，自动停靠在最近的楼层。这样，就大大减少了地震中的电梯事故。但之前安装的大量老电梯，并没有加装抗震设施。

2011 年东京地震后，日本政府宣布启动对老旧电梯整改。由于老电梯多达 70 万台，而且所在的建筑又很老旧，在上面安装抗震设施极为昂贵。为此，政府拨专项，承担这些花费的三分之一，以促使安全改造早日完成。软件方面，日本政府对事故严肃对待。2012 年 11 月，一名女子乘坐迅达电梯时遭遇意外身亡后，日本政府检查全国 5500 多部迅达电梯。政府要求业主对出事同型号的 500 多部电梯加装安全设施，并提交改装计划。否则，将下令禁止使用该种电梯。

17.3　美国高层建筑电梯的管理

1. 美国电梯安全管理现状

美国现有在用电梯约 672000 台，扶梯 31000 台。美国联邦政府没有统一的电梯安全监督法规，只有美国职业安全卫生法（Occupational Safety and Health Act of 1970）及其授权制定的劳动安全卫生规章（联邦规章第 29 篇，Code of Federal Regulations 29），这些法规规定了劳动作业场所（包括船、码头等场所）中有关起重机、电梯、升降机、楼宇维修设备、锅炉等的具体要求，以及其制造、安装、维修、使用过程中的劳动安全要求。

联邦劳工部职业安全卫生管理局（The Occupational Safety and Health Administration 简称 OSHA）是在 1970 年成立的，联邦 OSHA 制定的实施规章只限于职业安全卫生范畴，不包括公众安全。电梯安全不仅涉及劳动安全，也涉及公众安全，据美国劳动统计局和消费产品安全委员会的数据，电梯事故死亡人员中，在电梯中或旁边作业的非乘客约占 50%；属于在工作范畴中的电梯乘客约占 30%；不属于工作中的电梯乘客约占 20%。OSHA 主要侧重于电梯施工中的劳动安全监督管理，这可能是联邦 OSHA 不能在全国范围内规范、统一电梯等设备的安全要求的一个主要原因。虽然联邦 OSHA 不监督管理电梯的安全，但并不影响各州职业安全卫生管理部门或其他授权部门监督管理电梯的安全。《职业安全卫生法》规定，对于联邦 OSHA 没有规定的事项，优先采用州法规。OSHA 成立之时，各州已经对电梯的安全有了一整套管理法规和实施的部门，而同一台电梯又经常同时为工作中的乘客和非工作中的乘客提供服务。到目前为止，联邦 OSHA 没有制定专门适用于工作场所的电梯安全的规章（标准），只有在航运码头规章 1917.116 中，对在码头中的电梯和自动扶梯有专门规定。OSHA 规章 1917.116 要求对码头的电梯和自动扶梯进行彻底检查的时间间隔不能超过 1 年，并由指定人员进行每月定期的运行状态检查，还应将最近的年度检查结果记录张贴在电梯中或扶梯附近。此外，OSHA 规章 1926.552 中也只提到 "《职业安全卫生法》管辖的，由雇主监护，雇员在工作中使用的永久性升降机（电梯）必须符合《美国国家标准》A17.1-1965 及附录 A17.1a-1967，A17.1b-1968，A17.1c-1969 和 A17.1d-1970 的要求，并根据 A17.2-1960 及附录 A17.2a-1965 和 A17.2b-1967 进行检查。" 而实际上，不管是否实施本州的职业安全卫生计划，绝大多数州都有自己管理电梯安全的法规。许多劳动安全管理部门获当地立法机关授权，将电梯的监督管理从劳动安全扩大到公众安全，如纽约州、加利福尼亚州。一些独立立法的较大城市则由建筑物管理部门对电梯安全进行监督管理，如纽约市、芝加哥市。还有一些州或市则由其他政府部门对电梯安全进行监督管理。

2. 美国各地电梯管理的异同

美国各州以及较大城市都有相应的政府机构负责监督管理电梯的安全。例如，加利福尼亚州工业关系厅的职业安全健康局，设有电梯、游艺机、架空索道处，负责加州电梯、游艺机、架空索道安全监督管理，该处在加利福尼亚州有 8 个电梯区域办公室。各州及具有电梯管理机构的城市，其管理机构除了有相应的电梯行政管理人员之外，还有一批电梯监督检查技术人员。这些监督检查员行使设备技术监督检查职能，检查设备是否符合法规规定的要求和业主是否遵守法规的规定，并按照规定开具违例通知单。

为确保安装、改造的电梯符合要求，各州法规通常规定，安装、改造之前需要向政府主管部门申请。政府审查的内容包括安装改造图纸、设备说明、同类电梯或安全装置是否已取得型式试验认证等。电梯安装、改造验收是一个重要管理环节，各州政府雇用的检查员要对新安装、改造的电梯进行验收检查，试验见证。有些地方法规规定的新安装、改造验收试验检查程序相当严格，并且不一定按照 ASME A17 的要求，令各电梯制造厂难以适应。如纽约州，每台电梯新装验收检验项目包括满载超速测试。

许多城市和州在电梯和自动扶梯的使用安全监督管理上有相当大的差异。有一些把责任下放在电梯公司，要求定期报告安全方面的状况；一些则鼓励或利用与独立的检查机构合约来开展检查；另一些则是把所有正常的安全检查交给持证检查员做，政府只保留见证新装和安全装置测试。当保险公司在电梯检查上较为活跃时，一些管理部门依靠保险公司报告违例的情况。

一些地方规定：除了政府部门的监督检查外，业主还要按照法规要求聘请电梯公司、保险公司、顾问公司的持证检查员对电梯进行检查和试验，并将检查和试验结果报政府机关备案。另一些地方则规定：电梯的业主可以选择聘请有资格的私人检查员检查，也可以交给政府检查机构检查；前者只需向政府交纳使用许可证费用，后者还要向政府交纳检查费用。应该特别强调的是，后一种做法中政府的检查机构实际上承担了两种不同的职能：一种是属于行政行为的监督检查；另一种是提供检查的服务（受业主委托），承担相应民事责任。

电梯每年进行一次空载安全钳测试，5 年进行一次满载额定速度安全钳测试，通常要在本地政府检查员见证下进行。设备检查合格后由主管行政管理机关颁发"运行许可证"给业主。除安全钳等测试外，各州和各市对检查周期有不同规定，如纽约州，客梯每 3 个月检查一次，货梯每 6 个月一次。纽约市规定两年检查 5 次，其中 3 次为政府监督检查，2 次为业主聘请有资格检查员检查；加利福尼亚州则规定：由有资格的电梯维修保养公司保养且安全状况良好的电梯，检查周期和使用许可证可以延长至 2 年，其他的则是一年。乔治亚州规定：电梯的检查是每 6 个月一次，运行许可证则是一年内有效。有些州的规定更宽松，没有规定检查的频率，尽管首席检查员力争做到每个工地进行一年一次的安全测试。

一般情况下，城市中大约 500～1000 台电梯设有一名政府的检查员。纽约市检查员数量约为每 1000 台电梯 1 人。有些城市本来要求每 500 台电梯配备 1 名检查员，但由于预算的限制，大约 1 名检查员要负责 750 台电梯的检查，为了满足一年两次的检查要求，不得不使更多的责任落到电梯承包商身上。他们被要求书面报告每一年的安全检查，以表明那些有关的安全装置处于良好状态。用这种方法，政府的检查员能专注于情况更危急的电梯。

美国各州的电梯安全管理机构很不一致，主要是由历史自然形成，这些监督管理机构大多数设在劳动部门，也有一些州、市设在建筑物管理部门，个别州设在其他部门，如商业局等。根据能够检索到的美国 50 个州中的 38 个州的情况，有 18 个州的电梯安全管理部门设在劳动部门，7 个州设在建筑物管理部门，4 个州设在商业部门，3 个州设在公共安全部门，2 个州设在社会服务部门，2 个州设在许可证管理部门，1 个州设在消费者和工业服务部门，1 个州设在防火和电气安全管理部门；而纽约市和芝加哥市则设在建筑物管理部门。美国电梯安全管理部门不统一也是电梯标准、技术法规和管理内容不统一的一个主要原因。

美国对电梯制造资格和产品质量监督并没有成文的规定，只有一些机构提供产品质量认证供安装地行政主管当局参考，从阅读有关案例分析中，可以得出，电梯产品质量主要靠产品质量责任法、消费产品安全法等法规来确定制造者的民事责任，通过消费产品安全委员会的干预和民事责任机制来确保电梯产品质量，这种做法在没有全国统一的监管法规和机构情况下，有效地确保了州与州之间正常的自由贸易关系。由于电梯的许多缺陷会导致诉讼，并且涉及有管辖权的检查员，《电梯行业法律与责任》一书介绍了检查员和电梯公司应该知道的许多陷阱。《电梯行业法律与责任》和 ASME A17.2《检查员手册》都是关心电梯安全人士的基本指南。

对于检查员的资格，美国各州比较通用的检查员资格是 ASME 认可的 QEI 检查员资格。现有 QEI 电梯检查员近 3000 名。但是，有一些州至今仍没有采纳 QEI 检查员资格，有一些州虽然承认 QEI 的资格，但同时也有本州的检查员资格考核发证程序。执行 ASME. QEI-1 电梯检查员标准时，有两家培训机构获授权颁发电梯检查员和检查监督员证书，分别是：美国电梯安全管理协会（National Association of Elevator Safety Authorities International，简称 NAESA）和 Education services Division，Lift Technologies International Inc.，其中 NAESA 1987 年首家获授权，现已培训了 1700 多名持证电梯检查员。

3. 美国电梯管理标准

在美国，所有民间组织颁发的标准都是自愿性的，即便是经国家标准协会 ANSI 批准的美国国家标准，只有由法规指定才具有强制性。美国机械工程师学会 ASME A17 电梯自动扶梯系列标准是美国各州通用电梯标准，被大多数州法规指定为部分或全部采用，或作为参考标准。ASME A17 电梯标准也被具有很大影响力的建筑物法规范本起草机构——国际规范协商会（International Code Council，简称 ICC）所接受，作为参考标准。ASME A17 也是经国家标准协会 ANSI 批准的美国国家标准。ASME A17 系列标准包括：

（1）A17.1-2000-2002《电梯和自动扶梯安全规范手册》

（2）A17.2-2001-2002《电梯、自动扶梯和自动人行道检查指南》

（3）A17.2.1《电梯检查员手册》

（4）A17.2.2《液压电梯检查员手册》

（5）A17.2.3《自动扶梯和自动人行道检查员手册》

（6）A17.3-2002《已有电梯和自动扶梯安全规范》

（7）A17.4-1999《紧急操作人员导则》

（8）A17.5-1996《电梯和自动扶梯电气设备》

（9）QEI-1-2001《电梯检查员资格标准》

在美国，电梯日常运行安全状态由业主负责，当然，如果属于制造者产品质量责任，业主可以追讨。电梯维修保养公司可以向业主提供各种各样的维修保养服务，业主也可以自行维修保养，但必须符合政府的定期安全检查要求。但纽约市规定，多层住宅的业主应与电梯修理人员或认可的电梯公司签订一份合同，由修理人员或电梯公司执行紧急修理任务。加利福尼亚州则有鼓励进行全面保养的规定，由认可的维修保养公司进行全保的电梯，经审查批准后可以把使用许可证期限由一年延期至两年。美国对电梯等设备的制造、安装、改造、维修保养、操作等的劳动安全要求甚严，联邦或地方的职业安全卫生管理部门负责施工现场的安全监督。电梯安装验收后的保修期限，法律无明确规定，通常通过合同确立 90 天至 1 年的保修期，但也有超过 1 年的保修期。

除了法律和管理规章之外，为便于执行法规和修订法规，许多地区在法律上还规定设立电梯事务协调委员会，并规定该委员会由业主、本地制造商、保险公司、公众代表、老年人代表等委员组成。

4. 美国电梯管理存在的问题

美国电梯安全管理存在的主要问题是各地区技术法规、技术标准、管理机构不一致。技术标准本身不是强制的，只有被法规采纳以后才具有强制性。多数州在法规中采纳 ASME 电梯标准，有一些州将本州电梯技术要求写入法规之中，令各个地区电梯技术要求不一致。在美国的管理体制下，技术标准的统一，要靠民间标准化组织扩大影响力来实现。美国锅炉方面的技术标准全国统一执行得比电梯好，这是因为除了 ASME 在锅炉标准和锅炉制造认证方面的绝对权威外，还设有锅炉压力容器检验师协会 NB（the National Board of Boiler and Pressure Vessel Inspec-tors），NB 主要由各州首席锅炉压力容器检察官组成，因而具有相当的行政管理权威来协调锅炉检查事宜，颁发锅炉检查标准、注册按 ASME 标准制造的锅炉。电梯行业虽然也有类似的机构——美国电梯安全管理协会 NAE-SA，NAESA 30 年来也致力于统一电梯的技术要求，但进展并不理想。NAESA 的开门政策引来了全国电梯承建商协会 NAEC、国际电梯建造业工会 IUEC 和电梯顾问工程师团体等，使 NAESA 近年来变为激烈辩论的场所。在统一技术法规方面，有些社会团体起草了一些参考性建筑物法规供各地立法时参考。由于美国实行联邦体制，国家法律没有规定的地方事务管理权均为各州所保留，各州和地方在地方事务管理上有很大自主权，美国电梯安全管理部门不统一也是电梯标准、技术法规和管理内容不统一的一个主要原因。统一美国电梯技术法规、技术标准、管理机构，还有相当长的路要走。

三是各州和地方政府过多地卷入电梯安全技术检查，政府承担过多的电梯安全责任。这种做法使政府容易卷入复杂的社会纠纷，浪费政府资源，也容易产生腐败现象。例如，1996 年 4 月揭发的纽约市电梯监督部门检查员腐败事件中，其一名前电梯检查员被判刑，另有 26 名因证明在实施官方职务时犯有勒索金钱罪被逮捕。罪行包括收取电梯公司、业主和雇员现金作为交换，加快审批修理和安装许可等便利，偶尔也收取费用而不实施所需的检查。近年来，已经有一些州削减政府检查员，将更多的检查工作推向社会。纽约市也因检查员人手短缺而不得不将政府的 一部分检查工作外判给三家检查公司。

参 考 文 献

[1] 刘亚臣、薛立. 房地产物业管理 [M]. 第 5 版. 大连：大连理工大学出版社，2012.

[2] 刘亚臣、张沈生. 房地产物业管理 [M]. 第 4 版. 大连：大连理工大学出版社，2009.

[3] 中国物业管理协会. 2014 物业管理师执业资格考试教材：物业管理综合能力 [M]. 北京：中国建筑工业出版社，2014.

[4] 中国物业管理协会. 2014 物业管理师执业资格考试教材：物业经营管理 [M]. 北京：中国建筑工业出版社，2014.

[5] 中国物业管理协会. 2014 物业管理师执业资格考试教材：物业管理基本制度与政策 [M]. 北京：中国建筑工业出版社，2014.

[6] 中国物业管理协会. 2014 物业管理师执业资格考试教材：物业管理实务 [M]. 北京：中国建筑工业出版社，2014.

[7] 广州市物业管理行业协会编写. 新编物业管理教程 [M]. 长春：吉林人民出版社，2008. 05.

[8] 李晓峰主编. 学物业管理：物业管理实训教程 [M]. 郑州：中原农民出版社，2008.

[9] 王艳青主编. 物业管理理论与实务 [M]. 北京：化学工业出版社，2007.

[10] 史小来主编. 物业设备管理与维护 [M]. 北京：石油工业出版社，2012.

[11] 魏晓安、张晓华主编. 物业设备管理 [M]. 武汉：华中科技大学出版社，2006.

[12] 刘启、刘洪俊主编. 物业设备管理 [M]. 长春：东北师范大学出版社，2007.

[13] 张树平等编著. 现代高层建筑防火设计与施工 [M]. 北京：中国建筑工业出版社，2004.

[14] 刘宇、张崇庆. 房屋维修技术与预算 [M]. 北京：机械工业出版社，2010.

[15] 黄亮. 物业管理综合实训 [M]. 第 1 版. 北京：中国建筑工业出版社，2011.

[16] 张志强、邓蓉、崔卫平. 物业管理 [M]. 北京：中国环境科学出版社，2009.

[17] 沈家康. 房屋维修与保养 [M]. 北京：中国劳动社会保障出版社，2009.

[18] 郑晓奋. 物业管理概论 [M]. 北京：机械工业出版社，2008.

[19] 范小强、贾培荣. 物业管理法规 [M]. 北京：中国轻工业出版社，2008.

[20] 郭世民、周建华. 物业管理 [M]. 北京：中国建筑工业出版社，2007.

[21] 王秀云. 物业管理理论与实务 [M]. 北京：清华大学出版社，2006.

[22] 郭峰. 高层住宅电梯的使用现状分析 [J]. 科技资讯，2013. 02.

[23] 鲍俊田. 高层住宅消防管理的现状分析及改进措施 [J]. 理论研究，2012. 4（上）.

[24] 陈同刚，徐万利. 高层住宅物业消防现状及思考 [J]. 武警学院学报，2011. 6.

[25] 蔡伟达. 浅谈高层住宅消防物业管理 [J]. 科技资讯，2012. 30.

[26] 郭宗逵. 物业管理 [M]. 第 1 版. 北京：化学工业出版社，2007.

[27] 张作祥. 物业管理实务 [M]. 北京：清华大学出版社，2006.

[28] 李斌. 物业管理—理论与实务 [M]. 上海：复旦大学出版社，2006.

[29] 崔敬. 浅析热水采暖系统常见故障与排除方法 [J]. 中国高新技术企业，2014 年第 5 期.

[30] 郭宗逵，王文娟. 从美国、香港经验谈中国住宅电梯的维修、更新管理 [J]. 商场现代化，2008 年 3 月（中旬刊）总第 533 期.

[31] 白丽艳. 电梯维修保养管理工作浅析 [J]. 科技风，2010. 年3月（下）.

[32] 乔旗. 浅议电梯维护保养存在的问题及解决方法 [J]. 机电信息，2013年第18期总第372期.

[33] 陈家强. 高层建筑火灾与应对措施 [J]. 消防科学与技术，2007年3月第26卷第2期.

[34] 万小春，刘雪亮. 国内高层建筑消防现状及发展趋势分析研究 [J]. 广东建材，2011年第11期.

[35] 李冠东. 物业管理法律法规 [M]. 上海：华东师范大学出版社，2011.

[36] 郭济语. 高层建筑热水供暖系统选择 [J]. 煤气与热力，2007年9月.

[37] 俞力. 高层建筑电气设计的主要内容及有关问题 [J]. 中华民居 2014年9月.

[38] 李岳. 高层民用建筑供电系统的设计研究 [J]. 科技与创新，2014年第12期.

[39] 杨志仁. 基于高层住宅建筑电力系统设计及设备管理的思考 [J]. 经营管理者，2014. 3.

[40] 李俊峰. 浅议现代城市高层建筑电气设计的要点 [J]. 科技与创新，2014年第7期.

[41] 吴联国. 论物业管理中的建筑设备设施管理 [J]. 科技信息，2014年第10期.

[42] 张博. 高层楼宇、写字楼、办公大楼、商厦物业管理规章制度全集 [M]. 宁夏：宁夏大地出版社，2005年3月.

[43] 邢文哲等. 香港高层建筑消防 [J]. 消防技术与产品信息，2004年第7期.

[44] 覃力. 日本高层建筑研究 [D]. 上海：同济大学. 2006. 2.